LES
QUATRE SOEURS

PAR

FRÉDÉRIC SOULIÉ

PARIS
MICHEL LÉVY FRERES, LIBRAIRES-ÉDITEURS
RUE VIVIENNE, 2 BIS

1858

COLLECTION MICHEL LÉVY

ŒUVRES COMPLÈTES

DE

FRÉDÉRIC SOULIÉ

POUR PARAITRE DANS LA COLLECTION MICHEL LÉVY

ŒUVRES COMPLÈTES

DE

FRÉDÉRIC SOULIÉ

UN VOLUME PAR SEMAINE

LES MÉMOIRES DU DIABLE.	2 vol.
CONFESSION GÉNÉRALE.	2 —
LES DEUX CADAVRES.	1 —
LES QUATRE SOEURS.	1 —
AU JOUR LE JOUR..	1 —

Les autres ouvrages paraîtront successivement.

IMPRIMERIE DE BEAU, A SAINT-GERMAIN-EN-LAYE.

LES QUATRE SOEURS

INTRODUCTION

La mère et ses quatre filles ayant quitté le cabinet où nous étions, voici comment mon ami Trucindor me raconta cette histoire. Mais, avant d'ouvrir la barrière à ce long récit, avant de lâcher la bride à la prolixe fécondité de mon ami, je dois le présenter à mes lecteurs et leur dire quel est ce M. Trucindor, et comment il se fait qu'un monsieur, quel qu'il soit, puisse s'appeler Trucindor.

Lorsque nous étions tous étudiants en droit (car quel homme étant aujourd'hui ministre, agent de change, homme de lettres, fabricant de bonbons, ou toute autre chose, n'a pas été en ce temps-là étudiant en droit?), donc, à cette époque, comprise entre les années 1820 et 1824, il y avait parmi nous un jeune homme du nom de Félix Morland. Il était Normand, très-bien pensionné par son père, et avait quelques prétentions à être gentillâtre. Félix Morland était un homme de cinq pieds six pouces, très-carré malgré sa maigreur, tant sa charpente osseuse était solidement construite. Il n'était ni beau, ni avenant, ni bien tourné, et la façon dont il s'habillait contribuait beaucoup à faire ressortir ses désavantages physiques. Un habit étroit et boutonné jusqu'au cou accusait la protubérance anguleuse de ses omoplates, les poignets bien serrés des manches exhibaient dans toute leur énormité deux grosses mains rouges et noueuses. Le pantalon, aussi collant que le permettait l'irrégularité des formes, affichait des genoux prodigieusement cagneux ; et l'on ne concevait pas que des pieds si larges et si longs pussent être solidement attachés à des jambes si fluettes. La figure de Félix Morland était de la même famille que son corps. Deux petits yeux gris enfoncés sous d'épais sourcils blonds luisaient de chaque côté d'un nez protubérant et évasé, comme deux lampions au sommet d'un if, reste mourant d'une illumination officielle. Sa bouche replète et légèrement inclinée à gauche s'avançait sur un menton plat et carré, et le tout était couronné d'un hallier de cheveux crépus et poussés avec une telle vigueur et une telle profusion, qu'ils avaient usurpé la plus grande partie du front.

Cependant, sous cet extérieur peu aimable, il y avait une bonhomie charmante, un caractère facile, une solide instruction, et, ce qui contrastait surtout avec sa personne, un cœur passionné, un esprit romanesque et enthousiaste, et un penchant décidé pour la guitare et les pastorales.

Maintenant, expliquer pourquoi et comment l'un de nous, par une réunion probablement fortuite de syllabes extraites du nom d'Alcindor, le héros de la belle Arsène, et de l'épithète de truffe, que nous donnions à son nez, composa et créa le nom de Trucindor et l'en baptisa dans un moment de colère, c'est chose impossible. Mais, ce qu'il y a de certain, c'est que le nom de Trucindor obtint le plus grand succès, qu'il fut adopté parmi nous et même accepté par la victime, et que notre camarade Félix Morland ne fut plus désigné que sous le nom de Trucindor.

Comme ce sobriquet n'a pas été sans quelque influence sur la destinée de mon ami, j'ai cru devoir en expliquer longuement l'origine à mes lecteurs, en les priant de bien vouloir faire attention que ce n'est pas l'étudiant de 1823 qui parle dans ce récit, mais l'homme fait, à qui dix-huit ans de plus ont ôté beaucoup de cheveux et d'illusions, et prêté un peu d'embonpoint et d'expérience, car c'est hier qu'il me racontait cette histoire.

I

RÉCIT

Tu dois te souvenir que, vers l'année 1827, je te conduisis à un bal rue Saint-Lazare, où tu remarquas comme très-ridicule un petit tableau vivant, que, moi, je soutenais être ravissant. Dans un angle du salon, sur une de ces étroites causeuses qu'on nommait alors un tête-à-tête, il y avait quatre petites têtes d'anges que tu appelas grossièrement une potée d'enfants. C'étaient les quatre filles de madame de Mandres, alors très-belle, très-brillante et très-courtisée. Elle mettait à s'entourer de sa jeune famille une coquetterie que je prenais pour de l'amour maternel. Tu dansas à ce bal, car tu dansais alors, heureux temps ! et tu ne t'occupas plus alors de madame de Mandres. Eh bien ! c'est elle que tu viens de voir avec ses quatre filles, et qui s'est fait annoncer tout à l'heure sous le nom de madame Malabry.

Je dois d'abord te dire ce qu'est madame de Mandres, et je t'expliquerai ensuite ce qu'est madame Malabry.

Lorsque mademoiselle Clara Sellerin épousa M. de Mandres, elle n'était pas autre chose qu'une belle fille à marier, ayant 100,000 fr. de dot, touchant du piano, chantonnant des nocturnes de Blangini, — te souviens-tu de Blangini? — et toute disposée à être ce que la ferait son mari. Le premier qu'elle rencontra en fit une bonne et charmante femme. M. de Mandres était conseiller à la cour royale ; et comme je me trouvais son cousin, quoique d'assez loin, je lui avais été recommandé par mon père, et il prenait à moi assez d'intérêt pour que, s'il eût vécu, je fusse probablement entré dans la magistrature. J'étais donc admis dans l'intimité de la famille, et, malgré moi, madame de Mandres me faisait rêver souvent. Mais je ne sais lequel d'entre vous, par une trahison insigne, lui glissa dans l'oreille mon nom de Trucindor, et depuis ce temps-là madame de Mandres ne pouvait me voir sans me rire au nez.

Dieu sait combien de nuits sans sommeil cet impertinent

sobriquet m'a coûté; mais je vous le pardonne, car il m'a sauvé de bien des dangers.

Il m'a d'abord empêché de devenir tout à fait fou d'amour pour madame de Mandres, attendu que personne, en étant dûment averti, ne se soucie de devenir beaucoup plus ridicule que la nature ne l'a fait.

Je m'étais donc éloigné peu à peu de la maison de mon protecteur, ce qui me fut imputé par mon père à mauvaise conduite, lorsque j'appris qu'il était tombé malade en sortant de la cérémonie du 21 janvier, et qu'il était à toute extrémité. Tu dois te souvenir combien cette journée fut fatale à la magistrature, et qu'en l'année 1826, M. de Marchangy, avocat-général, M. Robert de Saint-Vincent et l'illustre Brillat-Savarin ne purent résister à l'intensité du froid et moururent au bout de quelques jours. Tel fut le sort de M. de Mandres.

Il mourut bien; c'est-à-dire qu'il fit tout ce que peut un homme pour protéger, après lui, les êtres qu'il aimait et qu'il quittait avec regret.

Outre sa dot, il laissa à sa femme un douaire de six mille livres de rente, et partagea le reste de sa fortune entre ses filles, de manière à leur assurer à chacune une dot de 80,000 francs. Comme il n'avait aucune raison de douter de la tendresse ni des bonnes intentions de sa femme, il ne lui enleva point la tutelle de ses enfants; mais, connaissant son inexpérience des affaires, il désigna un de ses collègues comme subrogé-tuteur, et, croyant avoir tout réglé convenablement pour l'avenir, il mourut en me disant:

« Vous serez déjà un homme posé quand mes filles seront encore bien jeunes; restez leur ami, je vous en prie. »

Je le lui promis, et je redevins très-assidu chez madame de Mandres. Prétendre que mes visites furent exemptes du vague espoir d'être mieux accueilli que je ne l'avais été autrefois, ce serait me parer d'une modestie que l'expérience a été bien lente à me donner: mais le temps de deuil était à peine écoulé, que je m'aperçus de la folie de mes espérances et reconnus que j'avais moi-même introduit dans la maison celui qui devait bientôt m'en exclure. C'était à peu près à l'époque où je te conduisis à ce fameux bal. Ce bal, en effet, avait été le sujet d'une très-grande contestation. Je m'étais formellement déclaré contre cette fête, tandis que mon ami, à qui je ne soupçonnais pas le droit d'avoir une opinion sur ce que devait faire madame de Mandres, parla pour la fête, conseilla la fête et l'emporta pour ainsi dire d'autorité.

J'avais alors vingt-six ans, et dans ce temps-là on était encore jeune à vingt-six ans, et un homme de trente-huit ans me paraissait déjà être bien vieux pour inspirer de l'amour. J'étais, d'ailleurs, bien rassuré par les défauts de mon ami; d'abord, il était encore plus laid que moi; seulement, je n'avais pas fait attention que sa laideur, au lieu de donner envie de rire, pouvait inspirer une sorte d'effroi.

D'un autre côté, j'étais doux et complaisant, et il était brusque et fort occupé de lui seul; dans toutes les occasions je pliais mes opinions aux idées et même aux caprices de madame de Mandres, et mon ami était opiniâtre, absolu, et ne cédait à personne. Pour moi, aimer, c'était respecter une femme et croire en elle; pour lui, aimer, c'était être dupe quand on n'était pas audacieux; il le disait, elle l'entendait, et je ne doutais pas de la préférence qu'elle devait accorder à ma théorie sur celle de Malabry. Mais ce que je ne savais pas, c'est qu'il y a des femmes qui aiment les hommes qui leur font peur; qui, par une certaine disposition de leur nature faible, méprisent les esprits qui leur obéissent et estiment ceux qui leur commandent, et qu'en fait d'amour la plupart des femmes laissent prendre et ne savent pas donner.

La discussion relative au bal commença par éveiller mon attention, et peu de temps après, j'entendis murmurer autour de moi que tout se préparait pour le mariage de madame de Mandres et de M. Malabry. En cette occasion, je fus héroïque; je ne pensai pas du tout à moi; j'imposai silence à ma douleur et je ne fus, ou plutôt je ne me crus alarmé que pour madame de Mandres.

Non-seulement j'étais novice en fait d'amour, mais je l'étais encore plus en fait de monde. J'avais toujours eu une assez mauvaise opinion de Malabry; mais d'abord elle n'était basée que sur une intime conviction résultant d'une foule de petits incidents où j'avais cru remarquer en lui un manque de délicatesse caché sous un air de dédain et d'oubli, et une marche ténébreuse dans tout ce qu'il faisait. Aux yeux du monde, Malabry était un premier clerc de notaire fort habile, et à qui il ne manquait qu'une femme et une dot pour devenir titulaire de l'étude de son patron ; mais moi, qui avais vécu avec lui, ce que vous appelez, en termes de coulisse, derrière le rideau, je l'avais vu dans maintes occasions risquer et perdre au jeu des sommes qui eussent dérangé une fortune plus solidement assise que la sienne. Je l'avais secouru en maintes circonstances, et quoiqu'il ne me parlât point de me rendre mon argent, je ne le soupçonnais que d'un peu d'imprudence, lorsqu'une circonstance assez grave, et qui se passa à peu près à l'époque du fameux bal, donna une consistance trop certaine à mes soupçons.

Le patron de Malabry était le notaire de mon père, et celui-ci me chargea de lui faire la remise d'une somme assez légère pour que je n'y fisse pas grande attention ; il s'agissait de mille écus. Je remis à Malabry une lettre de change endossée en blanc par mon père, pour que son patron la fît toucher à échéance et en portât le montant à notre compte.

Je ne pensais plus à cette affaire lorsque je reçus, un mois après, une lettre fulminante de mon père, annonçant que la lettre de change n'avait pas été payée à échéance, et qu'on la lui avait retournée avec frais.

Voici ce qui était arrivé :

Malabry avait gardé par devers lui la lettre de change, l'avait escomptée et s'était servi des fonds.

Si la lettre de change avait été payée, le notaire seul eût sans doute appris l'abus de confiance de son maître-clerc, et j'ai tout lieu de croire, d'après ce qui arriva, que cela fût demeuré secret entre eux.

En effet, dès que le notaire fut averti par mon père de ce qui s'était passé, les escompteurs furent remboursés, et le notaire essaya de pallier la conduite de son maître-clerc par des raisons qui éveillèrent l'attention de mon père : dès lors nous acquîmes la certitude que le patron de Malabry était dans une mauvaise position dont celui-ci avait le secret, ce qui expliquait à la fois l'indulgence du patron et les dépenses de Malabry. Je savais cela depuis quelque temps, mais je ne l'avais appris cependant que lorsque Malabry était déjà au mieux chez Mme de Mandres.

Mon père, qui voulait retirer des mains de son notairee d sommes assez considérables, m'avait recommandé le secret sur cette affaire, et lui-même, tout en redemandant ses fonds, n'avait pas paru un instant douter de la solvabilité du dépositaire.

J'étais donc fort embarrassé vis-à-vis de Mme de Mandres : un avis direct eût été sans doute accueilli comme une honteuse calomnie d'un rival désappointé. Je me résolus donc à une démarche que je crus tout à fait héroïque, comme je l'ai dit.

J'allai chez le magistrat qui était le subrogé-tuteur des enfants de Mme de Mandres, et là je filai une scène véritablement solennelle. Je débutai par le récit de la mort de M. de Mandres ; je le montrai à sa dernière heure, me confiant, pour ainsi dire, une surveillance et presque une tutelle morale sur l'avenir de ses filles ; et alors, par une habile transition, j'arrivai à dire à l'honorable magistrat que je croyais cet avenir compromis par l'alliance qu'allait contracter Mme de Mandres.

Tout autre que moi eût été suffisamment averti qu'il faisait une sottise, en voyant l'air de dédain et de mécontentement hautain qui accueillit cette déclaration ; mais j'agissais d'enthousiasme, c'est-à-dire que j'étais un niais. Un niais, entends-tu? Car on est un niais tant qu'on croit à la spontanéité d'une confiance réclamée avec franchise.

Je m'imaginais que cet homme, grave et probe, à qui je parlais, devait, à la fin de ma confidence, me tendre la main en me disant : « Vous êtes un galant homme, et je vous remercie. » Mais, au lieu de cela, et lorsque j'eus fini ma période par une phrase d'appel à l'honneur et à la discrétion de celui dont je sollicitais le concours, je reçus pour toute réponse un sourire important, accompagnant ces quatre mots :

« Je m'attendais à tout ce que vous venez de me dire. »

— Quoi! lui dis-je, vous saviez déjà tout cela?

— Je savais que vous viendriez me le dire.

Cette seconde réponse me déconcerta ; le rouge me monta au visage, et je compris assez vite que j'avais été prévenu par Malabry. Cependant cette idée ne m'arriva pas d'une façon assez nette et assez certaine pour l'attaquer sur le coup.

Je balbutiai, je demandai l'explication de cette phrase, et le conseiller, à ma grande indignation, qu'il prit pour une confusion honteuse, me fit une petite leçon de morale sur les dénonciations calomnieuses, que ma jeunesse et l'extravagance de ma passion pouvaient excuser, mais qui méritaient plus qu'une remontrance paternelle si elles se renouvelaient.

Il est une chose que je ne savais pas alors : c'est que lorsqu'un homme se trouve en face d'un autre qui semble douter de la vérité de ses paroles, et auquel on ne peut demander raison de sa défiance, la seule chose qu'il ait à faire, c'est de se taire et de se retirer.

J'ignorais que toutes les protestations agissent, en ce cas, comme le marteau sur le coin, et assurent dans certains esprits la prévention qu'une retraite digne eût ébranlée.

Mon père me dit à ce sujet une phrase que je trouve admirable, quoiqu'elle ne soit pas écrite :

« Attester la vérité par serment, c'est la dégrader. » A ce sujet, mon père me dit aussi que j'étais un grand sot de m'imaginer que Malabry, qui s'entendait si bien aux affaires, n'eût pas mis dès longtemps le subrogé-tuteur dans ses intérêts.

Le cas de second mariage n'est-il pas une cause de retrait de tutelle pour une femme, et Malabry était-il assez maladroit pour ne pas avoir gagné, fasciné, endormi l'homme qui semblait naturellement appelé à provoquer une pareille mesure, si Mme de Mandres eût contracté une union dangereuse ?

Je te dis les sages réflexions de mon père, parce que, dès le lendemain de mon entrevue avec le conseiller à la cour, je quittai Paris, où rien ne me retenait, pour aller m'enfermer dans le château de mon père avec mon éternel désespoir.

Aujourd'hui je dois reconnaître que cette profonde douleur se fût calmée trop vite pour l'honneur des passions durables, si mon père avait voulu accepter, seulement pendant un mois, mes promenades solitaires, mes vagues distractions, mes cheveux en désordre et mes regards incertains ; mais dès le lendemain il trouva cela parfaitement ridicule.

Je fus blessé et ne voulus pas en avoir le démenti.

Je m'attachai avec obstination à mon chagrin. Mon père s'entêta à sa raillerie. Il me reprochait ma mine colorée : je me mis à la diète pour me pâlir, et je n'y gagnai que des maux d'estomac. Tous les jours il me disait d'un air narquois :

— Je suis passé ce matin près de ta chambre, tu ronflais horriblement.

Je pris du café avec fureur pour me procurer des insomnies, et je réussis assez à me rendre malade pour me donner un air désolé.

Je sortis vainqueur de cette lutte ; mon père s'alarma sérieusement du dépérissement de ma santé et chercha un nouveau remède à la passion qui me consumait.

Ce remède ne m'étonna point : je m'y attendais, et j'avais préparé à ce sujet des effets de surprise et de stupéfaction douloureuse qui devaient rehausser singulièrement ma sensibilité aux yeux de mon père. Or, le jour où il m'annonça très-directement qu'il songeait à me marier, je pris vis-à-vis de mon père un air si renversé, si épouvanté, si effrayé, qu'il commença à douter de la solidité de ma raison.

Il faut te dire qu'à force de diète et de café, j'avais si bien fait et j'étais devenu tellement débile et nerveux, que je me laissais gagner même par les émotions que je m'infligeais, et qu'ayant voulu simuler à cette occasion une attaque de nerfs, j'arrivai à en éprouver une si réelle et si violente que de mon côté je commençai à avoir peur de ma sensibilité.

Mon père se décida à me faire voyager, et je restai trois ans absent.

A mon retour, je vis dans notre société de Caen la femme qui m'avait été destinée.

Elle était cent fois plus jolie que madame de Mandres, bonne, douce, avenante et heureuse avec un mari qui ne me valait pas. Je reconnus la sottise de mes comédies, et je pris le parti d'être plus raisonnable. Je m'associai aux travaux agricoles de mon père : je soignai ses pâturages ; je cherchai de nouveaux moyens d'irrigation ; j'engraissai des bestiaux.

Je mis encore là un peu de mon caractère, et les bœufs gras de M. Cornet m'ont souvent empêché de dormir ; mais enfin j'étais déjà un homme raisonnable, estimé, maître d'une assez belle fortune, puisque j'avais eu le malheur de perdre mon père, lorsqu'en 1837 je me retrouvai en face de la famille de Mandres.

Voici comment :

II

Je commençais à trouver ma vie de garçon fort ennuyeuse, et je songeais, à part moi, qu'il était temps de me marier. J'étais donc arrivé à Paris dans l'intention d'y trouver une femme. Au premier coup d'œil, rien ne semble plus bête qu'un provincial qui va chercher une femme à Paris, lorsqu'il a autour de lui des jeunes filles dont il connaît la fortune, les antécédents et les relations. Au dire de certaines gens qui s'emparent de la première sottise venue pour en faire un texte de déclamation édifiante, c'est cette propension à se fournir à Paris de meubles, d'idées et de femmes, qui amène la plupart des accidents immoraux dont la province gémit. Je ne suis point de cet avis, et c'est précisément parce que je connaissais les relations et les antécédents des jeunes personnes à qui j'aurais pu m'adresser que je résolus à venir ici.

Je n'ignorais pas cependant le danger réel qu'il peut y avoir à enlever un jeune fille aux habitudes de la vie parisienne pour l'implanter tout à coup dans les mœurs limousines, bourguignonnes ou normandes ; mais je savais encore mieux ce que c'est que le voisinage des beaux-pères, des belles-mères, des beaux-frères, des belles-sœurs, de toute cette alliance, enfin, à qui on n'a probablement attribué ce bel adjectif que pour en dissimuler la laideur ; et j'avais calculé qu'en prenant femme dans la capitale, pour l'emmener tout de suite dans ma province, je n'aurais au moins qu'un ennemi à combattre dans mon ménage. Malgré mon commerce de bœufs, j'avais gardé à Paris quelques connaissances qui touchaient au monde élégant, et dès mon arrivée je me présentai dans deux ou trois maisons qui passaient pour recevoir assez bonne compagnie. J'étais toujours assez laid pour qu'on s'informât de moi, surtout avec la manie que j'avais de danser et d'inviter les plus jeunes et les plus jolies personnes des soirées où je me trouvais. Il fallut quelque temps pour qu'on sût que j'étais un bouvier normand, riche de trente mille livres de rente, et à qui il manquait une épouse. Les mères de famille qui le savaient, gardaient volontiers ce secret pour elles, afin que nulle autre ne m'amorçât au détriment de leurs prétentions, et les jeunes filles n'avaient aucune envie de le dire à leurs parents de peur d'être menacées de la protection qu'ils accordaient à mes recherches.

Cependant la chose se répandit peu à peu, et je dus à ce bruit favorable une invitation chez une certaine Mme Dorsy, dont je ne m'étais pas encore expliqué les projets, attendu qu'elle était mariée et n'avait point de fille d'âge à être pourvue.

J'arrivai le soir dans ma plus belle tenue, et je m'ingéniais à chercher autour de Mme Dorsy quelque nièce ou cousine à placer qui justifiât les coquetteries évidentes dont elle m'honorait, lorsqu'on annonça tout à coup M. et Mme Malabry, et je vis entrer aussitôt mon ancien ami, sa femme et quatre jeunes filles d'une beauté incontestable et très-diverse.

Comme j'étais près de Mme Dorsy au moment où défila cette procession, Mme Malabry me vit, me reconnut, et, dans un premier mouvement de bon souvenir, répondit avec affabilité au profond salut que je lui adressai. Ses filles me regardèrent l'une après l'autre avec une curiosité peu flatteuse, et je les vis aller se ranger en bataille sur une ligne de chaises, mère au centre et beau-père sur les ailes.

Malabry m'avait vu, et, s'étant présenté pour saluer Mme Dorsy, il tourna droit à moi, me tendit la main et renouvela connaissance comme si rien ne s'était passé entre nous. Cependant il avait un air moins sûr de lui ; et quoiqu'il parlât vite et beaucoup selon son habitude, je le trouvai pesant et bavard lorsqu'il essaya de me faire le portrait caricaturé de quelques-unes des personnes de sa société.

Je pensais que Malabry avait beaucoup baissé ou, ce qui revient à peu près au même pour certains hommes, qu'il avait trouvé son maître. Cet être supérieur se manifesta bientôt à moi sous la figure d'un jeune homme qui pouvait avoir vingt-cinq ans. Il était remarquablement petit, brun et imberbe, et me fut présenté par Mme Dorsy. Cette présentation eut lieu pendant que je causais avec Malabry, et je pus m'apercevoir qu'elle lui déplaisait.

Il faut à ce propos que je te fasse observer l'avantage immense d'une figure comme la mienne.

Je suis laid, ce qui est toujours désagréable, mais j'y ajoute comme compensation d'avoir l'air niais, et s'il faut avoir toute la franchise que Brid'Oison permet d'avoir envers soi-même, j'ai volontiers l'air bête, et c'est un admirable avantage ; les plus madrés s'y prennent, s'y trompent et laissent échapper devant vous, et avec l'espoir que vous n'y comprendrez rien, des mots, des allusions dont ils se garderaient bien s'ils vous soupçonnaient la moindre intelligence.

Nous avons un homme à Caen qui doit sa fortune à un accident qui le rendit pendant six mois sourd comme un pot ; cette infirmité se dissipa peu à peu, mais loin de s'en vanter, notre homme, qui s'était aperçu que l'on profitait de sa surpité pour se passer à voix basse des observations qui n'étaient probablement pas en sa faveur, notre homme, dis-je, garda l'apparence de son malheur, et joua un jeu si serré, qu'il rendit précisément victimes de sa spéculation tous ceux qui avaient voulu le prendre pour dupe.

Je ne puis certifier qu'un certain air de bêtise soit un avantage aussi incontestable qu'une bonne infirmité physique, mais cet air me servit suffisamment dans l'occasion dont je te parle, et je découvris par M. Burac, le frère de Mme Dorsy, buelle était la prétendue à laquelle on me destinait.

Cependant, Malabry ne me céda point du premier coup, et je compris qu'il avait aussi ses vues sur mon individu. Il ne me semblait pas difficile de les deviner ; la batterie des quatre demoiselles de Mandres, sans doute averties par une mère prudente, tirait de notre côté de tous ses yeux. Quant à l'usage dont je pouvais être pour M. Burac, je ne m'en faisais pas encore l'idée ; mais ce petit être tranchant me déplaisait particulièrement.

Dans cette circonstance, je cédai à l'un des sentiments qui trompent le plus, à la bienveillance, qui n'est autre chose que beaucoup d'envie contre le vainqueur.

Si j'étais demeuré seul vis-à-vis de Malabry, je me serais tenu derrière mes retranchements ; mais l'air de dédain avec lequel le traitait M. Burac m'inspira pour l'ancien clerc de notaire une pitié protectrice.

Je ne sais par quelle opération de mon esprit je trouvais que ce jeune débutant dans l'intrigue devait plus de considération à un homme que je considérais comme un fripon du premier rdre ; je voulus l'en avertir.

Je quittai assez sèchement Mme Dorsy pour me laisser entraîner vers la ligne féminine dont mon ex-ami était le général en chef.

Ce triomphe de Malabry fut évident, mais je ne devais pas en profiter, car le feu des demoiselles de Mandres, que je croyais dirigé contre moi, sembla redoubler à mon approche; mais il passa à mes côtés, et je reconnus que c'était à M. Burac qu'il s'adressait spécialement.

Quel était donc ce M. Burac?

Comme les romans étaient en ce moment très à la mode, je le pris pour un homme de lettres. Je pensai à le demander à Mme Malabry, et je me laissai chambrer d'une façon qui me parut exciter l'humeur de Mme Dorsy.

Mme Malabry et ses filles occupaient un premier rang fort étendu, et j'en étais encore aux simples compliments d'une reconnaissance après douze ans de séparation, lorsqu'il se présenta de nouvelles dames.

Mme Dorsy jugea le moment propice pour me reprendre, et en s'avançant vers les nouvelles arrivées, elle me dit en passant, que si je n'avais pas peur d'une partie, les tables de jeu étaient dans un salon plus éloigné. La manœuvre par laquelle Mme Malabry répondit à cette attaque, fut rapide et décisive; elle se leva, offrit une place à une des dames qui arrivaient, se retira sur le second rang, m'invita à l'y suivre pour me dire quelques mots, et resserrant devant nous le rang de ses quatre filles, je me trouvai encaissé de manière à ne pouvoir bouger sans déranger quelqu'un.

Probablement que Malabry avait dès longtemps stylé sa femme; car il la crut de force à me maintenir, et il nous laissa pour aller rejoindre Burac qui avait échangé avec sa sœur un regard dépité. Je riais intérieurement des efforts des Malabry père et mère; mais, malgré toute ma philosophie, je n'étais pas satisfait de l'accueil des petites filles. Il est probable que, si elles s'étaient montrées trop prévenantes, je les eusse fort mal jugées. Mais ce qui excusait mon humeur contre les demoiselles de Mandres, c'est que je ne pouvais attribuer leur manque d'attention envers moi à une retenue timide, car l'attaque continuait avec vivacité contre monsieur Burac.

Je commençai ma reconnaissance, mais j'avais affaire à

une femme qui était restée trop femme pour m'instruire comme je désirais l'être.

Selon Mme Malabry, M. Burac, qui était un des grands amis de son mari, passait pour un spéculateur du premier ordre. Ce mot n'avait pas encore le sens précis qu'il a acquis depuis, et je demandai sur quoi spéculait M. Burac.

— Mais il spécule, me répondit naïvement Mme Malabry. Dans ce moment, il arrange avec M. Malabry une combinaison pour l'exploitation des mines du Calvados, et vous n'êtes pas sans avoir entendu parler des bénéfices qu'il a réalisés dans la vente des actions de la Société de librairie morale et de la Société pour la confection de la porcelaine chinoise en terre de pipe.

Après ce qui avait transpiré de ces sortes d'opérations dans notre province, je me fis une idée approximative de M. Burac, et je sus sur quel pied je devais danser avec lui. Je fus cependant moins humilié de l'inattention des demoiselles de Mandres, lorsque je pus supposer qu'elles s'adressaient aux millions errants destinés à devenir la proie de ce Nemrod de la chasse à l'actionnaire.

Jamais je ne rougirai de me voir préférer un grand seigneur, un richard ou un beau garçon, mais je ne connaissais encore de ce jeune homme que sa personne, et elle était si chétive, que ma *tournure d'homme* me semblait devoir contre-balancer avec avantage sa mince figure.

Comme tu feras de ce récit tout ce qu'il te plaira, tu me permettras de placer ici, et à propos de M. Burac, une remarque physiologique ou philosophique, à ton gré. Il s'agit de l'amour des petits hommes pour les grandes femmes. Ce fait est trop constant pour qu'il ne tienne pas à une cause générale inhérente aux individus exigument constitués. Je te prie d'en parler à ton ami le docteur Donné, car je n'admets pas l'explication qui consiste à donner pour raison à cette préférence, que plus l'homme est petit, plus il se croit grandi par l'ampleur du colosse féminin auquel il a su plaire; c'est un calcul trop maladroit et qui produit des résultats trop ridicules, pour qu'il entre en même temps dans les esprits les plus vastes, du moment qu'ils habitent une petite tête montée sur un petit corps. C'est donc une question médico-sociale qui mérite à tous égards l'attention des savants et dont la solution importe peut-être plus au bonheur de la société et à l'amélioration des races que la coloration des os de poulet.

Quoi qu'il en soit, le choix de M. Burac, d'après ce grand principe, ne pouvait être douteux, car, de toutes les filles de Mme Malabry, une seule dépassait ses sœurs de toute la tête, comme la nymphe Calypso ses compagnes; circonstance qui m'a paru toujours justifier le départ d'Ulysse et la préférence de Télémaque pour Eucharis.

C'était donc mademoiselle Cornélie de Mandres qui avait gagné le cœur de M. Burac.

Je te raconte tout cela comme si je m'en étais aperçu tout de suite, et je me donne à tes yeux un air de perspicacité que je n'eus point du tout; tant que je fus dans ma prison de filles à marier, je n'eus d'autre souci que de ne pas répondre un mot qui pût m'engager d'une façon quelconque.

Cependant j'eus le temps d'observer que madame Malabry, en cessant d'être jolie, avait poussé jusqu'à l'exaspération sa passion de mère de famille. « Elle vivait dans ses quatre filles, par ses quatre filles, pour ses quatre filles. Hélas! si elle n'avait pas eu ses quatre filles, que serait-elle devenue? car... »

Ce *car* suspendu appelait une question à laquelle on ne demandait pas mieux que de répondre; mais la peur d'être mariée sous l'influence d'un Malabry me tenait si fort, que je n'avais d'autre hâte que de me tirer des enlacements de sa femme, mes anciennes amours.

Il faut te faire observer, mon bon ami, que j'étais devenu un tant soit peu idiot de l'idée que tout le monde voulait m'épouser ou me faire épouser. C'est une de ces sottises de provincial que j'avais emportées de Caen, et qui ne s'est pas encore bien passée chez moi. J'étais, sous un autre rapport, comme ces gens à qui l'on a tant dit que Paris était pavé d'escrocs et de voleurs, que si quelqu'un leur demande l'heure qu'il est, ils se boutonnent à double tour de peur qu'on ne leur vole leur montre. Or, il est à croire que madame Malabry dut me trouver aussi gauche et aussi maladroit qu'autrefois; car elle m'abandonna bientôt avec un dépit manifeste, et les demoiselles s'étant levées pour une contredanse, je m'esquivai de mon mieux aussitôt que la barrière fut rompue.

Cependant, sur les quatre sœurs, une seule ne dansait pas ; on organisait une seconde contredanse dans un salon voisin, il manquait un vis-à-vis, je crus déguiser ma fuite en invitant Lia (c'était la plus jeune) à danser avec moi. Elle me regarda d'un air fort surpris et me répondit avec une dignité froide :

— J'ai déjà refusé de danser, monsieur.

— Que dis-tu? lui fit sa mère en se penchant vers elle.

— Je suis très-souffrante, répondit Lia ; je ne danserai pas ce soir, si tu veux bien le permettre.

Et pour donner une sorte de publicité à sa résolution, elle quitta son rang et alla se réfugier près de sa mère, après m'avoir salué d'un air pincé.

Comme le *moi* est une chose qui joue un très-grand rôle dans nos pensées, je crus que c'était moi qui avais causé la résolution de la jeune personne par une de ces bévues très-communes, mais dont je sens qu'une femme doit se tenir pour excessivement offensée.

J'avoue que si j'étais femme, jeune et jolie, je ne pardonnerais pas à un homme une de ces invitations de nécessité et qui semblent vous dire :

« On vous a laissée là ; personne n'a voulu de vous ; mais » votre rivale, qui a déjà vingt invitations, ne pourrait pas » danser si vous ne dansiez pas : venez donc aider à son » triomphe, etc. »

D'ailleurs, il y a toujours dans un salon assez ou de ces grasses figures, rouges de vingt-neuf ans de jeunesse inoccupés, ou de ces pâles figures mélancoliquement amaigries par quarante-cinq ans de passions, qui acceptent ce rôle de bouche-trou avec reconnaissance, pour ne pas y réduire une jeune et jolie fille.

Je m'imaginais donc que le refus de Lia venait de mon fait. C'était une erreur, car presque aussitôt je vis arriver un gaillard qui aurait bien mieux que moi mérité le nom de Trucindor, comme je m'en assurai par la suite, et qui, d'un air passionné, offrit sa main à mademoiselle Lia. Malgré l'émotion de la jeune personne, je pus entendre sa réponse ; elle fut brève et prononcée d'une voix émue.

— Il est trop tard, dit-elle rapidement et à voix basse ;

et puis elle s'excusa tout haut, par le motif qu'elle m'avait donné.

Le monsieur voulut insister et câlina autour de madame Malabry pour qu'elle intercédât pour lui. Je trouvai la prétention très-impertinente, et je le regardai plus attentivement.

Il avait une figure qui crevait de rouge et de santé dans un cadre de barbe et de cheveux noirs. Cet homme devait être horriblement fort à coups de poing ; j'appris là qu'il s'appelait Varnier, et qu'il possédait une voix délicieuse de ténor léger. Il se faisait marchander en ce moment une romance par madame Malabry, en lui disant qu'il chanterait tout ce qu'elle voudrait, si elle voulait user de son autorité maternelle pour faire danser à mademoiselle Lia une autre contredanse.

Madame Malabry faisait de la sensiblerie sur la santé de sa fille, le ténor posait en victime, Lia jouait l'émotion, et moi je restais là planté comme un obstacle, car j'aimais à croire qu'on n'accorderait à personne ce qu'on avait cru devoir me refuser. Je me préparais même à une scène de vigueur vis-à-vis du monsieur, et je comptais lui défendre d'user de la faveur qu'il semblait près d'obtenir, lorsque mademoiselle Lia trouva convenable de déclarer qu'au prix même d'un *ut* de poitrine elle ne danserait pas.

Ce n'est pas là sans doute l'expression dont elle se servit, mais en tous cas la déclaration de Lia fut si positive, que le ténor léger se retira d'un air maussade et mécontent.

Je le suivis par je ne sais quel instinct de haine, car Lia était une des plus jolies têtes que j'aie jamais vues, et comme il entrait dans un autre salon, je le vis aborder un homme d'aspect assez pédant et qui, ayant sans doute pensé que le lorgnon était d'une impertinence trop jeune, avait pris celle de regarder autour de lui en baissant à moitié ses paupières et en posant sa main au-dessus de ses yeux en guise de garde-vue.

— Comment, dit-il au ténor, vous ne dansez pas?

— Non ; Lia est furieuse de ce que je suis arrivé trop tard. Elle avait déjà refusé une espèce de grand...

— A ce mot, le pédant lança au ténor un regard qui n'avait rien de douteux, accompagné d'un coup de pouce au creux de l'estomac, qui voulait dire :

« Prenez garde, celui dont vous parlez vous entend. »

Le ténor fut assez bête pour se retourner ; et j'avais pris une figure de circonstance, lorsque le pédant s'avança vers moi et me dit en me saluant :

— Monsieur Morland, je pense ?

— Oui, monsieur ; je ne crois pas avoir l'honneur...

— M. Malabry vous cherche partout.

— Merci, monsieur.

Je le saluai et passai.

Arrivé à l'extrémité de ce salon, je me retournai, et je vis mon pédant avec Malabry et lui parlant avec vivacité. Nécessairement il lui disait :

« Je viens d'empêcher le ténor de dire une bêtise, et rompre les chiens en disant à ce monsieur que vous le cherchiez. »

Je marchai droit aux interlocuteurs pour m'en assurer : mais l'œil incertain m'avait dépisté, et lorsque je fus près d'eux, Malabry s'écria très-naturellement :

— Où diable es-tu donc depuis une heure ?

— Mais où tu m'as laissé ; je quitte ta femme à l'instant même.

— Sais-tu la grande nouvelle ? me dit Malabry sans avoir l'air d'avoir compris ma mauvaise humeur.

— Non.

— Il paraît que la chambre va être dissoute.

— Eh bien ?

— Eh bien ! il faut que tu arrives à la chambre.

— Moi !

— Oui toi ; tu ne peux pas attendre plus longtemps.

— Mais je n'en ai aucune envie.

— Mon cher, me dit Malabry d'un ton doctoral, la pruderie, en fait d'ambition, est tout à fait une chose passée de mode ; le temps est venu où chacun doit avouer ses prétentions ; tes droits sont incontestables ; il n'y a que toi qui pourrais en douter.

— Moi ! mon cher Malabry.

— Ecoute, ce n'est pas ici le lieu de te faire part de mes projets ; mais viens dîner demain chez moi, tu y trouveras quelques personnes avec qui tu seras probablement charmé de faire connaissance.

— Mais...

— Je compte sur toi, reprit Malabry en me serrant la main. On a voulu nous prendre à l'improviste ; mais nous sommes prêts.

Avant que j'eusse pu faire une observation à cette entreprise sur ma personne, il me quitta, et je demeurai fort ébahi de ce qu'on venait de me proposer. Hélas ! mon cher ami, combien je ressemblais encore au Trucindor d'autrefois, qui préparait des réponses pleines d'esprit pour les plaisanteries qu'on lui avait faites la veille, supposant qu'elles recommenceraient le lendemain, et qui, attaqué tout à coup sur un autre point, restait confus, troublé, incertain, et se faisant toujours battre. Certes, le jour où je te parle, j'étais inexpugnable sur l'article du mariage ; mais, ce jour-là comme jadis, attaqué à l'improviste d'un côté qui n'était pas fortifié, je ne sus point me refuser à ces avances électorales ; et moi qui m'étais juré de fuir à tout jamais le Malabry, je me trouvai tout à coup invité et presque de complicité dans une de leurs combinaisons politiques, puisque j'acceptais le dîner où sans doute elle allait s'élaborer. Il faut te confesser toute ma stupidité :

Je fus ébloui, étourdi, séduit.

Les propriétés laissées par M. de Mandres à ses filles étaient situées dans notre arrondissement ; d'après la loi nouvelle, les fermiers étaient électeurs et devaient être à la dévotion de Malabry : moi-même je n'étais pas sans quelque influence, et avec quelques efforts et mon mérite personnel, il n'y avait rien d'impossible à ce que je devinsse député. Je m'adressai à ce sujet un discours qui n'était pas sans quelque éloquence, sur l'utilité dont je pouvais être à la France.

La question des bestiaux attendait un orateur, et cet orateur ce serait moi. Ce devait être ma spécialité, sans cependant m'exclure de la discussion des affaires générales. J'avais quelque connaissance des lois... Je... Je...

Quelle terrible machine à vapeur que la vanité, mon ami, et qu'elle mène vite et loin ceux qui se laissent emporter par sa course furieuse ! Je passai ma soirée dans un état d'extase, et le lendemain dans un état d'inquiétude indicible.

J'étais chez M. Malabry à six heures, il n'y avait encore personne : mais, deux ou trois minutes après mon arrivée, le pédant de la veille entra.

Si je n'avais pas été si troublé de ma folle espérance, j'aurais pu voir qu'il entrait avec un chapeau et une canne que j'avais remarqués dans l'antichambre, et qui m'avaient fait supposer que je n'étais pas le premier arrivé. Il était donc avant moi dans la maison, et on me le dépêchait sans doute pour m'engluer par avance ; mais il fit comme s'il arrivait à l'instant même. Tout d'abord, il me salua comme quelqu'un dont on a peu d'idée ; mais bientôt, avec le clignement d'yeux obligé et le geste de main en abat-jour, il parut me reconnaître et s'approcha de moi en me disant du même ton de la veille :

— Pardon, monsieur Morland, je pense ?

— C'est moi.

Après quoi commença le dialogue suivant.

III

Le pédant, que je nommerai ainsi jusqu'à ce que je sois arrivé au moment où j'ai appris moi-même son nom, s'appuya le dos à la cheminée, tandis que je demeurai assis à l'un de ses angles, et balançant un moment sa tête, il me dit, en faisant ondoyer la sonorité de sa voix des notes les plus graves aux sons les plus élevés :

— Ainsi donc, monsieur, nous voilà arrivés à l'une de ces grandes époques qui datent l'histoire des peuples et commencent l'ère d'une nouvelle religion d'idées. La société est adulte et demande à s'affranchir de la tutelle d'une organisation incompatible avec le but où tend l'humanité, et l'heure est venue où ceux qui sont prédestinés à faire entendre le cri à la fois gémissant et impérieux de cette vie nouvelle doivent trouver place parmi les représentants de la nation.

Je n'étais pas tellement bouvier que je n'eusse lu quelques-unes de ces phrases qui me faisaient craindre que l'usage de l'opium ne se fût introduit en France, attendu qu'elles me paraissaient ne pouvoir être que le résultat de cette espèce d'idiotisme extatique où nous plonge la liqueur du pavot blanc; mais je ne sais par quelle convention particulière avec moi-même je m'étais convaincu qu'on écrit ces choses-là au risque de ce qu'elles peuvent devenir dans les mains du lecteur, sans pouvoir supposer un moment qu'on osât les dire de sa propre voix à un homme qui vous écoute de ses deux oreilles, qui vous regarde en face, et qui peut attester vous les avoir entendu dire. J'examinai donc plus attentivement mon pédant. C'était, somme toute, un monsieur assez beau, dont le visage pâle et profondément altéré, convenait également à un homme dont la jeunesse s'était énervée dans la débauche ou flétrie dans les rigueurs de l'abstinence ou de la macération. Sa narine large, et qui se gonflait à chaque aspiration comme le flanc d'un soufflet, me faisait pencher pour la première supposition, tandis que sa lèvre mince, courte et collée à ses dents, me ramenait à la seconde. La solution du problème devait être dans le regard de cet homme, mais il restait insaisissable sous la paupière mi-close dont il l'abritait.

Alors, désirant parler, afin de saisir ce regard révélateur, je répondis, en donnant à ma voix un peu de cette ondulation qu'affectait mon pédant :

— Oui, monsieur, la France a besoin d'hommes nouveaux pour de très-grandes et de très-nombreuses améliorations, et, sans parler de l'immense question des chemins de fer, de la non moins immense question de l'Algérie, il me semble que la simple question des bestiaux est d'une gravité et d'une étendue....

Je surpris mon homme au delà de mes désirs; il attacha sur moi un regard si étonné et si fixe que je le saisis en plein. Mon homme était louche! Je le reconnus alors : c'était Brugnon, Brugnon que je n'avais pas vu depuis l'école de droit, et qui, après avoir erré d'une étude d'avoué au Conservatoire de musique, puis du Conservatoire de musique à la rédaction d'un journal d'agriculture, puis du journal d'agriculture à une maison de commission pour les objets d'art et d'ameublement, s'était enfin jeté dans l'exploitation politique : d'abord libéral voltairien, ensuite républicain catholique, et maintenant socialiste humanitaire. J'avais lu quelques-uns de ses écrits, et j'avais reconnu le strabisme de son esprit comme je venais de reconnaître celui de ses yeux.

Je te prie de croire qu'en 1837 je ne connaissais pas du tout le mot de *strabisme*, et que je ne l'emploie aujourd'hui que pour te prouver que je marche avec mon siècle.

Donc, pour te parler maintenant comme je sentis en 1837, son style et ses pensées m'avaient toujours paru louches comme son regard. Je ne fis pas semblant de l'avoir reconnu; et craignant qu'il ne me jugeât trop indigne de sa conversation, je voulus essayer de réparer ma bévue des bestiaux, et je repris :

— Cette question, tout infime qu'elle est, se rattache au grand but humanitaire que vous poursuivez; car il s'agit d'une meilleure nourriture pour les pauvres et à meilleur marché.

— Pardon, monsieur, fit le pédant ou plutôt Brugnon; car du moment que je sus qui il était, je le jugeai indigne de cette injure, qui suppose toujours un fond de savoir bien ou mal dirigé; pardon, monsieur, me dit-il, vous vous renfermez dans le cercle étroit de la nationalité. Ce n'est pas la France qu'il faut appeler seulement au partage de tous les biens que Dieu a prodigués à sa créature, c'est le monde entier. Partout où l'homme vit, l'homme est mon frère : je lui dois ma vie, mes idées, mes efforts, et je dois les lui donner.

Je me rappelai que Brugnon me devait de l'argent et qu'il ne me l'avait jamais rendu, et je ne m'étonnai point de sa tranquillité en ma présence, en me souvenant en même temps que, quelques jours avant, j'avais vu annoncer un ouvrage ayant pour titre : DE LA MORALITÉ DES FAILLITES, avec cette épigraphe : *Quand on paie ce qu'on peut, on paie ce qu'on doit*, par Triptolème Brugnon.

A ces diverses réminiscences, je me sentis dans une société de fripons et je mis mes mains dans mes poches : car j'avais toujours présent à l'esprit cet adage d'un ancien fermier de mon père, dont le fils est maintenant propriétaire, par héritage, des plus riches pâturages de la Normandie :

« Un sou, qu'il soit gagné, volé ou donné, est toujours le commencement d'un million. »

Je cherchais déjà un prétexte pour m'esquiver, lorsque parut le maître de la maison, puis madame Malabry, ses quatre filles, le ténor léger de la veille, et enfin l'illustrissime Burac et deux ou trois coryphées en sous-ordre, parmi lesquels on remarquait un membre de la Société de l'abolition de l'esclavage, pauvre riche honnête homme qui, sans s'en douter, chaperonnait ces réunions de sa probité et de ses bonnes intentions. Par une habile précaution, on nous plaça côte à côte, probablement pour nous persuader l'un à l'autre que nous étions en honnête compagnie.

Je dois le dire à ma honte, je ne me sentis aucun désir d'éclairer mon voisin sur son danger; je me souvenais du peu de succès des avis officieux, et d'ailleurs je m'occupais beaucoup plus à observer qu'à accuser.

Voici quelles étaient les intelligences que je crus remarquer entre les divers personnages de la société :

Je m'assurai que Burac était décidément le préféré de mademoiselle Cornélie, et que le ténor léger avait décidément conquis les affections de Lia. Quant à Brugnon, il faisait semblant de regarder tendrement la troisième des demoiselles de Mandres, qui avait nom Sophie. C'est la seule qui m'eût convenu si j'avais osé me risquer dans cette lice redoutable. Elle avait une bonne figure joviale, et il ne fallait pas l'avoir entendue dire quatre paroles pour juger qu'elle était passablement bête. Une femme bête, tu comprends, je ne dis point sotte, ce qui signifie une femme qui a des idées mal entendues sur toutes choses, et qui les soutient avec entêtement; je dis bête, c'est-à-dire une femme qui n'a pas du tout d'idées, et qui prend volontiers toutes celles qu'on lui donne. Elle était admirable en ce sens; c'était un écho fidèle de tous les jugements rendus autour d'elle; et la qualité que j'estimais en elle était poussée à un degré si éminent, qu'elle gardait à ce jugement la forme primitive qui lui avait été donnée. Ainsi, quand l'un des convives disait une nouvelle qui excitait l'étonnement de l'assemblée, et que quelqu'un s'avisait de répondre : « Ce n'est pas croyable, » Sophie répétait immédiatement : « Ce n'est pas croyable. » M. Varnier, le ténor léger, s'étant même laissé emporter à raconter une anecdote tant soit peu intime, madame Malabry lui fit observer que son récit était un peu hasardé.

— Très-hasardé ! s'écria Sophie.

Ce dernier trait me toucha. Mais j'arrivais trop tard, Brugnon et son œil louche avaient conquis ce cœur innocent.

Tu as dû remarquer cette disposition du cœur humain. Du moment qu'il se met à adorer l'erreur, plus elle est absurde et incompréhensible, plus il se passionne pour elle.

Sophie en était là pour Brugnon. Un mot de bon sens eût détruit peut-être le charme qu'il éprouvait à l'entendre.

Quoi qu'il en soit, tu vois qu'à mon compte trois de ces demoiselles étaient casées ; il n'en restait donc qu'une, et je me demandai si mon voisin l'abolitioniste n'était pas la victime désignée. Mais, au milieu du dîner, madame Malabry lui demanda des nouvelles de sa femme ; et je me crus en droit de conclure que c'était à moi qu'elle était consacrée. Je savais d'ancienne date qu'elle s'appelait Géorgina.

Imagine-toi une femme de moyenne taille, le visage rond et ne manquant pas d'embonpoint, mais d'une pâleur brune et veloutée, des yeux noirs trop grands et enveloppés de longues paupières que les larmes semblaient avoir déjà fatiguées, et avec cela une bouche d'enfant boudeur et une profusion de cheveux noirs et magnifiquement bouclés. Elle était bien moins à mon gré que Sophie ; mais dès que je l'eus regardée, je ne pus en détacher mes yeux. Je serais parti en poste si j'avais été menacé de l'épouser, et j'éprouvais un ardent désir de la connaître mieux, de lui parler et surtout de l'entendre ; mais elle était tout à fait silencieuse, et je ne voyais pas comment j'en pourrais approcher.

Contre mon attente, le dîner fut bon, et Malabry ayant voulu entamer le sujet politique qui nous réunissait, Burac l'interrompit en lui disant que l'entretien serait plus convenable lorsque ces dames ne seraient pas forcées de l'entendre.

Cornélia sourit à cette attention de Burac, comme pour le remercier de lui sauver cet ennui, tandis que Géorgina lui lançait un regard indigné et qui protestait contre le mépris que ce petit monsieur semblait faire de l'intelligence féminine.

Je jugeai immédiatement que c'était une femme supérieure, et immédiatement elle me déplut encore plus qu'auparavant; mais je sentis en même temps un désir encore plus vif de la connaître et de l'entendre.

Ce singulier sentiment que nous cherchons à nous expliquer le plus souvent par une foule de subtilités métaphysiques, est cependant un des plus instinctifs de l'espèce humaine qui, du reste, le partage avec les animaux. C'est le tressaillement du cheval qui entend venir son maître; ill le redoute, il en a peur, il tremble, et cependant il dresse l'oreille, il hennit, il est content; il prévoit qu'il va être déchiré par la cravache et l'éperon, et cependant il se cabre et fait le fier. Il n'y a rien de plus logique que cela dans la nature. Du moment qu'elle a créé des êtres qui ont besoin de domination, elle a su en créer d'autres pour satisfaire ce besoin, et qui éprouvent un désir égal d'être dominés. La raison opprimée se révolte contre cette domination, mais toujours les prédispositions naturelles l'emportent.

Géorgina m'avait à peine regardé, qu'elle m'attirait à elle malgré moi. Pourquoi cela? Tu dois le savoir, toi qui maudis le métier tous les matins et tous les soirs, et qui mourrais de désespoir si tu étais empêché de le faire! toi que j'ai vu frémir de rage à cette critique sotte, bavarde, incohérente, qui flatte tout ce qui se meurt, et exalte tout ce qui est mort pour insulter ce qui vit, et qui cependant voudrais qu'elle s'occupât de toi au risque d'être tenaillé! Tu dois comprendre le sentiment qui s'emparait de moi; car, en toutes choses, ce qui fait que la vie est intéressante, c'est qu'elle est un combat. Du jour où un homme aurait vaincu toutes les craintes et tous les obstacles qui l'épouvantent ou qui l'iritent, cet homme se tuerait ou deviendrait crétin. C'est donc précisément parce que je supposais qu'il y avait un antagoniste puissant entre Géorgina et moi, que je brûlais du désir de la mieux connaître.

Le dîner fini, je tâchai de l'approcher, ce qui ne fut pas très-difficile, attendu qu'elle était fort abandonnée. En général les femmes me font peur, et je crois que je n'ai d'elles une si mauvaise opinion que parce que je sais que je dois avoir fort peu de succès auprès d'ellès.

Cependant la curiosité qui me poussait vers Géorgina était d'une nature irrésistible comme celle qui pousse les enfants à tirer un pistolet, quoiqu'ils soient épouvantés par avance de ce qui va en résulter. Je m'approchai donc de la belle dédaigneuse, et je lui dis en manière de présentation personnelle :

—Probablement, Mademoiselle, vous n'avez aucun souvenir de moi?

— Pardon, me dit-elle sérieusement et d'une voix grave et sonore comme un son de violoncélle, pardon, monsieur, je me rappelle parfaitement que vous étiez près du lit de mort de mon père, et qu'il vous dit qu'un jour vous pourriez peut-être veiller sur ses filles.

Je m'étais approché dans une cruelle appréhension qu'une réponse équivoque ou railleuse ne me renvoyât d'où je venais. Je fus si ravi de ces paroles qui semblaient un appel à un entretien presque intime, que je m'écriai avec un air de ravissement fort maladroit et fort mal placé :

— Quoi ! mademoiselle, vous vous souvenez de cela?

— Mieux que vous sans doute, monsieur, reprit Géorgina, tandis que je m'asseyais près d'elle. J'étais bien enfant alors, mais cette parole de mon père me frappa vivement, et bien des fois depuis ce jour je me suis demandé en secret : « Où donc est celui à qui mon père avait laissé une si noble tâche? L'a-t-il reniée, ou reviendra-t-il au jour du danger? » Mais vous voilà, et je suis rassurée.

Mille millions de tonnerres auraient éclaté à mes oreilles que je n'aurais pas été plus abasourdi que par cette phrase. Il me sembla voir danser devant moi les figures mélodramatiques de *Gaspardo*, de la *Tour de Nesle*, et de tous les drames où il y a un homme fatal qui arrive à l'heure dite, à la minute, à la seconde même où son apparition doit faire rugir d'admiration ce que vous autres appelez le public. Cependant je me contins, et je répondis, voulant faire de l'esprit :

— Sans aucun doute le rôle que M. de Mandres avait daigné me confier est très-beau ; mais il est inutile, grâce à la tendresse prévoyante de votre mère, qui a pris en aide la protection éclairée de mon ami Malabry.

— Vous ne pensez pas un mot de ce que vous dites, monsieur, me repartit froidement la belle Géorgina.

Seconde stupéfaction qui, cette fois, demeura muette, et pendant laquelle la jeune fille reprit :

— Vous n'estimez pas M. Malabry, vous ne croyez pas à la prudence de ma mère, et vous soupçonnez déjà que le sort des filles de M. de Mandres n'est pas ce qu'il devrait être.

Il y avait dans ces paroles une dose de vérité si vraie, qu'elle me fit oublier le ton théâtral dont elles avaient été débitées.

— Je n'ai aucun droit de porter un jugement si sévère sur des personnes et des choses auxquelles je suis resté trop longtemps étranger.

Géorgina me regarda en face, et reprit d'un ton froid :

— Soit, monsieur ; votre réponse ne m'étonne pas. Quel homme pouvant se dispenser d'un devoir pénible a jamais eu le courage de l'accomplir ?

Je me récriai.

— Je sais que vous l'avez fait une fois, lors du mariage de ma mère avec M. Malabry. M. Darrieu, notre subrogé-tuteur, m'a dit, avant de mourir, que vous aviez voulu l'éclairer, et qu'il avait refusé de vous entendre. Mais vous avez probablement compris que c'était une duperie de s'occuper des affaires des autres. Quant à moi, à qui l'expérience n'a pas encore donné cette prudence, je vous avertis, sans craindre les conséquences que cet avis peut avoir pour moi, je vous avertis que vous êtes dans une société de malhonnêtes gens qui en veulent à votre fortune.

His dictis, après ces paroles, Géorgina se leva et quitta le salon.

Pendant notre dialogue, les hommes avaient disparu, à l'exception du ténor léger, qui cherchait vainement les regards de sa Lia; qui, à ce qu'il me sembla, lui tenait rigueur. J'étais fort embarrassé de ma personne, très-ému de ce que m'avait dit Géorgina, et surtout fort préoccupé d'elle. La liberté outrecuidante des façons de cette jeune fille me paraissait dépasser tout ce que j'avais imaginé de plus insolite ; mais le sentiment de curiosité que j'avais éprouvé, même avant de l'aborder, ne fit que s'accroître, et dans l'espoir de la voir reparaître, j'oubliai mes pressentiments, ses avis, et je demeurai.

C'est durant cette attente que j'appris tout à fait ce qu'étaient les trois sœurs de Géorgina. Cornélie était une femme qui ne rêvait que chevaux, hôtels, réception, grand train, et je compris qu'elle se fût laissé séduire par les millions dont Burac faisait tant d'usage dans la conversation. Quant à Lia, elle était la sentimentale de la famille et je la vis sincèrement pleurer pendant que M. Varnier, saturé de bonne chère, le visage rubicond, le poil touffu et la lèvre rouge, chantait d'une voix qui ne pouvait partir que d'une excellente poitrine, une cruelle romance ayant pour refrain :

Pitié, madame,
Pour l'orphelin
Qui vous réclame
Un peu de pain.

Tandis qu'il chantait, cet atroce minotaure se tournait avec désespoir vers Lia, et lorsqu'il eut fini, elle lui jeta un de ces doux rayons de femme qui disent si bien :

— Vous êtes pardonné.

A ce triomphe, la figure de cet homme jubila, c'est-à-dire qu'il n'éprouva pas cet intime et secret bonheur d'un cœur allégé du ressentiment de la femme qu'il aime; mais il se gonfla de sottise et d'orgueil comme un butor qui se dit :

« J'étais sûr de mon succès. »

Quant à Sophie, elle m'avait paru fort en peine de ce qu'elle devait faire, car, d'un côté, elle voyait Cornélie écoutant et approuvant avec une tenue d'impératrice, et de l'autre Lia larmoyant d'un air désolé ; et comme sa mère, voulant donner un guide à son extrême gaucherie, lui disait sans cesse :

« Regarde tes sœurs, fais comme tes sœurs, »

Sophie se décida à écouter froidement tant que M. Varnier chantait, et à s'essuyer les yeux à la fin de chaque couplet en se mouchant bruyamment.

Cependant Géorgina ne paraissait point, et mon désir de la revoir devenait de plus en plus vif. Il se passait en moi quelque chose d'étrange à propos de cette jeune fille, tourmenté que j'étais d'une curiosité à son sujet.

Je n'aurais voulu pourtant interroger personne sur elle. Je sentais, je devinais d'avance qu'on m'en dirait des choses peu flatteuses, et d'avance je sentais aussi que je les considérerais comme l'opinion vulgaire de gens qui ne pouvaient comprendre un pareil caractère et un esprit si supérieur. Je la blâmais en moi-même d'être ce qu'elle était; mais je n'aurais pas voulu entendre ce blâme dans la bouche d'un autre.

Tu te crois très-habile et tu souris en te disant à part toi : « Voici mon ami Trucindor amoureux. »

Non, mon ami, je n'étais pas amoureux.

Géorgina m'intéressait comme un problème dont on veut ne devoir la solution qu'à soi-même. C'est une des dispositions de mon esprit. Je me suis brouillé avec un de mes voisins de campagne, parce qu'il m'apportait tous les matins le mot de l'énigme mise au bas de mon petit journal, lorsque j'étais encore délicieusement occupé à le chercher. Non, te dis-je, non, je n'étais pas amoureux de Géorgina. Cela ne m'empêcha pas de demeurer jusqu'à onze heures du soir, sans songer le moins du monde à l'absence des autres convives. Fatigué d'attendre, je me décidai à quitter le salon sans avoir revu Malabry ni ses acolytes; juge donc de ma surprise lorsque, trois jours après, je lus dans un journal :

« Le bruit qui s'est répandu de la prochaine dissolution de la chambre a réveillé l'attention des vrais amis de la liberté: de toutes parts on s'occupe d'opposer des candidats indépendants à ceux que le ministère se prépare à soutenir de son influence et de ses fonds secrets. Déjà une réunion a eu lieu chez M. Malabry, l'un des plus grands propriétaires de la Normandie; on y a discuté les titres des nouveaux candidats et nous avons la satisfaction d'annoncer à nos lecteurs que l'unanimité des voix s'est portée sur M. Félix Morland, l'un des hommes les plus considérables du département du Calvados, aussi indépendant par son caractère que par sa fortune, dont il fait le plus noble usage. »

Je fus aussi indigné que surpris de cette insigne rouerie, et sous le coup de ma première fureur, j'avais déjà écrit une lettre sanglante à Malabry, lorsque je vis entrer chez moi M. Burac, l'air très-agité et dans un état de colère indicible.

— Vous savez ce qui m'arrive, monsieur? me dit-il rapidement.

— Non, en vérité, monsieur, mais...

— Vous m'en voyez irrité au dernier point. C'est vraiment déplorable! Certes la presse est une bonne et excellente chose; mais, monsieur, c'est pour ainsi dire un piége sans cesse tendu autour de vous; et je ne comprends pas comment moi, qui vis d'habitude parmi les hommes les plus marquants, j'ai pu faire une pareille indiscrétion.

— Mais de quoi s'agit-il donc, monsieur?

— Mais de ces quatre lignes qui sont là entre filets comme pour attester tout haut ma bévue.

— En effet, monsieur, je ne comprends pas...

— C'est à peine si je l'ai compris; et ç'a été à force de me creuser la tête que j'ai pu me rappeler comment cela avait pu arriver. Il est vrai que l'autre jour, chez Malabry, nous nous sommes occupés d'élections, que votre nom a été prononcé et qu'il n'y a eu qu'une voix sur votre compte, mais c'était pour vous demander s'il vous convenait d'accepter la candidature de notre arrondissement. Malabry est rentré dans son salon pour vous faire cette proposition; mais vous étiez déjà parti, et il a été convenu qu'il se chargerait de vous en parler avant tout. Probablement il n'a pu venir depuis deux jours. Je l'ignorais absolument, de sorte qu'hier, à une autre assemblée où se trouvaient les hommes politiques les plus éminents de la presse, me trouvant interpellé sur ce qui avait été fait dans la réunion Malabry, j'ai raconté ce qui s'était passé pour d'autres candidats; mais, dans la chaleur de l'improvisation, votre nom m'est échappé; j'ai dit ou je crois avoir dit que vous accepteriez; enfin, ce qu'il y a de certain, c'est qu'à mon insu on s'est servi de cette confidence pour publier le petit article que vous avez lu ce matin.

— C'est fâcheux, je regrette...

— Oh! je sais d'où le coup part; je me rappelle maintenant que le rédacteur en chef d'un de nos meilleurs journaux s'est récrié à votre nom, et qu'il a dit que vous étiez un homme très-convenable, parfaitement placé; ce qui est vrai, mais ce qui ne l'autorisait pas à faire une pareille déclaration sans votre aveu.

— Eh bien! monsieur, le journal en sera quitte pour un désaveu de sa nouvelle.

— Il le faut bien, dit Burac, puisque vous êtes décidé à ne pas vous mettre sur les rangs; car votre intention n'est pas de vous y mettre?

— Je n'ai pas de parti pris à cet égard.

Burac me regarda d'un air stupéfait, et reprit :

— Il faut pourtant vous décider. Nous sommes sûrs de votre arrondissement; mais nous courrions grand risque de perdre nos avantages si nos voix se partageaient. Vous avez un concurrent qui consentira volontiers à se retirer devant vous, si vous vous portez franchement à la candidature, mais qui se présenterait en cas d'hésitation de votre part.

— Et ce candidat, quel est-il?

— Permettez-moi de ne pas vous le nommer; il ne désire être connu qu'autant que vous renonceriez, et je crois même qu'à l'heure qu'il est il doit avoir écrit à ses amis de reporter les voix sur vous. Voyons, que décidez-vous?

J'étais comme un homme qui est devant une table de jeu, bien convaincu qu'il va se ruiner, et qui avance, recule et finit par succomber. Je ne succombai pas sur-le-champ, mais je dis à Burac :

— Je voudrais cependant savoir si je ne vais pas tenter une démarche ridicule.

— Monsieur Morland, me dit Burac d'un air grave, la France n'est pas un pays si corrompu et si tombé qu'on veut bien le dire; et lorsqu'un homme d'honneur, de probité et de courage fait une pareille démarche, je ne dis pas qu'il réussira toujours, mais il est assuré d'exciter la sympathie de tous les hommes de cœur.

Je fis trois tours dans ma chambre et je finis l'entretien par ces mots stupides :

— Eh bien! monsieur, j'essaierai.

Burac me remercia et me donna rendez-vous chez Malabry pour le lendemain soir.

Notez bien, pour le lendemain.

La rectification ne serait pas faite, si j'étais le candidat avoué et consentant du comité Malabry.

Pauvre moi!

IV

Quoique plusieurs mois se soient écoulés depuis que ce que je te raconte m'est arrivé, je ne puis te dire quel est le sentiment vrai qui dominait en moi, lorsque je me rendis chez Malabry. J'y étais entraîné à la fois par deux attraits différents, et j'y portais de même deux craintes sérieuses. La vanité de la députation me tournait la tête, mais je sentais que je prenais un mauvais chemin pour y parvenir.

Je te fais ici ma confession pleine et entière, par conséquent je puis t'avouer par quelle transaction déshonnête j'étais parvenu à concilier mes désirs et mes scrupules.

Je me disais qu'il importe peu d'être poussé par une intrigue, si du moment qu'on est arrivé on la désavoue, on s'en sépare, et l'on agit dans son indépendance et son amour du bien. C'est la morale dépravée qui dit qu'il n'y a pas de mal à voler un voleur, et qui me faisait voir cette petite trahison envers ceux dont j'acceptais l'appui comme une réparation de mon alliance avec eux.

D'un autre côté, l'idée de revoir Géorgina me poursuivait avec une force invincible, et que je ne puis appeler douloureuse. C'était une émotion pareille à ce que j'éprouvai la première fois que j'assistai à une course de taureaux, pendant mon séjour en Espagne. Rien ne m'eût empêché d'y aller, et pourtant je savais que j'y éprouverais des sensations qui me feraient mal. Mais je n'avais, en vérité, aucune bonne raison pour m'excuser la faiblesse qui m'entraînait vers Géorgina. J'y allais, parce que j'y allais, j'agissais enfin comme tout homme qui est sous un charme quelconque, j'obéissais en sentant que je faisais mal, mais sans comprendre qu'il fût possible de résister à la force qui m'attirait.

Quand j'arrivai chez Malabry, l'accueil que je reçus de Géorgina fut celui que j'avais prévu, et cependant il me blessa. As-tu remarqué cette constante contradiction de l'homme? Lorsqu'il ne fait pas exactement ce qu'il doit faire, la raison l'avertit immédiatement du blâme qu'il rencontrera, et cependant il se révolte, et le trouve injuste quand il arrive, comme si c'était un coup imprévu.

Mme Malabry, Cornélie, Sophie, me firent leurs plus beaux compliments. Ce furent des reproches charmants sur ma discrétion politique, des félicitations empressées de ce que je m'étais associé aux efforts de leurs amis. Lia ne put distraire qu'un sourire gracieux de l'attention qu'elle prêtait au *déchiffrement* d'une nouvelle romance. Quant à Géorgina, elle ne répondit à mon salut que par une brève inclination, accompagnée d'un regard fort dédaigneux. La séance politique était déjà ouverte dans le cabinet de Malabry, et sa femme me dit de l'air le plus gracieux du monde :

— Monsieur Morland, on vous attend.

Plus j'approchais de la sottise que j'allais faire, plus elle se montrait à mes yeux dans son énormité. J'étais déjà trop engagé pour reculer sans esclandre; mais peut-être je m'en fusse trouvé le courage, si je n'avais pas craint d'avoir l'air de céder au méprisant avis qui semblait m'avoir été donné par Géorgina. Je fus lâche vis-à-vis de moi-même, qui me disais que j'agissais mal pour ne pas paraître faible vis-à-vis d'un autre qui me disait la même chose.

Avoue que l'homme est un étrange animal.

Je me décidai donc fièrement à entrer chez Malabry, et, en passant devant Géorgina, je lui adressai un regard qui voulait dire :

« Vous voyez que je ne suis pas un petit garçon qu'une femme peut mener par le nez. »

Et cependant le bout de ce maudit nez qui vous a tant fait rire était déjà pincé entre les deux griffes de Burac, qui, en me voyant entrer, s'avança rapidement vers moi et me présenta à quelques-uns de ses amis.

Quoique tu sois un pauvre feuilletoniste qui ne sait pas ou ne veut pas faire de politique, il est bon que je te raconte cette séance, afin de te faire connaître à fond les hommes et les événements qui ont causé la destinée des quatre femmes dont tu viens de me demander l'histoire. Il faut aussi que tu comprennes bien une chose, c'est que je n'ai pas été aussi absolument bête que mon récit peut te le faire croire. Malgré moi, je mêle ce que je sentais alors avec ce que je sais aujourd'hui. Je me vois à distance aussi bien que je vois les autres, et je me juge comme un sot, lorsque je n'étais encore qu'une dupe : ce qui arrive aux gens les plus spirituels et les plus avisés.

Or, lorsque j'entrai dans cette assemblée, je doutai, malgré moi, de la sévérité de mes jugements sur Burac, Malabry et consorts. La présence de quelques hommes, de ceux que l'opinion publique appelle honorables, fit chanceler mes mauvaises opinions. Parmi ceux-là se trouvait un certain avocat, député consciencieux à qui la logique habituelle de l'espèce humaine française accordait d'autant plus de vertus et de lumières qu'il trouvait tout ce qui se faisait mauvais et stupide.

Je l'avais connu assez particulièrement, ayant été attaché à son étude en qualité de secrétaire en sous-ordre. Dans ce temps-là, nous ne nous occupions guère de ce qu'il était, que par rapport à nous, et ce qui nous amusait infiniment, c'était ce que nous appelions les rentrées du patron.

Si à l'heure marquée pour le retour de l'audience il s'arrêtait dans l'étude qui précédait son cabinet, s'il s'informait amicalement de ce que nous avions fait et s'il trouvait des mots d'encouragement et d'indulgence pour nos travaux, nous étions très-assurés qu'il venait de perdre la cause qu'il avait plaidée. Si, au contraire, il passait rogue et fier à travers nos tables pour nous appeler près de lui et nous rendre d'un air de pitié les rapports que nous lui avions préparés, nous aurions pu écrire au client du jour, sans risque de nous tromper, que sa cause était gagnée. Ce caractère est un de ceux que je n'ai jamais pu m'expliquer dans un homme d'un esprit incontestable et qui n'est pas sans mérite. Me Laton le poussait au suprême degré. Le moindre triomphe l'enivrait jusqu'à la plus sotte importance envers ses égaux, comme le moindre revers l'abattait jusqu'à la plus infime flatterie envers ses inférieurs.

Toutefois, cet homme avait grandi dans des luttes parlementaires, d'abord parce qu'il y apportait cette faconde intarissable de l'avocat pour qui on a créé la vague définition de *talent de la parole*, ensuite par sa persévérante opposition au gouvernement, ce qui est compté aux uns comme probité, aux autres comme talent, à tous comme un droit aux suffrages des électeurs.

J'oubliais donc que Me Laton avait obtenu peu de succès dans la session précédente, et qu'en cette circonstance, et en vertu de son caractère, il devait s'être rapproché de quiconque pouvait le servir. L'empressement avec lequel il m'accueillit ne m'éclaira pas, et je ne tirai de sa présence à l'assemblée qu'une seule conclusion, c'est que c'était nécessairement une réunion politique très-sérieuse.

Indépendamment de Me Laton, il y avait le rédacteur en chef d'un journal de l'opposition pour lequel je professais nécessairement le plus profond respect, par cela seul que sa feuille accusait tous les matins les trois quarts de la chambre de vénalité et tous les minitres de concussion, de lâcheté et d'ignorance.

Certes, je ne suis pas un révolutionnaire, mais je suis volontiers d'un parti qui tient essentiellement au caractère du peuple français. J'ai été, je suis et serai probablement toujours mécontent. Le mécontent est la racine de tous les partis en France, de quelque nom qu'ils s'affublent par la suite. La disposition naturelle de notre esprit est de ne pas vouloir ce qui est; cette disposition, si niaise ou si méchante qu'elle puisse être, est du moins naturelle et consciencieuse. Quant à savoir ce qu'on veut, c'est bien différent, on n'y regarde pas de si près; c'est tout au plus si les têtes fortes des partis s'en sont quelquefois préoccupées; et il est très-probable que si ceux-là disaient exactement à ceux qui les suivent où aboutirait leur système en cas de réussite, les soldats abandonneraient vite les généraux. Mais on ne se donne pas plus de peine lorsqu'il s'agit de critiquer une œuvre de l'esprit; on se fait grand homme en criant que tout est mauvais. Seulement on oublie qu'en politique le rôle du censeur et celui de l'auteur sont souvent inséparables, et qu'on est en droit de dire à ceux qui blâment : Faites mieux. Toutes ces belles réflexions ne me vinrent point lorsque je me trouvai chez Malabry : je ne vis qu'une sérieuse réunion présidée par un homme grave, car Me Laton avait pris le fauteuil, et après quelques causeries particulières la séance commença. Le président l'ouvrit par une courte allocution où il posa le but de la réunion en termes assez vagues pour qu'il pût en tirer plus tard tout ce qui pourrait lui profiter. Il ne s'agissait pas moins que d'appeler à la chambre des hommes éclairés, indépendants, consciencieux, et qui devaient faire le bonheur de la France.

On applaudit avec un enthousiasme décent, et Burac se leva pour prendre la parole; Mme Laton pâlit au mumure approbateur qui accueillit le jeune orateur. Était-ce d'envie ou de peur? Pour ne pas me tromper, j'affirme que c'était de peur et d'envie à la fois. Je voudrais pouvoir te mimer la tenue, le geste, l'accent de ce petit homme. Ce qu'il disait était net, clair, posé, tranchant, mais diffus et plein de répétitions des mêmes choses, presque dans les mêmes termes, mais si rapidement et si sûrement débité que ce n'était qu'après audition qu'on s'apercevait du vide complet des raisons, et du très-petit nombre d'idées qu'il délayait en un nombre infini de phrases vulgaires, presque toutes posées comme des apophthegmes de haute portée politique. Il parla une heure dix minutes sans hésiter, sans sourciller, et le tout pour dire en résumé que Me Laton ayant émis les grands principes d'après lesquels devait agir l'assemblée, il ne lui restait plus, à lui Burac, qu'à s'occuper des moyens par lesquels on devait les faire triompher.

Ces moyens étaient d'agir directement et efficacement sur les esprits des électeurs, en les éclairant sur le choix qu'ils devaient faire. La presse quotidienne était le plus puissant de ses moyens, et il pouvait annoncer avec plaisir à l'assemblée que M. Tournebroche était tout disposé à s'associer aux efforts de la réunion en mettant en avant les candidats choisis par elle.

La seule difficulté à ce que ces secours fussent aussi efficaces qu'on était en droit de l'attendre d'un journal aussi savamment, aussi libéralement, aussi supérieurement rédigé que celui de M. Tournebroche, c'est qu'il avait fort peu d'abonnés dans les départements agricoles sur lesquels on voulait agir.

Il était donc nécessaire de faire parvenir les lumières, la science, et l'esprit dudit journal aux électeurs aveugles qui en ignoraient le mérite. En conséquence, on ne saurait mieux faire que d'adresser ledit journal auxdits électeurs, et cela gratis. Mais ce qui était gratis pour eux ne pouvait rester une charge pour l'appui généreux de M. Tournebroche, qui ne devait compte à personne de l'esprit de son journal, mais qui devait compte à ses actionnaires des exemplaires expédiés. On aurait donc à lui assurer un certain nombre d'abonnements; le nombre de ces abonnements ne pouvait être moins de mille, il fallait donc ouvrir une souscription immédiate pour couvrir ces premiers frais.

Jusque là j'avais été charmé de la parole de M. Burac; mais lorsqu'à travers sa phrase à claire-voie je vis s'avancer le projet de souscription, je me dis que j'allais enfin mesurer la sincérité de tous ces braves gens; car on en venait à la véritable pierre de touche de tout dévouement ; on en venait aux écus.

L'empressement naturel avec lequel on accueillit cette proposition me rendit honteux, et pendant que Burac, qui s'était arrêté un moment, paraissait classer devant lui une quantité de papiers, on fit circuler une feuille de papier avec un titre écrit à l'avance et qui disait que c'était la liste de souscription ; chacun écrivait à son tour. Elle m'arriva lorsqu'il y avait déjà dix signatures, et je rougis de moi-même en voyant que nulle des personnes présentes n'avait souscrit pour moins de mille francs ; l'abolitioniste avait été à quatre mille. Je pris un *mezzo termine*, je m'inscrivis pour deux mille, et ces deux sommes, avec quelques autres qui me parurent venir de figures aussi pantoises que la mienne, fut sans doute tout ce qui fut touché de cette souscription, qui, en un clin d'œil, s'était élevée à près de trente mille francs.

J'avais signé, et je pensais avoir payé largement ma bienvenue, quoique j'eusse senti pénétrer dans mon esprit un de ces doutes qui vous préparent admirablement à céder à toutes les pressions industrieuses par lesquelles on débarrasse un homme de son argent.

Burac reprit la parole, mais cette fois avec un air d'humeur et comme un homme contraint et forcé et à qui ce qu'il va dire coûte horriblement. « Maintenant, messieurs, dit-il, j'ai à vous faire part d'un projet dont je n'aurais pas voulu vous entretenir pour ma part ; mais j'ai dû céder aux prières, aux conseils et presque aux ordres des hommes les plus honorables. Je sais que chacun doit à la cause publique le sacrifice de ses intérêts privés : cependant j'avais pensé que ce désintéressement doit avoir des bornes ; mais ce que je redoute avant tout, c'est qu'on puisse croire un moment que je recule dans la voie où je me suis engagé, et quelque perte qu'il en puisse résulter pour moi, j'accomplirai ce qu'on m'a fait considérer comme mon devoir. »

Ce début n'avait rien d'alarmant, à ce qu'il me sembla, mais voici qui eût dû m'avertir, si je n'avais été sous l'empire d'un entraînement si bien joué autour de moi, qu'aujourd'hui que l'expérience m'a averti, je ne voudrais pas m'exposer à le braver ne seconde fois.

Voici de quoi il s'agissait :

M. Burac avait découvert dans le Calvados, où il en existe en effet, des mines de houille. M. Burac nous fit rapidement l'historique de celle de Litry, où, en 1749, on appliqua la première machine à vapeur qui ait existé en France, et nous montra les immenses accroissements des capitaux qui y furent employés. Quant à la nouvelle affaire, lui, Burac, comptait se la réserver ; mais elle était trop grande, trop nationale, trop profitable à la fois à ceux qui s'y intéresseraient et au pays qui en serait doté, pour ne pas la commencer au moment où on avait besoin de faire comprendre aux électeurs quels étaient leurs véritables amis. Je ne puis pas te rendre exactement ce qui fut dit, mais il ressortait toujours du discours de M. Bura que les premiers souscripteurs d'actions devaient à la fois retirer d'abord trois cents pour cent de leur argent, et ensuite l'immense considération qui s'attache aux fondateurs d'une entreprise qui doit être une source de richesse pour tout un département. Enfin, c'était tout gain pour le candidat à la députation et pour le spéculateur. Cette fois, je cédai à l'entraînement universel, et ce fut de bonne foi ; je crus, sinon à Burac, du moins à son affaire. Je prêtai l'oreille à ce raisonnement qui en a égaré tant d'autres : « Ce n'est peut-être pas un très-honnête homme, mais c'est un homme habile ; et si l'on ne fait pas toujours de bonnes affaires avec ces gens-là, ce n'est qu'avec eux qu'on en fait quelquefois d'excellentes. »

Burac se garda bien de proposer d'ouvrir une souscription immédiate, et semblait n'avoir proposé l'affaire qu'à regret, ne pas demander mieux qu'un atermoiement qui lui permît de la garder pour lui seul. Mais un monsieur, que je n'avais pas encore remarqué, déclara souscrire immédiatement pour 100,000 francs d'actions ; Malabry fit le pauvre et en demanda pour 20,000 francs ; mais, à mon grand étonnement, Varnier et Brugnon souscrivirent chacun pour 80,000 francs. J'en pris pour une somme égale ; l'abolitioniste, qui avait été plus généreux, fut plus prudent ; enfin, avant la fin de la soirée, sur une affaire de 2 millions, il y avait 700,000 francs d'actions placées.

La séance finie, la plupart des personnes présentes se retirèrent ; nous rentrâmes dans le salon. Géorgina se tenait à l'écart ; elle interrogea d'un regard perçant le visage de Burac, qui semblait triste et froid; mais, lorsqu'elle aperçut Brugnon, Malabry et Varnier, qui semblaient radieux, elle se leva avec un mouvement de colère et de dégoût, et quitta le salon.

Malgré moi, cette improbation si manifeste m'étonna et m'alarma, et, quoiqu'il m'en coûtât, je m'approchai de madame Malabry ; et, après quelques circonlocutions sur le passé, je lui parlai de son bonheur de mère. Je la vis sourire à l'éloge que je fis de Cornélie, de Sophie et de Lia ; mais un embarras douloureux se montra sur son visage lorsque j'arrivai à Géorgina. Elle ne me parla que par mots entrecoupés. Jamais je n'éprouvai une plus vive anxiété ; mais il eût été peu convenable de presser une mère sur un pareil sujet, et je ne tirai de cet entretien qu'un soupçon fâcheux sur Géorgina et par conséquent une défiance réelle sur sa manière de juger les autres.

Cependant quelques semaines se passèrent, pendant lesquelles je me présentai plusieurs fois chez Malabry sans le trouver, ni pouvoir être admis près de sa femme.

Un beau matin, une terrible annonce parut dans les journaux, annonçant l'affaire de Burac, où Me Laton, député, figurait comme conseil judiciaire, M. Tournebroche comme censeur, Burac comme gérant, et moi et les autres comme souscripteurs.

On y indiquait comme banquier un homme véritablement honorable, et avec qui j'avais eu quelques relations.

Je me rendis chez lui, troublé du soupçon que je pourrais bien être le seul véritable souscripteur de cette affaire ; mais, à mon grand étonnement, j'appris que j'étais le seul en retard, et que Brugnon et Varnier, entre autres, avaient versé chacun une somme de 40,000 fr. représentant la moitié exigible des actions souscrites.

Je m'exécutai et payai par un mandat sur un banquier de Caen.

Deux jours après, je reçus le paquet de lettres de faire part, le plus mirobolant qui puisse s'imaginer:

Madame et M. Malabry me faisaient part du mariage de leurs filles et belles-filles.

Comme je le prévoyais, Cornélie épousait Burac, Sophie devenait madame Brugnon, et Lia donnait sa main à Varnier.

Cette singulière coincidence me frappa; ces trois mariages accomplis à la sourdine en même temps que la grande spéculation, me parurent suspects, et je retournai chez Malabry.

Je trouvai l'assemblée rayonnante, c'était la veille de la célébration des mariages.

On m'accueillit avec toute la politesse que l'on doit dans les premiers jours à un actionnaire; mais, lorsque j'essayai de parler à Malabry de l'étonnement que j'avais éprouvé en apprenant ce triple mariage, il me montra de son côté une surprise qui me dit suffisamment que je me mêlais de choses qui ne me regardaient pas.

Je cherchai Géorgina, elle était absente, et je me retirai sans avoir rien appris. Je revins près de mon banquier, les actions se plaçaient déjà avec fureur et se cotaient déjà à bénéfice.

Le lendemain j'assistai au mariage, et je remarquai encore que Géorgina n'était pas dans l'église. Cependant j'avais engagé ma signature pour une somme considérable et que je n'avais pas en capitaux disponibles; il me fallut retourner dans mon département pour rassembler les fonds nécessaires.

La chambre fut dissoute pendant que j'étais dans le pays. Les exemplaires du journal de M. Tournebroche, souscrits par l'assemblée Malabry, arrivèrent aux électeurs, et je m'aperçus, à ma grande surprise, qu'une simple parole de moi, dont on connaissait la famille et la fortune, eût mieux valu que ces recommandations étrangères. Mais il n'était plus temps; on murmura autour de moi que je m'étais associé à des intrigants.

Les élections arrivèrent, j'eus trois voix, et me décidai à rompre toute relation avec les Burac et les Malabry; j'écrivis à mon banquier de vendre toutes les actions que j'avais dans les mines du Calvados. Je fis bien de me presser; je ne perdis que 40 p. 0/0 sur des actions qui, dans les premiers jours de leur émission, avaient doublé, et je me tins coi dans mes pâturages. Je ne pensais plus à cette coterie d'intrigants, et si le souvenir de Géorgina m'occupait encore quelquefois, ce n'était que bien vaguement, lorsque je fus de nouveau mêlé aux intérêts de ce monde d'une façon bien étrange.

Un soir, à l'heure où l'on n'attend plus personne, surtout à la campagne, on m'annonça la visite d'un monsieur qui désirait me parler. C'était un de mes anciens camarades.

— Félix, me dit-il, il faut que je m'embarque dans deux jours pour l'Angleterre, sous un nom supposé, et je l'ai vainement tenté au Havre. Tu as des relations fréquentes à Honfleur; tes fermiers ou toi-même y devez connaître les patrons des bâtiments qui font avec l'Angleterre votre commerce d'œufs et de volailles. Il faut que tu me procures un passage sur l'un de ces bâtiments.

Le jour où cet ami s'adressa à moi était trop près d'une date célèbre pour que je pusse me méprendre sur le motif qui l'obligeait à fuir. J'aurais été son juge que je l'eusse condamné; il vint se confier à moi comme ami, je m'engageai à le sauver.

— Reste chez moi, lui dis-je, et demain ou après-demain au plus tard, je t'aurai fait évader.

— Mais je ne suis pas seul, me dit-il, j'ai un compagnon avec moi.

— Va le chercher.

Mon ami sortit et revint un quart d'heure après suivi d'une femme voilée.

Je ne puis te dire quelle émotion j'éprouvai à l'aspect de cette femme, je la devinai sous son voile, quoique j'ignorasse absolument qu'elle pût connaître Victor.

Je ne m'étais pas trompé, c'était Géorgina.

— Tu l'avais mieux jugé que moi, lui dit Victor. Il nous sauvera tous deux.

— J'en étais sûre, dit Géorgina, et si, il y a quelques mois, j'avais eu plus de confiance en M. Morland, peut-être eussé-je arraché ma mère et mes sœurs au malheur qui les accable.

— Et qui ne vous a pas épargnée, lui dis-je à mon tour.

Géorgina leva la tête et me répondit avec fierté :

— Le mien est noble, du moins, et je n'ai point à en rougir.

L'erreur était dans cette âme comme dans celle de ses sœurs. Ce qui me semblait un crime lui paraissait une noble action.

Ce n'était pas l'heure de disputer. Je fis tout ce que j'avais promis, et je les conduisis moi-même jusqu'au petit navire qui devait les sauver tous deux.

Au moment de nous séparer, Géorgina me prit à part et me dit d'un air décidé :

— Maintenant que vous êtes quitte envers moi du serment que vous aviez fait à mon père, voulez-vous le tenir envers ses autres filles? vous pouvez encore les sauver du dernier désespoir et peut-être de la dernière honte?

— Je le ferai si je le peux, lui dis-je.

— Et pour le pouvoir, reprit-elle, il faut que vous sachiez ce qu'elles n'oseraient jamais vous avouer et ce que je puis vous dire, moi.

— Pourquoi donc avoir attendu si tard?

— Parce que, pour vous faire une pareille confidence, j'avais besoin d'un peu de repos d'esprit pour rassembler tous mes souvenirs. Vous les recevrez d'ici à peu de jours.

Ils partirent, et un mois après je reçus le manuscrit que voici et que je te confie sous le sceau du plus profond secret. Je pris ledit manuscrit des mains de Trucindor, et voici ce que je lus.

V

Tout ce que j'écris ici, je le sais par moi ou par d'autres; et comme je suis sûre de l'honneur de ceux qui m'ont conté les circonstances dont je n'ai pas été personnellement témoin, j'affirme que tout ce que je dis est l'exacte vérité.

Géorgina.

MANUSCRIT DE GÉORGINA

Déjà en 1836 les affaires de notre famille étaient dérangées; M. Malabry avait compromis dans des spéculations hasardées toute la fortune de ma mère. C'est vers cette époque qu'il rencontra M. Burac, qui menait à sa suite M. Varnier et M. Brugnon, dont le métier était de répondre de la probité, de l'honneur et de la moralité de leur capitaine. M. Malabry, qui jusque là avait tourné autour de notre fortune sans l'attaquer, commença à espérer qu'il pourrait enfin y mettre la main.

La façon dont il l'entendait était fort simple. Il mariait trois d'entre nous à ces trois messieurs, en leur remettant loyalement notre dot, mais en stipulant secrètement que cette dot serait employée par nos maris à ses spéculations particulières.

Comme j'étais fort peu l'amie de M. Malabry, et que je ne m'étais jamais laissé ni épouvanter par ses menaces, ni séduire par ses magnifiques plans de fortune, il voulut d'abord se débarrasser de moi. Aussi j'eus à subir successivement les hommages de ces messieurs; mais aucun des trois ne parvint à me plaire (M. Malabry eût dû le prévoir), et ils se tournèrent insensiblement vers mes sœurs, et le partage fut fait comme il est arrivé.

Il ne faut pas trop accuser mes sœurs d'aveuglement dans leur obéissance. D'après l'avis de Burac, on se garda bien de faire des présentations et des propositions en règle, contre lesquelles mes sœurs eussent peut-être pu se précautionner.

On fit mieux, on ouvrit aux trois prétendants l'intimité de notre maison; et bien des fois, dans nos entretiens de jeunes filles nous avons ri de ces messieurs sans supposer un moment qu'on pût accueillir leurs prétentions. Mais l'habitude de les voir sans cesse, cette séduction latente protégée par M. Malabry et notre mère, et qui mettait ces messieurs de moitié dans tous les plaisirs qu'on nous accordait, triomphèrent peu à peu des répugnances de mes sœurs. Du reste, ils possédaient assez exactement les défauts qui correspondaient aux leurs, et ce fut de bonne foi qu'elles finirent par les aimer, si toutefois les divers sentiments qu'elles éprouvaient pouvaient s'appeler de l'amour..

Cornélie, avec sa grande beauté, sa prestance de reine, avait cette petitesse d'esprit qui ne comprend la grandeur que dans la forme extérieure. Ainsi, dans tous ses rêves de jeune fille, elle ne posait pas sa vie à venir dans une bonne et noble affection, dans une alliance honorable, et dont elle se sentait fière par avance ; cela ne l'occupait que très-secondairement, et s'il eût fallu représenter matériellement le sujet de ses longues rêveries, on aurait probablement fait une suite de charmants tableaux dont elle eût toujours occupé le premier plan, tantôt dans un riche salon, étincelante de parures et de diamants; tantôt dans un magnifique château, promenant la supériorité de sa beauté parmi les allées d'un parc royal; tantôt dans la plus somptueuse loge de l'Opéra et des Italiens; tantôt dans le plus brillant équipage. Les doux rêves de la femme, auxquels eût si mal satisfait l'esprit positif et tranchant de Burac, s'étaient pour ainsi dire affaissés sous ce luxe d'espérances pleines d'or et de magnificences, et ce même Burac, pour qui les millions et le luxe qui en dépend semblaient un hochet dont il laisserait la disposition à sa femme, devint pour elle un mari désirable et presque un mari aimé.

Lia fut prise par une autre fantaisie de son imagination ou plutôt de son caractère mélancolique : elle était la femme douce et sentimentale qui trouve un charme extrême dans le tableau de la faiblesse commandant à la force. Les pâles créatures créées par la poésie et aux pieds desquelles un homme puissant et redoutable à tous les autres vient déposer sa volonté, le lion qui rampe sous une blanche main de femme, lui semblaient le terme le plus désirable du bonheur et du triomphe de l'âme. Il a fallu sans doute beaucoup de complaisance à ma pauvre sœur Lia pour voir ce héros rêvé dans M. Varnier. Mais ce gros homme crépu, avec sa voix flûtée, ses romances et ses grosses langueurs, était une caricature assez ressemblante de ce type idéal; et puis Lia, comme la plupart des femmes, fit les trois quarts des frais de sa séduction. Elle aima M. Varnier dans ses propres espérances et non pas dans la personne elle-même de ce butor.

Quant à ma sœur Sophie, elle avait été trop souvent l'objet de nos railleries pour ne pas croire avoir obtenu un véritable triomphe en attachant à son char un esprit aussi boursouflé que celui de M. Brugnon. Selon ses idées, c'était un éclatant démenti donné à la triste opinion que nous avions d'elle.

Il résulta de tout cela qu'au bout de quelques mois mes sœurs, au lieu d'avoir à obéir aux volontés de M. Malabry, tremblaient qu'il ne mît quelque opposition à leur mariage.

Cependant cette admirable combinaison de notre beau-père n'aurait peut-être pas eu un dénoûment si prochain sans l'arrivée d'un personnage fort étranger à notre maison, et qui ne se doutait point du tout de l'influence qu'il devait exercer sur la destinée de mes sœurs. Ce personnage était M. Félix Morland.

Un soir que ma mère et mes sœurs étaient sorties, et que j'étais demeurée à la maison avec M. Malabry, nous vîmes arriver M. Burac. Mon beau-père était retenu chez lui par la goutte qui le tourmentait assez légèrement, et j'étais allée lui tenir compagnie dans sa chambre.

Je cite cette circonstance parce qu'elle explique ce que j'osai faire en cette occasion. J'avais remarqué que, lors de son arrivée, M. Burac avait paru contrarié de me rencontrer ; mais comme M. Malabry était encore assez souffrant pour ne pas quitter le coin de son feu, il lui était impossible de l'emmener dans une autre pièce sous un prétexte quelconque, et il fallait parler devant moi ou me renvoyer formellement; et Burac, qui se piquait d'une certaine élégance de manières, reculait devant cet expédient, d'autant plus qu'il me détestait cordialement et me craignait encore plus qu'il ne me détestait. Il sembla donc prendre un parti en ma présence, et, après quelques mots de conversation banale, il dit à M. Malabry :

— Connaissez-vous, par hasard, un certain M. Félix Morland ?

— Pardieu! dit M. Malabry, c'est celui dont vous nous avez quelquefois entendu rire avec ma femme, et qui est connu par ceux qui le connaissent sous le nom de mon ami Trucindor.

Comme M. Burac, j'avais entendu souvent ce nom accompagné des commentaires les plus plaisants sur la personne et les prétentions de celui qui le portait; mais à ce souvenir, il s'en joignait un autre pour moi : c'était celui de la recommandation que mon père lui avait faite en mourant, et du jugement que notre subrogé-tuteur en avait porté. Je prêtai donc à ce qui allait se dire une attention que M. Malabry ni M. Burac ne pouvaient soupçonner, et je pensai que je ne devais pas seulement m'arrêter à ce qu'on voudrait bien dire devant moi; mais encore essayer de pénétrer dans le sens caché de cette conversation.

La réponse de M. Burac me prouva que j'avais raison de croire que cette conversation n'était pas, de sa part au moins, aussi désintéressée qu'il voulait le prétendre.

— C'est vrai, reprit-il, je me rappelle maintenant vos plaisanteries au sujet de M. Morland; mais on m'en a tellement parlé comme d'un homme distingué, intelligent et dans une si bonne position, que j'ai oublié ce que vous m'en aviez dit.

L'éloge de M. Morland dans la bouche de M. Burac me parut si étrange que je le regardai avec étonnement, ce qui me donna occasion de surprendre un coup d'œil rapide envoyé à mon beau-père, et qui semblait lui dire :

« C'est de ce ton qu'il faut parler devant Géorgina. »

M. Malabry le comprit trop vite et s'y conforma trop aisément pour que je ne devinasse pas qu'on commençait, à propos de M. Morland, une petite comédie devant moi. Aussi M. Malabry répondit sur-le-champ :

— Je ne m'étonne pas que M. Morland soit devenu ce que vous dites : comme jeune homme, il pouvait avoir des ridicules dont nous nous sommes moqués; mais je n'ai entendu l'attaquer ni dans son honneur, ni dans ses bonnes qualités.

M. Malabry avait dépassé le but; ce n'était pas seulement M. Trucindor, le guitariste et le pastoral qu'il avait cent fois tourné en ridicule, c'était encore l'homme honnête et de relations sûres. Sa haine contre M. Morland l'avait même souvent emporté jusqu'à des accusations contre lesquelles ma mère avait protesté malgré sa faiblesse, et dans ces circonstances la colère qui s'emparait de M. Malabry laissait échapper contre son ancien ami les plus grosses invectives.

J'en savais donc assez de la vie pour comprendre qu'il faut qu'un homme ait de bien grands torts envers un autre pour le haïr à ce point-là. J'avais donc toujours supposé qu'il avait dû se passer entre M. Morland et M. Malabry des choses qui ne devaient pas être à l'avantage du dernier. Cette retraite de mon beau-père me confirma donc dans mes soupçons, et je pris un livre pour pouvoir mieux entendre en ayant l'air de ne pas écouter. Pendant ce temps, M. Burac reprenait :

— Je suis bien aise de ce que vous me dites, parce qu'il est possible que je me trouve en rapport d'affaires avec lui, et que je ne sais pas les faire avec des hommes qui n'y mettent pas la loyauté que j'y apporte.

La première partie de cette phrase fit ouvrir de grands yeux à mon beau-père, tandis que la dernière moitié, qui était à mon adresse, me faisait bondir d'indignation.

— Quoi! dit M. Malabry d'une voix altérée, vous seriez en relation d'affaires avec Morland ? Prenez-y garde, vous ne le connaissez pas, c'est un homme rigide.

— Et c'est ce qu'il faut, reprit Burac en interrompant vivement mon beau-père, dont l'épouvante l'emportait.

Un nouveau signe me désigna comme un témoin devant lequel il fallait se contenir, et mon beau-père semblait annoncer de même qu'il allait me prier de me retirer, lorsque Burac s'en chargea par un moyen qui lui avait cent fois réussi. Il se mit à entamer une dissertation sur des affaires de commerce, dissertation tellement embrouillée de calculs d'intérêts, de change, que presque toujours moi ou mes sœurs nous quittions la place. Cette fois, les yeux cloués à mon livre, je tins bon, et je le laissai entasser toutes les théories possibles de banque, de dépôts, de prêts sur marchandises, de jeux de Bourse, sans bouger de ma chaise. M. Malabry n'écoutait Burac que pour voir quel effet produirait sur moi cette fastidieuse dissertation, et, voyant que j'y résistais, il prit le parti de me dire assez crûment qu'il avait à entretenir M. Burac en particulier de l'affaire qu'il venait de lui exposer.

Je lisais, je n'écoutais pas, je ne devais donc pas les gêner, et j'eusse écouté, que si la conversation eût dû continuer sur le sujet qu'avait entrepris M. Burac, je n'y eusse absolument rien compris. Il s'agissait donc entre eux d'autre chose et très-probablement de M. Morland, et ce ne devait pas être à bonne intention puisqu'on m'éloignait. Je voulus savoir si la défiance instinctive que m'inspiraient ces deux hommes était bien ou mal fondée, et je me résolus à écouter leur conversation. Je ne me dissimule pas ce que cette action a de honteux en soi, et, malgré l'excuse que pouvait lui fournir ce que j'entendis, je n'en ai pas moins abusé de la confiance qu'avait en moi M. Malabry, qui, me croyant incapable d'un pareil espionnage, ne prit aucune précaution contre ma curiosité. Je m'étais glissée dans un cabinet de toilette qui ouvrait de la chambre de M. Malabry dans celle de ma mère, et j'entendis M. Burac, qui sans doute répondait à une question de mon beau-père :

— Comment! vous ne comprenez pas en quoi il peut nous être utile? Amenons ce Morland à se porter un des premiers souscripteurs pour nos mines du Calvados, et il nous vaudra mieux à lui tout seul que les noms les plus connus de la capitale. C'est un des propriétaires les plus riches du pays, et quand l'actionnaire parisien verra un homme de la localité s'intéresser pécuniairement à une affaire sur laquelle il doit avoir des renseignements exacts, il n'est pas douteux que nous enlevions la souscription au pas de course.

— Mais Morland, tout niais qu'il est sur toute autre chose, doit avoir acquis une certaine expérience des affaires, et vous devez penser qu'en sa qualité de provincial et de Normand, l portera dans l'examen de celle-ci un soin qui pourra plutôt nous être fatal que nous servir.

— Oui, dit Burac, si nous lui laissons le temps de l'examiner; mais il faut qu'il soit saisi, enlevé, avant d'avoir eu le temps de se reconnaître. Ma première victoire est d'avoir décidé N... à être le banquier de notre opération. Il a longtemps résisté, mais une large commission, secrètement accordée à son commis, a mis celui-ci dans nos eaux, et le patron, tout occupé qu'il est de politique, a laissé faire.

Et maintenant voici la marche :

Il faut que le nom du banquier endorme Morland, et que la souscription de Morland fascine le banquier. Pour cela, notre premier plan doit avoir son exécution : d'ici à quinze jours les mariages se feront; Brugnon et Varnier, souscripteurs chacun pour 80,000 francs d'actions, feront leur part effective du versement; et mon vieux négrophile ira tout droit. Je vous confierai vingt ou trente mille francs pour souscrire sous votre nom, afin d'édifier N... sur la réalité de l'opération et sur votre position dont il doute; et quand Morland lui en parlera, N..., converti par la rapidité et l'énormité des premiers versements, convaincra Morland qui n'osera pas se défendre. Le versement de Morland une fois accompli, je vous réponds de faire de sa coopération et de la confiance absolue qu'elle inspirera à N..., un levier pour remuer l'actionnaire; car il ne faut pas faire la faute qui a failli nous perdre la dernière fois; il ne faut pas nous risquer à faire coter les actions et à revendre celles dont nous serons porteurs, avant que le capital annoncé ne soit entièrement souscrit.

— Tout cela est très-bien, dit M. Malabry; mais, depuis un mois que ce Trucindor (je ne pourrai jamais me défaire de ce nom-là), depuis un mois que ce Morland est à Paris, il n'est point venu me voir, et je ne puis aller à lui; avec son caractère soupçonneux, il aurait bientôt dépisté mes intentions.

J'entendis Burac ricaner avec impatience et reprendre aussitôt:

— Vous n'irez point à Morland; il vient demain passer la soirée chez ma sœur, vous l'y verrez.

— Mais j'y pense, reprit mon beau-père, il serait peut-être possible...

Il s'arrêta, et Burac lui dit sèchement :

— Quoi donc? qu'il a-t-il? à quoi pensez-vous?

— Rien, dit Malabry; une sotte idée qui m'était passée par la tête.

— Mais quelle est cette idée?

— Oh! ce n'est pas la peine d'en parler.

— Malabry, lui dit Burac d'un ton ferme et presque menaçant, j'agis avec franchise avec vous, tandis que vous avez toujours vis-à-vis de moi quelque arrière-pensée à votre profit. N'oubliez pas que ce n'est pas moi qui suis venu vous chercher, et que dans cette affaire je me suis dépouillé pour vous d'une portion des actions industrielles que l'acte de société réserve au gérant, et que vous avez une large part de tous les bénéfices qu'elle présentera.

— Oui, sans doute, dit M. Malabry, mais où seraient ces bénéfices, où serait l'opération elle-même, si la dot de mes filles ne venait pas la faciliter?

Burac frappa le parquet avec colère.

— Eh bien! trouvez-leur des maris qui consentent comme nous à risquer cette dot le jour où ils la recevront, pour vous faire gagner deux ou trois cent mille francs et vous sauver de la déconfiture, et...

— Si nous entrons sur ce terrain, reprit mon beau-père,

je puis aller peut-être plus loin que vous ; mais quoique vous ayez engagé l'affaire sans ma participation, je ne vous abandonnerai pas. A demain, car il est temps que cela finisse, je suis à bout de ressources ; et même, s'il fallait que demain ma femme et ses filles eussent besoin de quelques brimborions de toilette, je serais fort embarrassé...

— Soit, dit Burac, je vous enverrai demain matin un billet souscrit par Varnier à l'ordre de Brugnon, je l'endosserai à votre ordre, et avec nos quatre signatures le vieux Macrobe vous le prendra.

— Il en a déjà pour quinze mille francs !

— Il vous le prendra, repartit Burac, j'en fais mon affaire. De combien avez-vous besoin ?

— C'est selon, dit mon beau-père.

— A propos, dit Burac vivement, j'oubliais... Je crois que nous ferons bien d'avoir le Morland à dîner chez vous... Pouvez-vous lui donner à dîner ?

Mon beau-père fut très-embarrassé de répondre...

— Je m'en doutais, dit Burac ; je vous avais pourtant souscrit 5,000 francs pour dégager vos argenteries ; mais vous ne vous êtes pas plutôt senti quelques écus dans la poche, que vous avez été faire de petits *carottages* à Tortoni. Tenez, Malabry, cette manie du jeu vous perdra !

— Elle en a enrichi de plus maladroits que moi.

— Je ne connais de maladroits que ceux qui perdent... mais ne recommençons pas cette éternelle discussion. Je vous enverrai 6,000 francs demain ; Macrobe les prendra, j'en suis sûr. N'oubliez pas que cette fois je ne vous pardonnerais pas d'en disposer pour autre chose que pour ce qui est convenu. D'ailleurs, une fois le dîner donné, ce sera toujours une ressource.

— A demain donc !

— A demain ; Brugnon est instruit. Quant à cet imbécile de Varnier, il est inutile de le prévenir ; il ne va jamais si bien que quand il ne sait pas où il va !

Comme en ce moment j'entendis M. Burac se lever, je m'esquivai et je rentrai dans ma chambre, dans un effroyable état de désespoir.

Je venais de sonder toute la profondeur de la ruine de ma mère et de la honte de son mari, et je savais enfin de quelle façon on prétendait sacrifier mes sœurs. Je cherchais dans ma tête quelques moyens de les sauver, lorsque mon beau-père me fit dire d'aller chez lui.

Si à ce moment j'avais pu découvrir une issue à la triste situation de mes mœurs, j'aurais dit en face de M. Malabry ce que je savais, ce que je venais d'entendre, et, au risque de tout ce qui eût pu m'en arriver, j'aurais déjoué ses projets ; mais je n'avais encore aucune idée arrêtée à ce sujet, et je me résolus à me taire pour tâcher de surprendre encore quelque renseignement qui pût me guider.

Je retournai chez mon beau-père. A l'accueil aimable qu'il me fit, je pressentis qu'il voulait me rendre complice involontaire de quelques-unes de ses trahisons, et je me félicitai intérieurement de ma résolution de dissimuler.

— Ma chère enfant, me dit-il du même ton qu'il prenait avec nous lorsque nous étions toutes petites, et qu'il recherchait la main de ma mère, ma chère enfant, on vient de m'apprendre quelque chose qui vous surprendra sans doute beaucoup, et c'est parce que je m'en doutais que je vous ai un moment éloignée. M. Morland, dont M. Burac m'a parlé tout à l'heure, me fait demander une entrevue pour me parler d'un projet dont il paraît qu'il avait été jadis question entre son père et le vôtre. Vous êtes parents, vos propriétés se touchent, et il me semble qu'un mariage entre M. Morland et l'une des filles de M. de Mandres serait chose fort convenable.

— Fort convenable, en effet, lui dis-je ; mais pourquoi est-ce à moi que vous parlez de ce projet ?

— Parce que vous savez très-bien que le choix de vos sœurs est fait depuis longtemps et que leur avenir est assuré.

— Je faillis éclater à ce mot qui mentait si impudemment aux projets réels de cet homme ; mais il continua :

— Cette entrevue doit avoir lieu demain chez madame Dorsy ; nous y verrons M. Morland. Son extérieur n'a rien d'assez avantageux pour vous séduire ; mais c'est un galant homme, très-facile, très-faible, qui vous laissera probablement beaucoup de cette liberté de penser et d'agir dont vous êtes si jalouse, et, ce qui mérite qu'on y réfléchisse, malgré vos idées un peu romanesques, c'est qu'il est très-riche d'une fortune solide et qui est à l'abri des mauvaises spéculations.

Cette dernière phrase de mon beau-pére me surprit. Il l'avait prononcée avec un accent d'amère tristesse, comme s'il eût éprouvé quelque repentir de l'usage qu'il faisait de la fortune de mes sœurs, et je m'écriai imprudemment :

— Mais pourquoi tenter des spéculations? Notre dot, si modeste qu'elle soit, peut paraître suffisante à des hommes posés d'une manière honorable et sûre, et...

Le regard de basilic que me lança mon beau-père me rendit muette; il semblait avoir pénétré jusqu'au plus profond de mon âme; il me tint un moment sous la fascinaticn de ce regard menaçant, puis il me dit, avec un accent d'ircnie, et reprenant mes propres paroles :

— Vous m'avez parfaitement compris; c'est pourquoi j'espère que votre dot, si modeste qu'elle soit, paraîtra suffisante à M. Morland, qui est un homme qui a une position honorable et sûre.

Je ne pus retenir un geste d'impatience qui appela sur la figure de mon beau-père un sourire encore plus ironique, tandis qu'il ajoutait :

— Mais ces hommes à position sûre et honorable ne sont pas toujours aussi persuadés que vous du mérite d'une dot modeste, et il faut quelquefois que les jeunes filles qui la possèdent se donnent la peine de les en convaincre; c'est donc à vous de faire en sorte que M. Morland soit de votre avis.

— C'est ce que je ne ferai pas, monsieur, dis-je avec vivacité, je ne veux pas tromper un honnête homme...

— Sottise! me dit mon beau-père, soit qu'il ne m'eût réellement pas comprise, soit que, ne voulant pas me comprendre, il prêtât à mes paroles un sens dont il devait tirer avantage; sottise, reprit-il; votre passion pour M. Victor Benoît ne peut avoir aucune espérance, et si vous n'adorez pas M. Morland de tout l'enthousiasme que vous éprouviez pour cet honnête démagogue, qui a pour premier principe de sa haute vertu de dépouiller tous ceux qui ont quelque chose au profit de ceux qui n'ont rien, vous aurez pour M. Trucindor toute l'estime qu'il mérite et tout le respect que vous inspireront vos devoirs d'épouse.

J'étais outrée de l'insulte faite à Victor, et je répliquai aigrement :

— Il me semble que ce qu'on appelle spéculateur ne fait pas autre chose que dépouiller celui qui possède, pour s'approprier sa fortune.

— Ce sont là les chances du plus honnête commerce.

— Peut-être ; mais on n'y procède pas par le mensonge et l'intrigue.

— Vous trouveriez plus juste qu'on y procédât par la proscription et l'échafaud !

— Prenez garde, monsieur, m'écriai-je.

— Prenez garde, vous-même, Géorgina ! me répliqua mon beau-père. Je ne sais ce qui peut vous donner l'audace encore plus impudente que de coutume que vous me montrez ce soir ; ou plutôt, ajouta-t-il en me regardant avec fixité, je crois le savoir...

Malgré moi, je rougis jusqu'au blanc des yeux, et M. Malabry reprit :

— Ah ! vous faites métier d'écouter aux portes !

— Comme vous de décacheter les lettres, m'écriai-je en pleurant...

— C'est mon devoir de père, quand une de mes filles, — car la loi m'impose de vous considérer comme telles, — quand, dis-je, une de mes filles entretient une correspondance secrète avec un jeune homme.

— Et vous avez du moins appris dans cette correspondance, monsieur, que je n'ai oublié aucun de mes devoirs.

— Vous trouvez, mademoiselle ? et parce que vous n'êtes pas tout à fait une fille perdue, parce que ma prudence a arrêté à temps une intrigue qui, du train dont elle marchait, vous eût conduite à votre perte, vous croyez n'avoir oublié aucun de vos devoirs ! Morale commode, Géorgina, très commode, et qui n'est rigoureuse qu'à l'endroit des autres. Mais épargnez-moi ces lieux communs dont votre sœur Sophie tout au plus pourrait se contenter ; et n'oubliez pas que vous ferez à la fois une mauvaise et une sotte action en laissant échapper le mari qui se présente.

M. Malabry venait d'oublier qu'il m'avait accusée d'écouter aux portes, et que je ne m'étais pas défendue de cette accusation ; il devait donc penser que je savais parfaitement que M. Morland ne se présentait pas du tout pour être le mari ni de moi ni d'aucune de mes sœurs. J'aurais pu lui renvoyer l'inutilité de ce mensonge; mais cette honteuse discussion m'inspirait trop de dégoût pour continuer, et je me levai en disant :

— Je ferai ce qui me convient, monsieur.

— Vous ferez ce que je veux, reprit M. Malabry avec violence.

Je me retournai pour répondre avec la même vivacité; mais mon beau-père ajouta en ricanant :

— Vous le ferez pour moi, pour votre mère, pour vous; et si toutes ces considérations ne suffisent pas, vous le ferez pour M. Victor Benoît.

Je ne comprenais pas le sens de cette raillerie menaçante; il ajouta donc :

— Oh! M. Victor Benoît est un homme selon votre cœur; il juge la femme capable de prendre sa part dans toutes les entreprises des hommes résolus, et dans cette correspondance dont tout ne vous est pas parvenu, il n'hésite pas à vous dévoiler ses projets, ses espérances et jusqu'à ses menées.

— C'est donc pour cela que depuis six mois je n'ai eu de lui aucunes nouvelles.

— Vous voyez que je vous en donne, et celles-là mourront entre nous, si vous m'obéissez.

Je ne me sentis pas la force de résister, et je promis de me rendre au bal chez madame Dorsy et de tâcher de plaire à M. Morland; mais il est nécessaire que je lui explique en peu de mots le secret de ma situation personnelle pour qu'il comprenne la nécessité absolue de ma soumission aux ordres de M. Malabry.

VI

VICTOR BENOIT

Longtemps avant que M. Burac et ses amis eussent été introduits dans notre maison, nous allions passer l'été à Champrosay, dans une maison de campagne qui était depuis près d'un demi-siècle dans la famille de Mandres. J'y étais née, et j'avais été nourrie par la femme de notre jardinier, qui depuis avait pris un petit commerce de charbon de bois qu'il exploitait dans la forêt de Sénart.

Notre maison était située à mi-côte de la petite colline qui borde la Seine; et le parc, qui s'étendait jusqu'au sommet, ouvrait par une porte dans la forêt même, dont les arbres touchaient au mur de séparation. La longue possession de cette maison par notre famille faisait que le nom de Mandres était connu de tous les environs, et le caractère ainsi que la bienfaisance de mon père l'y avait fait respecter et aimer. Ce sentiment de bienveillance, si difficile à conquérir sur l'envieuse cupidité du paysan, se tourna rapidement en défiance, puis en haine et en dénigrement, dès que M. Malabry eut apporté dans ce pays son esprit tracassier envers ses voisins, arrogant vis-à-vis du pauvre, et surtout lorsque les gens avec qui il avait affaire ne trouvèrent plus dans le réglement de leurs comptes la ponctualité à laquelle ils avaient été accoutumés.

Si bien enfermé que soit dans une famille le secret de ses discussions intérieures, il s'échappe toujours au dehors, et s'échappe par des issues qui font que les gens les plus près de vous par leur position l'ignorent quelquefois, et que ceux que vous en croyez à mille lieues en sont parfaitement instruits.

M. Durieu, notre subrogé-tuteur, ne savait pas encore la gêne de notre maison; il ne se doutait pas que, seule entre mes sœurs, j'étais l'objet de l'antipathie de M. Malabry, que déjà ma nourrice en avait été avertie par notre nouveau jardinier qui était de ses parents.

Une fois arrivé dans les doléances de la brave Catherine qui m'adorait, mon prétendu malheur prit dans ces doléances mêmes un caractère presque effrayant.

« La pauvre enfant, disait-elle, on la rudoie, on l'humilie devant le monde, on lui refuse tout; c'est à peine si on veut bien lui donner à manger, et ma belle-sœur m'a dit qu'elle l'avait plus d'une fois entendue pleurer, comme si on la battait. »

Catherine traduisait à sa façon l'infortune de ma position, et personne ne doutait de la vérité de ses assertions. Tous ces faux bruits n'avaient fait qu'accroître la haine qu'on portait à Malabry, et avaient assumé sur moi toute l'affection qu'on avait autrefois pour mon père.

Comme ma nourrice m'avait fait entendre quelque chose de ses étranges suppositions, j'avais protesté de toute ma force contre l'imputation de mauvais traitements attribués à mon beau-père ; mais le parti de Catherine était pris à cet égard ; on me battait, elle en était sûre, et elle avait ajouté à ces explications que j'étais un ange de dévouement, et que je cachais les vices de mes parents (c'étaient les termes dont elle se servait).

Certes, j'étais aussi malheureuse que ces pauvres gens le supposaient ; mais je l'étais dans un ordre d'idées qui n'eût pas été accessible à leur rustique pitié ; cependant cette pitié me consolait ; et comme on me laissait une grande liberté de sortir pour aller errer solitairement dans les allées de la forêt, j'allais souvent visiter ma nourrice dans sa cabane.

On me connaissait dans tout le pays, et l'on m'y avait même surnommée la bonne demoiselle, parce que j'étais familière et affable pour tout ce monde que M. Malabry traitait avec le plus profond dédain.

Le sentiment de la bienveillance que j'inspirais généralement, et l'habitude d'aller et de venir toujours seule, m'avait donné une assurance peu ordinaire à une jeune fille, et il n'était pas rare que je fusse dans les bois à une heure assez avancée de la soirée, et lorsque déjà la nuit commençait à paraître. On s'en inquiétait si peu à la maison, que bien des fois j'étais rentrée et montée dans ma chambre sans qu'on s'informât de ce que j'étais devenue.

Il était à peu près huit heures du soir ; j'avais passé presque tout le jour chez Catherine, et ce jour avait été si brûlant que je n'étais restée si tard dans la forêt que pour en respirer le frais. J'étais dans une de ces heureuses dispositions de l'âme où, pour échapper aux tristesses du présent, on se rêve un avenir auquel on fait participer tout ce qui nous entoure. Je n'étais pas seule dans ma solitaire promenade : j'avais près de moi quelqu'un caché par les arbres de la route, c'était pour lui que je cueillais des bruyères et des myosotis.

Je m'arrêtais pour l'attendre, je courais pour lui échapper, je lui jetais mes fleurs en fuyant, puis je m'asseyais sur un tertre et je l'écoutais, assis à mes pieds, me parlant d'amour, tandis que je lui souriais.

Que j'étais heureuse alors, quand ma jeune imagination me créait ce doux rêve! la réalité ne peut jamais égaler ces romans délicieux que l'espérance dit au cœur, car ils ont de moins que la vérité les inquiétudes et le repentir. Toutefois, ce premier amant de toutes les jeunes filles, cet être idéal qui accompagne leurs premières émotions, n'avait revêtu aucune forme dans mon esprit. Je n'avais rien ajouté à la beauté d'aucun homme que je connusse pour en faire le portrait de celui qui me plaisait si bien. Tantôt je lui donnais la gracieuse et blonde figure d'un ange de Raphaël, tantôt l'allure hardie d'un cavalier de Van Dyck. J'étais encore trop eune pour que mes rêves ne fussent pas errants et aveugles comme mes désirs.

Ce soir-là, celui avec qui j'avais si doucement passé mes heures était un frêle enfant comme moi ; nous avions couru, nous avions presque joué ensemble : et si l'orage eût éclaté, je l'aurais couvert, comme Paul, d'un pan de ma robe de Virginie.

Cependant, quoiqu'il ne voulût pas me quitter, je lui avais fait entendre raison, je l'avais envoyé chez son vieux grand-père qui était un homme dur et sévère, et qui habitait un château aussi triste que lui ; et après les adieux les plus tendres, les promesses les plus formelles de revenir le lendemain à la même heure, je m'étais échappée et j'avais couru jusqu'au bout d'une grande allée ; mais, arrivée là, je m'étais retournée pour lui envoyer un baiser d'adieu, bien sûre qu'il ne quitterait pas la place tant qu'il pourrait me voir.

Quand je me livrais à ces innocents mensonges de mon esprit, je m'y laissais aller si complétement que je répondais souvent à haute voix à des discours que j'écoutais dans mon cœur, et que je joignais l'accent, le geste, à mes folles paroles.

Ainsi, lorsque, tout émue de ma course rapide, j'envoyai à cet amant invisible l'adieu qu'il devait attendre et que je lui réservais, je pressai mes doigts unis sur ma bouche, et les déployant au vent, je lançai vivement mes bras dans l'espace avec ces mots prononcés joyeusement :

« A demain. »

Mon regard allait les suivre dans leur vol, lorsqu'il s'arrêta tout à coup sur un homme de haute taille, immobile à l'angle de l'allée que j'avais parcourue. La honte d'être ainsi surprise dans cette folie de mon cœur me rendit tout d'abord confuse, et presque aussitôt l'effroi que m'inspira l'aspect de cet homme me retint immobile et tremblante devant lui.

Il était vêtu d'une blouse grise tachée de sang; il avait la tête nue, les cheveux en désordre, et tenait un fusil de chasse.

Comme si le regard de cet homme eût prononcé contre moi une menace réelle, je me reculai en joignant les mains et en lui disant :

— Qui êtes-vous, et que me voulez-vous?

— Ce que je suis ne vous regarde pas, me répondit-il brusquement, et je ne vous ai rien demandé.

— C'est vrai, lui dis-je, honteuse d'une terreur qui devait être peu flatteuse pour ce malheureux, je vous demande pardon d'avoir eu peur.

A ces mots, l'étranger me regarda plus attentivement et se considéra un moment lui-même.

— Cela n'eût pas été bien étonnant si vous aviez été seule; mais quelqu'un était avec vous tout à l'heure, et il ne doit pas être assez loin pour ne pas venir à notre secours si vous l'appeliez.

Je rougis plus que je ne saurais le dire de l'erreur où l'enfantillage de mes rêves avait fait tomber cet homme; il se méprit à mon trouble, et me dit tristement :

— Ne craignez rien, je n'ai pas le droit d'être indiscret. Mais si vous revenez demain comme vous le lui avez promis, ne lui dites pas que vous avez rencontré ici à cette heure un homme blessé et mourant de faim.

— Pauvre malheureux! m'écriai-je en lui tendant quelques pièces de monnaie; tenez! prenez!

— Je n'ai pas besoin d'argent, me dit-il; je paierais cinq cents francs un verre d'eau et un morceau de pain.

— Mais, lui dis-je, le village de Draveil est à deux pas; je vais vous montrer le chemin, si vous voulez.

Cet homme me regarda quelque temps comme s'il n'osait aborder la proposition qu'il voulait me faire. Tout à coup il parut se décider, et me tendant une pièce de cinq francs, il me dit d'une voix rude et sombre :

— Mademoiselle, voulez-vous aller à ce village m'acheter un pain et une bouteille de vin, et me les rapporter ici ?

— Mais je ne sais pas où vous acheter cela, lui dis-je aussi embarrassée que choquée de cette proposition ; et peut-être trouverait-on bien extraordinaire dans le village qu'une des demoiselles de Mandres allât chez le boulanger.

— Vous avez raison, dit-il en baissant la tête.

Puis il ajouta après un moment de réflexion :

— Si seulement j'avais un chapeau, j'oserais bien y aller moi-même ; mais dans l'état où je suis, c'est impossible. Je ne peux pourtant pas mourir ainsi, reprit-il avec énergie.

Je n'aurais pas voulu quitter cet homme sans le secourir, et je ne savais comment faire. Il se remit à me considérer, et me dit alors avec une sorte de désespoir :

— Voulez-vous me sauver?

— Certainement, monsieur, lui dis-je toute tremblante.

— Dites-moi où est votre maison.

— Mais, en voilà le mur au bout de cette allée.

— Eh bien ! mademoiselle, rentrez chez vous, et là-bas, au coin de ce grand arbre, jetez un morceau de pain pardessus le mur, je serai là pour le ramasser.

Oh ! certainement je vais le faire, lui dis-je les larmes aux yeux.

— Je ne peux pas vous le payer à vous, ajouta-t-il avec un air singulier de fierté, je ne peux pas vous payer un morceau de pain, mais je ne veux pas le recevoir à titre d'aumône, ajouta-t-il en tirant une poignée d'argent de ses poches et en la jetant à travers la route ; mais je le paierai aux malheureux, qui doivent aussi errer quelquefois dans cette forêt, poussés par la faim et le désespoir. Dieu fera, je l'espère, que cet argent ne profitera pas au crime.

Je le regardai dans un muet étonnement et avec un sentiment inexprimable.

— Vous oubliez que j'ai faim, me dit-il douloureusement, comme s'il prononçait à regret ces paroles que lui arrachait une souffrance qu'il eût voulu avoir la force de maîtriser.

— J'y cours... j'y cours, m'écriai-je.

— Mais me jetterez-vous ce pain? me dit-il.

— Vous le jeter, lui répondis-je, ah ! monsieur... non, non, attendez-moi là... je vous l'apporterai.

Il ne me remercia pas, mais je vis une larme tomber de ses yeux, et je m'élançai avec rapidité. J'ouvris la petite porte du parc, je le franchis en quelques minutes, et ce ne fut qu'au moment où je fus près d'entrer dans la maison que je compris la difficulté que j'éprouverais à tenir l'imprudente promesse que j'avais faite.

J'entendis mon beau-père parlant vivement dans le salon ; il venait d'arriver de Paris et semblait raconter un événement extraordinaire ; car ma mère et mes sœurs l'interrompaient à chaque instant par des exclamations d'étonnement et de terreur, et plusieurs fois j'entendis mon beau-père s'écrier :

« Oui, ce sont des assassins, de véritables assassins ! »

Une pensée terrible se présenta sur-le-champ à mon esprit ; je m'imaginai qu'un crime avait dû être commis aux environs de notre demeure, et que l'homme que j'avais rencontré dans le bois en était sans doute l'auteur. Je ne puis dire quel effroi s'empara de moi à cette pensée : il me sembla voir cet homme sur mes pas, cet homme armé, sanglant, défait. Sous l'impression de cette terreur, j'ouvris brusquement la porte et je me précipitai dans le salon. J'étais à la fois émue de la rapidité de ma course, de l'effroi que m'avait causé la rencontre de cet homme, de la découverte que je croyais avoir faite, et lorsque j'entrai si brusquement, il paraît que j'étais à la fois si pâle et si troublée, que ma mère s'écria en me voyant :

— Qu'as-tu donc, Géorgina, et que t'est-il arrivé ?

— Rien, dis-je en balbutiant, mais j'ai rencontré un homme dans la forêt.

— Bah ! me dit mon beau-père, est-ce une chose si extraordinaire !

— C'est que cet homme m'a fait peur...

— Tant mieux, reprit monsieur Malabry du même ton, cela vous corrigera peut-être de votre rage des promenades noctúrnes.

— Mais si c'est un assassin ? lui dis-je.

M. Malabry se prit à ricaner en haussant les épaules.

— Il n'y a d'assassin que dans votre tête.

— Mais il me semble que vous en parliez tout à l'heure?

— Oh! reprit-il, ceux dont je parlais ne font pas leur métier au coin d'un bois. Oui, ma chère amie, reprit-il en s'adressant à ma mère, c'est ainsi, comme je te le disais tout à l'heure, quand cette folle est venue tout à coup nous interrompre, qu'a commencé cette émeute. Dès hier soir on avait dissipé le plus grand nombre des attroupements, et ce n'est que ce matin qu'on est parvenu à déloger ceux qui s'étaient barricadés dans le quartier des halles. J'espère que cette fois on en fera bonne et prompte justice.

Ce peu de mots m'expliqua ce qu'était l'homme que j'avais rencontré dans le bois, et je me levai tout à coup en disant :

— Ah! j'oubliais que ce malheureux meurt de faim.

— Quel malheureux? me dit ma mère, alarmée de mon trouble extraordinaire.

Je ne puis dire que ce fût par défiance contre monsieur Malabry que je ne voulus pas dire la vérité, mais je crus que le secret de l'homme que j'avais rencontré ne m'appartenait pas, et je répondis que la frayeur m'avait tellement troublée que je ne savais ce que je disais, et que je désirais me retirer.

Je comptais qu'on me laisserait rentrer chez moi comme à l'ordinaire, et qu'on ne s'occuperait même pas de savoir si je ferais véritablement ce que je venais d'annoncer. Mais il paraît que j'avais l'air si défait et si épouvanté, que ma mère en conçut une vive inquiétude et voulut absolument me suivre dans ma chambre et resta près de moi.

La contrariété que j'éprouvais d'une attention qui, à mon sens, venait si mal à propos, donna à mon agitation quelque chose d'inquiet, de colère, qui effraya encore plus ma mère, qui, si elle n'était pas toujours satisfaite de mon manque de déférence pour M. Malabry, n'avait du moins jamais eu à me reprocher vis-à-vis d'elle la froideur et même l'impatience avec laquelle je recevais ses soins.

Cependant je m'étais couchée pour tâcher d'échapper à ce que je traitais alors de caprice d'amour maternel; mais la pensée de cet homme mourant de faim, et qui m'attendait, m'agitait tellement, que je ne pouvais simuler le sommeil, et qu'il m'échappait malgré moi des mouvements presque convulsifs et d'impatience et des exclamations sourdes qui faisaient supposer à ma mère que j'étais en proie à un violent accès de fièvre.

Et, véritablement, jamais je n'avais éprouvé jusqu'à ce jour une colère si vive et si malveillante. Je me sentais irritée par une force interne que je n'avais jamais soupçonnée en moi. J'étouffais dans cette chambre où l'on me tenait prisonnière, et, malgré tout l'effort que je mettais à me contenir, j'aurais peut-être fini par éclater, si mon beau-père ne fût monté, pour chercher ma mère, en lui disant assez durement que j'étais tout au plus fatiguée, et que je jouais la comédie pour me rendre intéressante, et que si on me laissait toute seule sans faire attention à moi, je dormirais bientôt d'un profond sommeil.

C'est une chose vraie, que nous préférons dans les autres les vices qui nous profitent aux qualités qui nous sont contraires. J'avais été irritée de la bonne et sainte tendresse que me montrait ma mère, et je remerciai du fond du cœur monsieur Malabry d'une dureté qui me débarrassait de sa surveillance.

Ma mère se retira, et presque aussitôt je me levai et je commençai à me rhabiller en toute hâte. Mais à ce moment le tumulte de mes pensées, dont je n'avais pu me rendre maîtresse tant que j'étais en présence de ma mère, se calma lorsque je pus les discuter seule avec moi-même. Je me demandai si l'homme pour qui je me préoccupais si vivement le méritait.

A cette époque, mes réflexions ne s'étaient jamais arrêtées sur aucune opinion politique, mais j'avais reçu malgré moi cette impression générale qui fait une grande différence entre un crime politique et un crime qui a pour but le meurtre ou le vol personnel.

Je n'hésitai donc pas longtemps; mais alors je pus réfléchir à la manière dont j'exécuterais mon projet. Il me fallut descendre dans l'office, y prendre les objets dont je pouvais avoir besoin sans qu'on m'entendît, et sortir de la maison sans qu'on m'aperçût.

Je n'avais pas de temps à perdre, car la seule idée qui me préoccupait était celle de ce malheureux mourant de faim et qui sans doute m'accusait déjà d'inhumanité, et, ce qui me révoltait peut-être encore plus, de faiblesse et de peur.

. . . . . .

Cette idée me donna une hardiesse qui me fit oublier toute autre précaution; je descendis du premier étage au rez-de-chaussée, je pénétrai dans l'office, je pris du pain, du vin, une volaille que j'enveloppai dans une serviette, et je sortis par le vestibule constamment ouvert.

C'est en passant par ce vestibule à peine éclairé, que le souvenir rapide et irréfléchi d'une circonstance de ma rencontre se présenta tout à coup à moi. Ce fut en voyant un chapeau accroché à l'une des patères de ce vestibule que je me rappelai les paroles de celui vers qui j'allais, et, sans autre idée que de ne pas le laisser la tête nue, exposé au froid de la nuit, je pris ce chapeau, je l'emportai et j'eus bientôt atteint la petite porte du parc. Le malheureux était assis en face, sur le revers d'un fossé creusé au bord du bois; en me voyant et en m'entendant, il releva à peine la tête, et je lui dis la première :

— Je craignais que vous ne m'eussiez pas attendue.

— Mourir là ou ailleurs, qu'importe? me dit-il d'un air sombre.

Après tout ce que je venais de faire, je trouvai cet homme injuste de m'accueillir de cette façon; car, dans ma course à travers le parc, je m'étais fait un tableau très-vif de ses transports de reconnaissance à mon arrivée. C'était une déception à mon premier bienfait, et malgré la pitié que m'avait inspirée cet homme, je lui répondis avec un ton de fierté blessée :

— Vous ne deviez pas mourir ici, monsieur, puisque j'avais promis de venir vous y secourir.

Cet homme me regarda en face, et il y eut dans ce moment une sorte d'incertitude en lui.

Blessé à son tour de la manière dont je paraissais lui reprocher ce que je faisais pour lui, il repoussa froidement le petit paquet que je lui tendais :

— Merci, me dit-il, tout s'use, même le besoin; je n'ai plus faim.

Le ton dont il prononça ces paroles, l'accent caverneux de sa voix, le tremblement convulsif de sa main, me déchirèrent le cœur d'une pitié douloureuse, et je m'écriai :

— Vous êtes injuste, monsieur, de me refuser; j'ai fait tout ce que je pouvais, et j'ai bien craint de ne pouvoir m'échapper pour revenir.

— Avez-vous donc une famille à laquelle vous n'osiez dire que vous alliez secourir un malheureux?

— Ne m'aviez-vous pas recommandé de n'en parler à personne, et aurais-je fait ce que vous attendiez de moi, si, l'ayant dit, vous m'aviez vue revenir avec quelqu'un qui sans doute eût voulu m'accompagner?

— Vous avez raison, me dit-il tristement; mais vous ne savez pas tout ce qui peut passer d'idées cruelles dans l'esprit d'un homme durant l'attente que j'ai soufferte. J'ai pensé que vous vous repentiez déjà de votre pitié.

— Oh! monsieur!

— J'ai pensé que, si faible, vous n'oseriez peut-être pas revenir?

— Oh! j'ai du courage à défaut de force!

— J'ai pensé que vous m'aviez peut-être pris pour un malfaiteur?

A chaque mot qu'il répondait ainsi, ce pauvre homme baissait sa tête dans ses mains, sa voix semblait s'amollir, et j'entendis de sourds sanglots sortir de sa poitrine.

— Eh bien! monsieur, vous vous êtes trompé, lui dis-je!... Tenez, tenez, mangez un peu, vous devez bien souffrir!

— Je vous ai dit vrai tout à l'heure, reprit-il, je n'ai plus faim.

Quand je vous ai rencontrée, j'ai succombé à la torture de ce tourment physique, mais quand vous avez été partie, il m'a semblé que la Providence vous avait envoyée exprès pour me secourir, vous assez jeune pour être confiante et pour ne pas calculer les conséquences de ce que vous alliez faire dans l'abandon où je me trouve, dans la trahison qui m'a laissé seul dans le danger et seul dans ma fuite; vous m'êtes apparue comme l'organe de cet avertissement providentiel qui dit à l'homme : « Ne désespère pas. »

Je me réfugiai dans ces pensées en vous attendant; et quand je ne vous vis pas revenir, ce n'est plus la faim que je sentais, c'était le désespoir de votre abandon venu après tant d'autres : mais vous voilà, merci d'être venue, fussiez-vous venue les mains vides. Merci de ce que vous m'apportez!... ce sera pour plus tard. Je n'aurais pas la force de manger.

— Mangez, lui dis-je, je vous en prie.

— Il rompit un morceau de pain, en mangea quelques bouchées, et alors, comme si le besoin comprimé sous la douleur de l'âme eût repris à son tour son empire, il dévora tout ce que je lui avais apporté.

Je le regardais sans penser à m'éloigner, et lui-même semblait m'avoir oubliée lorsqu'en levant les yeux pour chercher la bouteille que j'avais placée près de lui, il me vit le considérant attentivement. La lune dans sa clarté frappait sur son visage, et je pus y voir une expression de dépit hautain quand il vit mon attention.

— N'est-ce pas, dit-il amèrement, que cela ressemble assez à une bête fauve qui dévore sa pâture? Vous avez peut-être vu quelquefois les lions du jardin-des-Plantes quand on leur jette la viande sanglante : c'est un plaisir que les bons pères de famille donnent à leurs petits enfants.

En parlant ainsi, il prit la bouteille et parut chercher quelque chose; un nouveau tressaillement d'impatience lui échappa et il dit avec un rire forcé :

— Vous n'avez jamais vu ceci sans doute : c'est comment boivent certains ivrognes.

Il appliqua la bouteille à ses lèvres et but longtemps. Quand il eut fini, il retomba dans sa rêverie, et je lui dis alors timidement :

— Tenez, monsieur, je me suis souvenue qu'il vous manquait un chapeau, et je vous en ai apporté un.

— Un chapeau! me dit-il d'une voix singulièrement émue, un chapeau! vous n'avez rien oublié, et je vous ai accusée.

Ah! dites-moi, qui êtes-vous? car il viendra peut-être un jour où je pourrai vous remercier comme vous le méritez. Oui, mademoiselle, un jour vous comprendrez mieux la hauteur de votre bienfait et la valeur de ma reconnaissance, quand vous saurez que celui que vous avez sauvé n'était ni un mendiant, ni un malfaiteur honteux.

— Je le sais, monsieur, lui dis-je.

— Vous le savez?

— Oui, monsieur. Lorsque je suis rentrée à la maison on s'y entretenait déjà des événements arrivés hier à Paris.

Une idée tout à fait étrangère à ce qui se passait entre nous sembla exalter cet homme, et il me dit brusquement :

— Ne recevez-vous donc pas de journaux dans votre maison?

— Nous en recevons.

— Mais ils doivent arriver ici de fort bonne heure?... Ne parlaient-ils donc pas de ces événements?

— J'avais quitté notre maison avant leur arrivée, et j'y rentrais seulement quand je vous ai rencontré.

— C'est vrai, me dit-il; et ne savez-vous rien de ces événements?

Je lui racontai le peu que j'en avais entendu.

— Cela devait être, me dit-il froidement; on n'a pas voulu me croire. Et maintenant, mademoiselle, ajoutez à votre bienfait d'aujourd'hui celui de garder un silence absolu sur ma rencontre.

— Je n'en dirai rien à personne.

— A personne, je vous en prie, pas même à celui à qui on dit tout, pas même à celui à qui vous disiez si joyeusement : « A demain. »

A cette supposition, qui m'avait d'abord rendue si confuse, mais dont je n'avais pas d'abord songé à me défendre, je sentis un nouvel embarras, mais bien différent de l'autre.

D'abord c'était la honte d'avoir été surprise comme un enfant qui parle seule; à ce moment, c'était la crainte d'une jeune fille soupçonnée de manquer à la retenue qu'elle se doit; et je dis à cet homme :

— Mais, monsieur, j'étais seule quand vous m'avez rencontrée, et je ne parlais à personne.

— Je ne vous demande pas votre secret, dit-il en souriant.

— Mais je n'en ai pas, lui dis-je vivement encore; je cours dans les bois, j'y chante, j'y parle, quelquefois j'y pleure, mais je n'y cherche et je n'y attends personne.

— C'était donc au jour, à l'ombre, à la solitude que vous disiez :

« A demain? » reprit-il d'une voix pleine de mélancolie.

— Oui, monsieur, et c'était aussi à mes pensées, qui ne sont libres qu'ici, et avec lesquelles je viens passer bien des jours toute seule.

— Si jeune, me dit-il, si jeune vous vivez déjà avec votre cœur... alors vous n'êtes pas heureuse....

Je ne répondis pas, mais je trouvais étrange que cet homme eût si vivement pénétré dans le secret de ma vie.

— Ne voulez-vous pas me dire votre nom? reprit-il.

— Je ne vous demande pas le vôtre, permettez-moi de vous taire le mien, quoique vis-à-vis de vous je n'aie aucune raison de le cacher.

— Comme vous voudrez; mais croyez que si je ne vous dis pas le mien, ce n'est pas que je vous croie capable de te trahir. Mais peut-être l'entendrez-vous prononcer d'ici à peu peu de temps, et peut-être alors vous surprendrait-il assez pour que vous ne puissiez cacher votre étonnement.

— Adieu, monsieur, lui dis-je, et puissiez-vous être sauvé.

— Je le suis maintenant, car j'ai la nuit devant moi. Adieu, à mon tour, le temps me presse, et je ne puis attendre le jour si près de Paris.

Nous nous séparâmes sans autre explication, et je rentrai dans le parc.

J'étais si préoccupée de tout ce qui venait de se passer, que ce ne fut qu'au moment de rentrer dans la maison que je m'aperçus de l'étrange oubli auquel je m'étais laissé entraîner.

Je n'avais pas pensé que je trouverais les portes de la maison fermées, c'est ce qui m'arriva.

Ce ne fût pas d'abord la crainte de passer une nuit dehors qui m'épouvanta, mais la pensée qu'on découvrirait que j'étais sortie.

Cependant, je réfléchis que bien certainement on ne s'était pas aperçu de mon absence, puisque tout le monde dormait.

Les domestiques ouvraient le rez-de-chaussée bien avant que ma mère et mes sœurs ne fussent éveillées. Je n'avais donc qu'à attendre, et attendre assez longtemps pour que, dans le cas où l'on me rencontrerait pendant que je rentrerais, on pût supposer que je n'étais sortie que depuis que les appartements étaient ouverts.

Cette résolution calma la violente inquiétude qui m'avait prise lorsque j'avais trouvé la porte fermée, et je m'éloignai de la maison. Mais bientôt peu à peu le silence et le frais de la nuit calmèrent l'agitation que m'avait causée cette série rapide d'événements si extraordinaires pour moi. Je me sentis faible, abattue, glacée, et cet accablement laissa pénétrer en moi d'autres terreurs. Je me sentis m'effrayer; le moindre bruit me faisait tressaillir, et le silence m'alarmait; le froid de la rosée me faisait greloter, et cependant ma tête brûlait, et j'y sentais une sorte de vertige douloureux. Je voulus courir pour m'échauffer; mais il me sembla qu'un être invisible me poursuivait, car j'eus peur un instant de sentir une main glacée qui s'appuyait sur mon épaule pour m'arrêter.

Je m'assis sur un banc; mais je me retournais à chaque instant pour voir derrière moi : enfin je m'appuyai le dos au piédestal d'une statue, pour ne pas éprouver cette crainte, et quoique je fusse debout, le sommeil me gagna, et dans les vagues images qu'il faisait balancer devant mes yeux à demi fermés, il me sembla que je voyais cette statue se baisser pour me prendre et me serrer dans ses bras de pierre. Je m'enfuis en poussant un cri, et je tombai évanouie dans le coin du bois où je me trouvais. Lorsque je revins à moi, le jour était levé.

Je rassemblai mes idées, et j'entendis des voix dans le jardin. Je ne savais quelle heure il pouvait être...

Mes inquiétudes de la veille me reprirent, et je me glissai en tremblant vers la maison; le rez-de-chaussée était ouvert; mais les persiennes du premier, toutes fermées, m'annoncèrent que personne n'était encore levé.

Je m'élançai, je gagnai la maison, je montai dans ma chambre et je me couchai, brisée et glacée de tous mes membres. Je fus réveillée par un bruit de voix qui discutaient, et bientôt j'entendis ma mère qui approchait de ma chambre en disant à M. Malabry :

— Je te dis que lorsque tu es entré chez Géorgina, tu auras posé ton chapeau sur une chaise, et qu'il doit y être.

Ma mère entra pendant que je tremblais de ce nouvel incident de mon aventure.

Ma mère chercha le chapeau et ne le trouva point : elle sortit doucement de ma chambre, je me levai pour écouter ce qui se disait en bas, et j'entendis M. Malabry quereller violemment un domestique. Il menaçait de le chasser, et disait avec raison que le chapeau ne pouvait avoir disparu tout seul; il accusait les gens de la maison de l'avoir volé, et je fus sur le point de descendre et de tout avouer pour ne laisser personne en butte à cet odieux soupçon.

Bientôt arrivèrent à leur tour la disparition du pain, du vin, de la volaille, car les domestiques, en cherchant, avaient été fureter partout pour rencontrer le malencontreux chapeau.

Alors ce furent des histoires à n'en plus finir, et mon effroi de la veille, sur la rencontre que j'avais faite, fut alors commenté. On en conclut qu'un voleur s'était introduit dans la maison. On raisonna sur les empêchements qui avaient pu l'arrêter dans un vol plus considérable, et il fut conclu que cette maison n'était pas sûre.

Ma mère s'effraya et ne voulut plus l'habiter seule avec nous. M. Malabry, qui la sollicitait depuis longtemps de la vendre, pour employer ses capitaux à ses spéculations, exploita cette terreur, et j'enlevai à ma mère une propriété que sans cela le respect qu'elle avait pour le souvenir de mon père ne lui eût jamais permis d'abandonner. Il n'y a dans ce monde ni petites fautes ni petits mensonges.

J'étais alors bien loin de prévoir dans quelles mains devait tomber cette maison.

VII

Il y avait déjà six mois que nous étions rentrés à Paris, et rien n'était venu me rappeler cette aventure. Cependant j'en avais gardé un souvenir qui était devenu plus net dans mon esprit à mesure que l'événement était plus loin de moi. Dans les premiers jours, je n'avais guère qu'un sentiment confus de ce que j'avais vu et de ce que j'avais fait; bientôt les moindres circonstances de cette rencontre se débrouillèrent, et je me rappelai jusqu'au moindre mot prononcé entre moi et ce proscrit. Mais ce qu'il y eut de plus remarquable pour moi dans la merveilleuse exactitude avec laquelle tout cela se présenta à moi, ce fut l'aspect lui-même de cet étranger.

Le lendemain, je n'eusse peut-être pas pu dire ses traits, et un mois ne s'était pas passé que son visage, sa taille, jusqu'au son de sa voix, s'étaient si complétement représentés à mes yeux et à mon oreille, que je l'aurais reconnu rien qu'à le voir passer et à l'entendre parler. Jusqu'à ce moment, aucune image certaine n'avait enchaîné à elle mes rêves de jeune fille ; à partir de ce jour, ce fut celle de cet homme qui se revêtit de toutes les fantaisies de mon imagination et de mes espérances, et quel que fût le costume dont il me plût de l'habiller, quelle que fût la condition où je le plaçais, tout lui allait bien, et il allait bien à tout.

Les bals et les soirées d'hiver étaient déjà prêts à se clore, je l'avais espéré partout, et ne l'ayant pas rencontré, je commençais à craindre qu'il ne fût d'un monde trop au-dessous du mien pour jamais l'y voir, lorsqu'au dernier concert donné par un avocat qui se piquait de réunir chez lui toutes les notabilités artistiques, je vis se promener dans le salon où j'étais une des plus célèbres cantatrices de notre époque.

J'ai toujours éprouvé pour les femmes du théâtre une répulsion instinctive, et par suite je détestais toutes celles qui, même dans un salon, se posent en représentation, et appellent par l'emploi de leur talent l'attention et les applaudissements. Madame Del..... eût dû être de ce nombre ; mais, lorsque je la vis pour la première fois, elle était si différente de ces virtuoses impertinentes qui reçoivent avec un air de fatigue et de dédain les éloges les plus outrés, il y avait tant de bonheur dans son succès, qu'on pouvait y supposer de la vanité, et que je la trouvai charmante. Elle donnait le bras à un jeune homme à qui l'on semblait adresser les compliments qui ne pouvaient arriver jusqu'à elle, mais je n'avais pas fait attention à lui, lorsqu'elle porta les regards de mon côté. J'entendis derrière moi un petit applaudissement auquel madame Del... répondit par un de ces doux mouvements de tête et un de ces bons regards partis du cœur, qui remercient un ami de la part qu'il prend à votre joie. A ce moment, elle pressa doucement le bras du jeune homme qui l'accompagnait, et lui désigna de l'œil celui qui sans doute, dans ce muet échange de regards, l'avait encore plus félicitée de son succès que de son talent, et ce jeune homme sembla dire à son tour à celui que je ne pouvais voir : « Merci pour elle et merci pour moi. » Son visage rayonnait, et de même que chez madame Del..., il n'exprimait que du bonheur.

Je ne puis dire quel éblouissement me prit à l'aspect de ce

visage si bien retrouvé et si bien conservé dans mon souvenir. C'était le malheureux de la forêt de Sénart. Je l'avais bien souvent rêvé dans un monde plus brillant. J'avais aussi quelquefois prêté à cette pâle et douloureuse figure une expression de bonheur et de triomphe; mais alors c'était moi qui l'accompagnais, alors c'était de moi qu'il recevait la joie qui éclatait dans son visage. Quelque chose d'aveuglant comme le reflet du soleil subitement jeté dans vos yeux par un miroir, troubla ma vue; un serrement convulsif et pénible suspendit ma respiration, et lorsque je fus un peu remise, déjà ni lui ni elle n'étaient plus devant moi, et je n'entendais que le murmure de l'accueil enthousiaste qu'on leur faisait dans un autre salon. Certes, il n'y avait rien d'étonnant à ce que la rencontre de cet homme m'eût vivement troublée; mais la déception, le désenchantement, la douleur même que j'éprouvai en le rencontrant ainsi eussent éclairé un cœur plus instruit que n'était le mien sur ce que mon imagination avait fait pour moi de cet homme.

Cette rapide et profonde émotion me maîtrisait encore, que la danse commença, et qu'un homme vint réclamer la promesse que je lui avais faite de danser avec lui. Je me laissai conduire où il voulut sans regarder autour de moi, et je ne fus arrachée à ma distraction que par ces paroles qu'il prononça d'un air ravi, et comme s'il avait remporté une victoire dont je dusse être charmée.

— Voyez, nous avons madame Del... pour vis-à-vis.

C'était vrai... c'était elle... et lui avec elle. Presque malgré moi, je fis un pas pour m'échapper; mais je restai, dépitée de la maladresse de mon danseur et indignée de je ne sais quoi. Cependant, tandis que les autres personnes du quadrille figuraient la première contredanse, je me hasardai à regarder mieux la cantatrice et celui qui l'accompagnait si fidèlement.

Là encore tous deux étaient entourés de gens si empressés, qu'ils nous tournaient presque le dos, et ce fut en continuant la conversation commencée avec leurs voisins qu'ils figurèrent cette première partie de la contredanse.

Dans les moments de la chaîne des dames, j'évitai la main qu'il me tendait sans me regarder et je revins à ma place, irritée alors d'un sentiment auquel je donnais en moi-même un nom qui n'était pas vrai.

Quel que fût cet homme, je le trouvai impoli, grossier, mal élevé, et j'oubliais que pareille chose m'était arrivée cent fois sans que j'y prisse garde.

Malgré moi, des larmes de dépit me roulaient dans les yeux et lorsqu'à la figure de l'été je le vis suivre avec un regard complaisant madame Del..., qui dansait avec mon cavalier, cette douleur me fit peur, et je pensai que ce serait bientôt mon tour.

Nous commençâmes, moi tremblante et les yeux baissés, lui léger et brillant; mais tout à coup, au moment où nous étions tout à fait rapprochés et en face l'un de l'autre, il s'arrêta et demeura un instant immobile.

Je le vis, quoique j'eusse les yeux baissés, et si toute l'émotion poignante qui me tenait ne céda pas immédiatement, il me sembla du moins sentir que les liens qui me serraient le cœur se dénouaient et se relâchaient, et que ma poitrine aride et brûlante respirait un air frais et humide qui me rafraîchissait.

Il m'avait vue, et dès qu'il m'avait vue il m'avait reconnue : il avait gardé mon souvenir. Oh comme le cœur me battit!!!

Je me sentis devenir rouge, et je baissai mes yeux plus bas, je baissai même la tête, tant j'étais troublée; mais lorsqu'en repassant près de lui, je me hasardai à le regarder, je vis son œil ardent, curieux, qui ne me quittait pas et qui sembla vouloir lire dans le mien la certitude du soupçon qui l'agitait.

A ce moment, et par un de ces entraînements qui épouvantent une heure après qu'on y a succombé, j'attachai mon regard sur le sien; j'y lus la question qu'il m'adressait, et je lui jetai tout bas ce mot :

« Oui. »

Lorsqu'il fut retourné à sa place et moi à la mienne, et que j'osai l'observer à travers les groupes de danseurs qui passaient et repassaient entre nous, il était déjà plus à moi qu'à sa belle conquête; car je sentais, je savais que cette femme l'aimait, et je n'avais été si désespérée que parce que j'avais deviné qu'il aimait cette femme.

Cette attention qu'il me prêtait devait avoir une explication si naturelle, que je n'aurais pas dû en être si fière et si heureuse.

Cette attention même pouvait partir d'une crainte ou d'un regret. Qu'importe! j'avais souffert du triomphe dont madame Del... s'était parée à ses yeux; et si je ne pouvais lui enlever les hommages, je lui arrachai au moins l'attention de celui à qui elle les avait tous reportés.

J'étais déjà la rivale de cette femme sans qu'elle pût s'en douter, et j'avais déjà engagé la lutte avec elle avant qu'elle ne m'eût même regardée. Mais quelques minutes ne s'étaient point passées que, sans savoir où était son ennemi, quelque chose avait averti Caliste qu'elle était attaquée dans le cœur de son amant. Les hommes ignorent trop les sensations rapides, brûlantes et éclatantes à la fois, qui traversent et illuminent le cœur d'une femme, pour ne pas les nier. Elles-mêmes souvent, quand cet éclair est éteint, ne veulent pas croire à ce qu'il leur a montré; mais à l'inquiétude du regard de Mme Del..., à la façon dont elle le promena autour d'elle pour savoir d'où partait le coup, je compris qu'elle avait vu ce qui se passait contre elle.

Enfin ce regard me rencontra, et il s'arrêta si fièrement sur moi, que je compris que j'étais reconnue.

Dès ce moment, le sourire si gracieux et si bienveillant dont elle accueillait les empressements dont elle était obsédée, fit place à une froideur distraite ou plutôt trop occupée à observer le trouble de celui qui l'oubliait ainsi.

Il ne s'aperçut pas de ce changement, et Caliste, furieuse de cet abandon, sembla aussi vouloir l'oublier, et, pour l'en avertir, elle provoqua les adulations dont on l'entourait, et y répondit avec un éclat, un bruit, qui attirèrent l'attention de tout le monde. Toute cette comédie s'était jouée durant le temps de la contredanse, et nous retournâmes chacun à notre place, elle pâle et tremblante, moi fière et heureuse d'avoir rendu à Mme Del... le tourment qu'elle m'avait fait souffrir.

J'espère que l'on me pardonnera de dire sans hésiter ce que j'éprouvai. Est-ce la nature de la plupart des femmes d'être ainsi faites, ou suis-je une exception, et une fâcheuse exception, comme on me l'a dit? Je ne saurais le décider;

mais peut-être l'exception n'existe-t-elle que parce que je dis tout haut ce qui est secrètement dans le cœur de toutes. Ce qui se passa après cette contredanse, je ne l'ai su que plus tard. Ce fut entre Mme Del... et lui une de ces scènes de bal, à voix basse, le sourire sur les lèvres, l'éventail en jeu, pendant lesquelles une femme laisse échapper, en regardant doucement autour d'elle, les mouvements furieux de haine et de jalousie qui la bouleversent. La manière dont Caliste attaqua son amant fit si bien craindre à celui-ci une scène plus violente, que dès les premiers mots il lui avoua la vérité.

Elle savait déjà l'histoire de notre rencontre; et dès lors elle avait compris le trouble qui avait dû s'emparer de nous en nous reconnaissant mutuellement.

Je ne sais, et il ne me l'a jamais avoué franchement, car les hommes ont des hypocrisies aussi profondes que celles des femmes les plus perfides, je ne sais si ce fut l'occasion qui se présenta à lui de donner à Mme Del... une leçon sur la fougueuse jalousie qui l'emportait, ou si ce fut l'adroite précaution d'un homme qui prépare le voile dont il veut cacher ses projets; toujours est-il qu'à son tour il la querella vivement à mon sujet, et que Caliste, bien loin de garder aucun soupçon, se prit tout à coup d'un enthousiasme très-vif pour moi, et voulut absolument m'aborder et me connaître.

Il lui fallait un prétexte.

Un reste de doute sur la véracité du récit qu'il lui avait fait lui servit à merveille. Elle demanda à quelqu'un s'il était vrai que Mme Malabry, qu'on lui avait montrée, eût une maison de campagne à Champrosay. La personne à qui elle s'adressa le lui affirma, et une autre dit assez vaguement dans la conversation que ma mère désirait s'en défaire.

Quoique le lieu fût très-peu favorable à un pareil entretien, Mme Del... profita de ce qu'elle venait d'apprendre, et, s'étant fait présenter à ma mère par un de nos amis, elle lui parla d'abord de la maison qu'elle désirait acquérir, de ce qu'elle devait être, arrangée par une personne comme elle, d'un goût si élégant, etc.

Ma mère fut prise à la grâce astucieuse de ces belles paroles, de ces beaux sourires, de ces charmantes flatteries.

Je suivis avec effroi cette femme dans les sentiers tortueux, mais charmants, par où elle faisait passer l'entretien pour en arriver à moi; car je ne savais pas à ce moment qu'elle m'abordait avec des intentions bienveillantes.

Elle parla de la beauté de mes sœurs, félicita ma mère; et puis feignant alors de m'apercevoir, elle lui dit :

— Est-ce encore là une de vos filles, Madame?

Ma mère lui ayant répondu affirmativement, elle se tourna vers moi en s'écriant :

— Ah! n'est-ce pas mademoiselle qu'on m'a dit avoir un talent si délicieux en peinture?

Je ne dis pas que j'eusse le moindre talent, mais enfin je peignais; et il fallait que Mme Del... eût pris des informations sur cela pour pouvoir me prendre ainsi à partie et avoir le droit de s'adresser directement à moi.

Tout le courage que je me croyais pour braver cette femme s'était enfui lorsque je l'avais sentie près de moi. Il me semblait voir dans la caressante et souple langueur de sa parole et de ses attitudes quelque chose de rampant et de menaçant comme dans l'approche d'une panthère.

Je répondis en balbutiant à Mme Del... qui s'était tournée vers moi, me couvant de ses yeux ardents et m'appelant de son beau sourire; tout à coup elle se pencha vers moi, et me dit avec un véritable mouvement du cœur :

— Si courageuse et si timide... Oh! merci... merci pour lui!

Je la regardai pour voir si elle ne se jouait pas de moi. Il n'y avait que bienveillance dans l'expression de ses traits; mais je ne pus lui répondre, et elle reprit après un moment de silence :

— Nous nous reverrons, et vous me direz tout.

Elle revint à ma mère, lui demanda la permission d'aller voir sa maison et de traiter directement de cette affaire avec elle. Pendant ce temps, j'essayais de me remettre, et je pus *le* voir à l'angle d'une porte, qui suivait les mouvements de Mme Del... avec une inquiétude visible.

Les danses continuèrent, et plusieurs fois je me trouvai près de Mme Del... qui me souriait toujours gracieusement, et qui, plusieurs fois, me serra la main comme pour me dire :

« Il y a un secret entre nous. »

Quant à lui, je ne le revis plus. Cette retenue me charma; je sentais qu'il m'eût trop embarrassée s'il s'était approché de moi, et pourtant une invitation à danser eût été un prétexte suffisant. Mais il me protégeait déjà contre les soupçons de Mme Del... en ayant l'air de m'éviter.

Cependant j'avais peine à maîtriser l'agitation que toutes ces petites circonstances avaient fait naître en moi; cette agitation n'était ni de joie, ni de tristesse; j'étais comme un enfant qui monte sur un bateau qui l'emporte loin du rivage; dans le premier moment, il ne sait d'abord s'il doit avoir peur ou se réjouir, il se laisse aller avec un vague étonnement à ce mouvement nouveau jusqu'à ce que la réalité du danger lui apparaisse tout à coup sous une forme qu'il n'avait pas prévue.

Comme l'enfant, je fus avertie tout à coup que le cours des idées qui m'emportait avait un écueil terrible.

M. Malabry revint près de ma mère, et s'étant assis derrière elle, il dit à voix basse :

— Qui donc vous a présenté Mme Del...?

Ma mère lui nomma l'ami qui s'était chargé de cette présentation.

— Mme Del..., dit M. Malabry, n'est convenable pour personne et encore moins pour vous dont les filles sont d'un âge à ce que le moindre contact avec une femme comme elle puisse leur être préjudiciable.

— Je ne pouvais pas lui tourner le dos : d'ailleurs, reprit ma mère, elle avait appris, je ne sais comment, que je veux vendre Champrosay, et elle désire, m'a-t-elle dit, en faire l'acquisition.

Cette circonstance parut faire réfléchir mon beau-père, qui repartit :

— Et elle est assez riche, ou plutôt le comte C... est assez riche pour payer très-cher ce caprice.

Ma mère baissa la voix et dit à M. Malabry :

— Quel est donc ce jeune homme qui tout à l'heure...

— Eh bien! fit M. Malabry, comme s'il parlait d'une chose publiquement connue; c'est le fameux Victor Benoît.

Je n'en entendis pas davantage, ce nom me révéla toute cette odieuse histoire : je l'avais entendu raconter à la maison, mais avec cette retenue qu'on emploie vis-à-vis des jeunes filles, retenue dont leur simple curiosité perce aisément les voiles lorsqu'elles le veulent bien, et qui n'eut plus pour moi de mystère, lorsque je voulus pénétrer avec l'ardeur de la passion que je portais dans tous ces souvenirs.

Comme il m'était arrivé pour Victor, dont la ressemblance s'était si nettement reconstituée dans mon esprit, les moindres de ces récits, auxquels je n'avais pas porté une grande attention, se représentèrent à moi. Il semblait que ce fussent des renseignements déposés presque à mon insu dans ma mémoire, et que j'y retrouvais tout entiers du moment que je voulais les consulter. Quelle était donc cette histoire? Je tremble au moment de la raconter, car, en reconnaissant que je le puis et que je l'ose, je mesure l'effrayant chemin que j'ai parcouru depuis le jour où elle se dessina nettement devant moi, et où elle me fit rougir de honte dans la solitude où je la rétablissais silencieusement dans ma tête.

Cette histoire a été racontée dans bien des romans et bien des drames, mais elle prenait, dans la réalité des faits qui palpitaient encore, un caractère vulgaire et odieux à la fois.

Je la dirai donc, et avec la crédulité dont elle me blessa à son premier aspect.

Qu'était Mme Del...? une femme d'un talent célèbre et de mœurs plus célèbres encore que son talent, ce qui la qualifie assez.

Dans une de ces fantaisies passionnées qui lui faisaient désirer l'amour des plus riches et des plus pauvres, des plus élégants et des plus grossiers, comme s'il fallait à cette âme repue de tous les hommages et avide encore de passion, les contrastes les plus bizarres pour l'intéresser; dans un de ces moments, dis-je, elle avait quitté avec éclat le vieux comte C..., qui avait satisfait jusqu'à satiété ses exigences de luxe insolent, et s'était éprise de Victor Benoît, enfant de vingt-cinq ans, néophyte si ardent des idées républicaines, que sa propre fortune lui paraissait une injustice envers les autres, et qu'il la dissipait en secours donnés aux menées de son parti.

La belle Caliste, qui un mois avant luttait avec les plus nobles dames pour la somptueuse élégance de ses salons et le choix des hommes qu'elle y admettait, prit sa passion au sérieux. Elle se fit modeste, sévère, et sa maison fut ouverte aux conciliabules en souliers ferrés et en veste.

Ce fut alors qu'arrivèrent les événements auxquels Victor Benoît prit assez de part pour craindre de se voir condamné après s'être enfui de Paris dans la nuit. Soit que déjà madame Del... fût fatiguée de sacrifier à la fois sa fortune et sa réputation d'artiste à l'essai d'une existence presque brutale, soit qu'elle eût compris qu'elle s'y perdait, toujours est-il qu'elle en était déjà à des termes d'aigreur vis-à-vis de Victor Benoît, et probablement il s'en fût suivi entre elle et lui une rupture complète. Mais lorsque Victor fut en danger, il reprit à ses yeux un charme tout nouveau. Elle entrevit une émotion inconnue à donner à cette vie dont l'ardeur avait dévoré trop vite ce qui eût suffi à l'existence de dix autres femmes.

Aux cent romans, astucieux, plaisants, exagérés, de sa jeunesse, madame Del... vit qu'elle pouvait ajouter un autre roman d'un genre différent, et ce devint pour elle une nouvelle passion aussi ardente, aussi absolue que toutes celles qui l'avaient précédée. Victor était en danger ; il fallait sauver Victor, et il fallait le sauver par un de ces héroïsmes corrompus par lesquels la corruption prétend lutter avec la vertu. Je ne puis dire quel art cette femme employa ; mais il est certain que, lorsque Victor Benoît fut inscrit sur la liste des accusés des journées de..., elle obtint du comte C... qu'il attestât que Victor Benoît avait passé toutes ces journées chez lui, à la campagne, à dix lieues de Paris. Personne ne pouvait soupçonner ni l'intrigue ni la faiblesse qui dictaient cette fausse déposition ; on y crut, et au bout de quelques mois, Victor, qui avait quitté la France, était rentré absous par l'infamie de madame Del... et l'ignoble passion du comte C... pour cette femme.

Et ce soir-là, pour la première fois, il reparaissait dans le monde, et il avait accepté le bénéfice de cette protection, et Mme Del... l'avait affichée avec une impudence joyeuse.

« Honte et mépris sur eux ! » m'écriai-je alors, quand toute cette histoire se représenta à moi ; et cependant aujourd'hui je l'écris à côté de celui qui alors me fit horreur et dégoût. Je ne sais, mais à mesure que j'écris cette histoire, j'ai peur de me revoir dans mon passé et de me comparer à ce que je suis. N'importe ! je parcourrai encore tous les chemins par où je fus emportée, et peut-être verra-t-on que je ne fus pas seule coupable... *si toutefois je le suis...*

Ces derniers mots, que nous soulignons, remplaçaient dans le manuscrit de Géorgina une page tout entière bâtonnée avec soin. Le repentir avait sans doute parlé dans cette page ; l'orgueil l'avait effacée. J'essayai vainement de la lire, et n'ayant pu y réussir, je continuai ma lecture.

DEUXIÈME PARTIE.

I

Il paraît que l'espoir de vendre à Mme Del... la maison de ma mère avait rassuré la prévoyante susceptibilité de M. Malabry à notre égard ; car lorsqu'elle vint quelques jours après, il l'accueillit avec un empressement, une bonne grâce, qui semblaient ne s'adresser qu'à la célèbre cantatrice, mais qui visaient au fond à lui faire payer le plus cher possible cette maison.

Mon beau-père savait qu'elle s'en était engouée, et sans en connaître le motif ; il voulait exploiter cet engouement. Il ne l'attribuait qu'au caractère bizarre et impérieux de ces sortes de femmes qui, lorsqu'elles veulent une chose, la veulent absolument et à tout prix : j'avais deviné, moi, qu'elle avait attaché une sorte de vanité de cœur à la possession de cette maison, et probablement elle comptait en faire entre elle et Victor un souvenir et un lien.

Je voulus me retirer lorqu'on l'annonça ; mais je n'en eus pas le temps, et lorsqu'elle fut dans le salon elle s'empara si bien de moi, que je n'aurais pu m'éloigner sans impolitesse ou sans lui faire supposer que sa présence me troublait. Et pourtant je ne puis dire combien j'en souffrais. Mais ce que je n'avais pas prévu, et ce qui fut sur le point de me faire éclater, c'est l'impertinence avec laquelle cette femme disposa de moi. Aujourd'hui que je suis déjà loin de ces émotions, je sais qu'il n'y avait aucune malveillance pour moi dans ce qu'elle imposa, pour ainsi dire, à ma mère; mais j'éprouve, je ne sais quelle honte et quel regret à l'idée que je fus assez craintive pour y céder.

Après quelques mots sur le prix de la maison, on parla d'aller la visiter, et ma mère, sur un signe de son mari, offrit à Mme Del... de l'y accompagner. Celle-ci accepta avec empressement; puis, avec cette grâce caressante et vaniteuse qui me choquait, elle ajouta en souriant :

— Vous êtes si bonne, madame, de vous charger de ce soin, que je voudrais vous en épargner la partie la plus fatigante. Une maison comme la vôtre vaut sans doute beaucoup par elle-même; mais elle doit aussi beaucoup devoir à ses environs.

— Ils sont charmants, répondit ma mère.

— Je n'en doute pas; mais je voudrais en avoir une idée, et si je suis bien informée, je ne pourrai pas avoir de meilleur cicerone pour les visiter que votre charmante fille, Mlle Géorgina.

— Pardon, madame, lui dis-je rapidement, je les connais fort mal, et...

— Je ne veux pourtant pas d'autre guide que vous, reprit-elle en m'envoyant un regard d'intelligence. Je n'ai pas été bien difficile sur les conditions, ajouta-t-elle en se tournant gracieusement vers ma mère; n'obtiendrai-je rien dans notre marché?

— Mais c'est une faveur pour Géorgina, s'empressa de répondre M. Malabry, et elle vous accompagnera.

— Je viendrai donc vous prendre demain dans ma voiture, dit madame Del... tandis que je me taisais rouge de colère. A demain, ma belle demoiselle; ne serez-vous donc pas bien heureuse de dire adieu à ces lieux où vous laisserez tant de souvenirs?

Tout ce je pus faire ce fut de garder encore le silence; car je sentais que, si je parlais, ce serait pour refuser avec mépris; mais à peine madame Del... eut-elle quitté le salon, que je m'écriai en pleurant :

— Non, certainement je n'irai pas, je n'accompagnerai pas cette femme.

— Qu'est-ce que c'est? dit monsieur Malabry en me regardant d'un air si ébahi, que je compris combien je devais paraître déraisonnable; aussi cherchai-je un motif à mon refus, et je répondis :

— Parce que madame Del... est riche, elle s'imagine que tout le monde doit être à ses ordres. Il y a des gens à la maison pour la lui montrer.

— Vous oubliez que c'est un soin que votre mère veut bien prendre, me dit sévèrement monsieur Malabry.

Il avait raison, et je devais lui paraître encore plus ridiculement capricieuse que madame Del.....; mais je ne m'obstinai pas moins dans mon refus, au point que ma mère elle-même, d'ordinaire si bonne, si indulgente, fut si blessée et si irritée de ma résistance, qu'elle me renvoya dans ma chambre où je me laissai aller à mes larmes, me trouvant la plus malheureuse et la plus tyrannisée des filles.

Bien souvent depuis j'ai dû à mon caractère hautain et réservé des douleurs que j'attribuais aux autres et dont j'étais la première cause.

On fait pour tout cacher ce dont on souffre, et s'il arrive que quelqu'un vienne heurter un sentiment qu'on ne voudrait pas lui avouer, on l'accuse, comme s'il l'avait connu et l'avait volontairement blessé. Cependant mes larmes calmèrent sinon mon chagrin, du moins mon irritation.

Je compris que j'avais dû blesser ma mère, et que je lui devais une réparation. Je la retrouvai plus alarmée que fâchée, et dès le premier mot où je lui dis que je l'accompagnerais, elle me pardonna et m'offrit presque de me dispenser de cette obligation si elle m'était si pénible. Mais je me l'étais imposée comme une espèce de châtiment de ma révolte, et si ma mère s'y fût opposée, peut-être eussé-je mis autant d'obstination à le faire que j'en avais mis à le refuser.

Comme je l'ai dit, il n'y a pas toujours autant de caprice ni autant de déraison dans les étranges apparences de ces caractères; leur seul vice, c'est l'orgueil qui fait qu'ils veulent se mesurer eux-mêmes leurs devoirs comme leurs exigences, et que personne n'étant dans leur secret, les uns paraissent aussi souvent injustes que les autres.

Une pensée était aussi venue à mon aide, c'était de me montrer si indifférente aux enthousiasmes que je prévoyais de la part de madame Del..., que je la ferais repentir de son désir.

Nous partîmes donc le lendemain matin, et je pris à tâche de paraître si gaie, si enfant, si folle, que ma mère en fut surprise et que madame Del... elle-même en sentit diminuer la joie romanesque qu'elle s'était promise dans cette visite. Pourtant, comme je m'en aperçus bientôt, elle s'imagina que je n'essayais ainsi ma gaîté que pour cacher notre intelligence, et elle espéra que la présence des lieux où s'était passée ma rencontre avec monsieur Victor me remettrait dans les sentiments que j'avais dû éprouver.

Elle fit donc, avec une impatience mal déguisée, la visite de la maison, trouvant tout charmant, convenable et d'un goût parfait, et sitôt qu'elle le put, elle s'échappa de ma mère pour être seule avec moi. Mon parti était pris. Je me prêtai avec la plus grande docilité à ses signes, et nous partîmes ensemble.

— Enfin, s'écria-t-elle, nous voilà seules. Ah! vous allez tout me dire, tout me conter.

J'aurais pu, si j'avais voulu, m'étonner de ces paroles, demander avec la feinte naïveté qu'eût excusée ma jeunesse, quel intérêt si vif elle pouvait prendre à ce qui était arrivé à Victor Benoît. Mais je craignais autant un mensonge habile auquel j'aurais été forcée d'avoir l'air de croire, qu'un aveu effronté qui m'eût fait rougir. Je la laissai donc dans l'incertitude de ce que je pouvais penser d'elle, et je la conduisis à l'endroit de la forêt où j'avais rencontré Victor.

Oh! que je devais déjà l'aimer, si j'en crois la haine que j'éprouvais pour cette femme, et combien cette haine était cruelle, puisque je me sacrifiai au besoin de la satisfaire. Oui, c'était un doux souvenir demeuré dans mon cœur, que celui de ma rencontre avec Victor; c'était le grand événement de ma vie, et je ne l'abordais jamais sans une sorte de recueillement et de respect. Eh bien! ce souvenir que j'aimais, dont j'avais vécu si longtemps, je l'insultai, je le dégradai, je le rendis ridicule.

Caliste s'attendait à une confidence mystérieuse, poétique,

passionnée ; je lui fis un récit grotesque, dédaigneux, moqueur.

Arrivée à l'instant où je l'avais trouvé, je ne donnai pas à monsieur Victor l'aspect d'un brave proscrit, pas même celui d'un malfaiteur redoutable : ce fut celui d'un pauvre garçon boutiquier, surpris en délit de chasse et battu par quelque garde champêtre.

Lorsque je lui avais apporté à manger, ce n'était pas une faim douloureuse qui le torturait ; ce bon jeune homme était pressé d'un excellent appétit. Rien n'était plus grotesque que son visage avec le chapeau que je lui avais apporté et qui ne lui allait pas. Enfin il s'était remis à fuir après avoir été dûment restauré, et je pensais que la peur qu'il avait éprouvée le corrigerait pour longtemps de ses espérances de révolutionnaire.

Je blessai Caliste, et plus je la sentais souffrir de l'impertinence de mon récit, plus je l'exagérais ; mais bientôt elle parut y échapper, et je perdis tout l'effort que j'avais fait lorsqu'elle finit par me dire d'un air de pitié protectrice :

— Vous êtes une fort aimable enfant, mademoiselle ; mais un jour vous apprendrez peut-être que la vie est plus sérieuse que vous ne pensez.

Puis elle ajouta, comme si elle parlait à elle-même :

— Pauvre Victor! il sera bien étonné quand je lui dirai cela.

La première partie de cette phrase m'avait avertie que je n'avais pas atteint mon but ; la seconde m'apprit que j'en toucherais un auquel je n'avais pas songé. Cependant je ne voulus pas paraître ni accepter la leçon, ni m'inquiéter de ce que penserait M. Victor, et je répondis à madame Del...

— Je vous ai conté la chose comme je l'ai vue, madame.

— Soit, me dit-elle ; voulez-vous rentrer?

J'étouffais de colère et de douleur, et madame Del..., de son côté, ne paraissait pas plus empressée de demeurer près de moi ; je dis donc :

— Pardon, madame ; mais, comme il est probable que c'est la dernière fois que je reviendrai dans ce pays, permettez-moi d'en profiter pour aller dire adieu à ma nourrice, qui demeure tout près d'ici.

— Faites, mademoiselle ; je dirai à madame votre mère de

ne pas s'alarmer de votre absence, et j'espère que vous nous amuserez du récit de votre visite.

En disant ces paroles, elle s'éloigna et rentra dans le parc.

II

Je demeurai un moment immobile, le cœur plein de haine, de fureur, d'humiliation; mais presque aussitôt le sentiment de ma douleur l'emporta sur celui de ma faiblesse, et je tombai assise sur le lord de ce même fossé où j'avais trouvé Victor, et mes larmes éclatèrent avec une violence que je ne cherchai point à contenir.

Au milieu de ces larmes, il me revenait encore des mouvements de haine, et je tressaillais en laissant échapper des mots entrecoupés, et je la maudissais, et le nom de Victor se mêlait aussi à ces malédictions.

Cependant j'essuyai mes larmes, je relevai ma tête et je me levai pour me rendre chez ma nourrice, lorsqu'à deux pas de moi, à ce même endroit où je l'avais vu si misérable, j'aperçus Victor debout devant moi, me considérant d'un air peut-être plus désespéré que le jour où il succombait aux tortures de la faim. Je poussai un cri de terreur, et il me dit aussitôt avec un accent amer et triste :

— Comment se fait-il que le pauvre boutiquier vous fasse toujours peur, qu'il ait été battu par un garde champêtre ou qu'il soit endimanché, comme vous diriez sans doute.

J'étais anéantie de suprise et de honte.

— Monsieur, lui dis-je en balbutiant, que me voulez-vous?

— Oh! rien, me dit-il en me saluant; rien, pas un mot, pas une réponse; vous m'avez déjà fait assez de mal!

Toute mon âme éclata malgré moi; et sans savoir ce que je disais, sans comprendre la portée de cette parole imprudente, je m'écriai en reprenant :

— Et moi, monsieur, croyez-vous donc que je n'ai pas souffert ?

Il me regarda avec une surprise pleine d'anxiété, et me dit doucement :

— Oui, vous pleuriez tout à l'heure ; mais de quoi pleuriez-vous donc ?

Je sentis que je ne résisterais pas à une question faite de cette voix digne et triste qu'il avait, et je le saluai en lui disant :

— C'est mon secret, monsieur.

— Ecoutez-moi, me dit-il en m'arrêtant ; quand je vous ai rencontrée la première fois, j'ai jugé que vous étiez malheureuse ; et depuis quelques jours que je sais qui vous êtes, j'en ai acquis la certitude. Je suis revenu dans ce pays, j'ai découvert votre nourrice Catherine : elle m'a tout dit, et, malgré vos mépris pour celui que vous avez sauvé, je n'en tiendrai pas moins le serment que je lui ai fait, que je me suis fait, de vous protéger si vous le voulez.

— Et en quoi monsieur Victor Benoît peut-il me protéger ? lui dis-je avec dédain.

Il souffrit sans se révolter le ton de mépris que j'avais affecté, et il reprit froidement :

— Quelque peu que je sois, je connais des gens assez haut placés pour avertir monsieur Malabry que la tyrannie qu'il exerce sur vous mérite l'attention du monde, et il n'en faudrait peut-être pas davantage pour qu'il n'osât pas y persévérer.

— Surtout, lui répondis-je du même air dédaigneux, et poussée par un cruel besoin de rendre à cet homme un peu du mal qu'il m'avait fait, surtout si vous employez pour cette mission l'autorité et la parole du comte C...

Une fois dans ma vie, et par hasard, j'avais vu dans un spectacle un homme souffleté par un autre ; j'avais vu la pâleur livide qui s'était répandue sur son visage, le regard rouge de sang dont il avait mesuré son ennemi, et j'avais entendu cette voix aride et convulsive dont il lui avait dit :

« A demain ! »

Et j'avais été si épouvantée de l'aspect de cet homme et du son de sa voix, que j'en étais demeurée tremblante pendant de longues heures.

Eh bien, ce que je venais de dire à Victor fut pour lui ce que cet outrage avait été pour cet homme : il pâlit de cette même pâleur, il me regarda de ce même regard ; mais la menace par où la fureur d'un autre avait pu éclater en face d'un homme s'arrêta sur les lèvres de Victor en face d'une femme, et, retombant sur son cœur, elle l'accabla tellement, qu'il chancela comme s'il allait tomber.

Jamais remords si cruel ne succéda si rapidement à un mauvais sentiment.

Je m'élançai jusqu'à lui en m'écriant :

Oh ! pardonnez-moi... pardonnez-moi... je ne savais pas ce que je disais... pardonnez-moi.

Il ne pouvait parler, et sa main, appuyée sur sa poitrine, semblait vouloir l'empêcher de se briser.

Je pris cette main, et je lui répétai, les larmes aux yeux :

— Pardonnez-moi, monsieur, pardonnez-moi.

Il me regarda alors longtemps et attentivement, et, surmontant enfin le désespoir et la honte qui l'oppressaient, il me dit :

— Mais, que vous ai-je donc fait?

— Oh ! lui dis-je, troublée de repentir et de douleur aussi, je ne sais pas ; tout cela m'a rendue folle.

Il me regarda avec un nouvel étonnement, et, une étrange pensée s'emparant de lui, il baissa la voix et me dit :

— Vous aurait-on fait un crime de votre pitié, et serait-ce votre bonheur perdu que vous pleuriez tout à l'heure, après l'avoir si cruellement vengé?

Je ne le compris pas tout d'abord, et je lui répondis :

— Du bonheur je n'en ai jamais eu, et ce qui s'est passé entre nous n'a été pour moi qu'un bon souvenir. Oh ! pourquoi l'avez-vous raconté à quelqu'un?

Je vis au regard de Victor qu'il cherchait le sens mystérieux de mes paroles, encore resté dans mon âme. Il y avait dans ce regard une espérance craintive, incertaine, comme un rayon du matin quand il essaie de pénétrer dans l'obscurité de la nuit ; je me sentis fière de tenir si puissamment entre mes mains le cœur de cet homme, d'avoir pu l'abattre jusqu'au désespoir et de l'avoir relevé si vite jusqu'à l'espérance.

— Pourquoi je l'ai dit, me répondit-il en m'interrogeant presque à genoux, parce que j'avais emporté de notre rencontre le souvenir d'une vision céleste, pure, sainte, bonne, et que je voulais glorifier au moins devant quelqu'un celle qui m'avait sauvé; parce que ma reconnaissance et mon respect ne pouvaient se taire.

— Alors, reprit-il en baissant les yeux, on dit cela à sa mère ou à sa sœur, et non pas...

Il baissa la tête devant moi, et me dit d'une voix doucement émue :

— Pardonnez-moi, Géorgina; vous avez raison, et je vous remercie maintenant du sanglant reproche que vous m'avez fait.

Je me sentis honteuse de l'avoir fait, et cependant je ne voulus pas le rétracter, et Victor ajouta en se relevant :

— Oh ! ce n'est pas l'injure qui m'a éclairé, c'est le chagrin que vous avez éprouvé; c'est ce jugement d'un cœur innocent et pur qui m'avertit qu'il est temps de me délivrer de ces indignes liens.

Je m'étais laissée aller à la violence du sentiment qui me dominait, ce mot me rendit à ma position de jeune fille, et je me retirai en lui disant tristement :

— Je ne sais ce que vous voulez dire, monsieur, et je vous prie de vouloir bien oublier les paroles qui ont pu m'échapper dans un moment de désordre.

Il était comme tout le monde; il ne savait pas tout ce qui se passait en moi, et devait juger aussi que j'étais une enfant bizarre et fantasque.

La manière dont il me considéra semblait me le dire. Je n'aurais pas voulu lui laisser cette opinion de moi, et je ne savais comment la détruire; car il se taisait, ayant repris son incertitude. Je le saluai pour me retirer, il m'arrrêta de nouveau.

— Vous êtes plus malheureuse que vous ne le dites, reprit-il; et croyez-moi, je mérite d'être votre ami; dites-moi ce chagrin, je puis éclairer celui qui le cause, ajouta-t-il comme en revenant à sa première idée ; car, je dois le croire, quelqu'un vous a fait un crime de votre pitié...

— Quelqu'un ? lui dis-je.

— Oui, celui qui était avec vous ce soir-là.

Ce doute m'eût peut-être offensée en une autre occasion ; à ce moment il me fit sourire.

— Mais je vous ai dit alors que j'étais seule : bien enfant, n'est-ce pas ? bien ridicule de jouer ainsi et de causer avec un être imaginaire... Mais depuis six mois j'ai vieilli assez vite pour savoir que j'étais heureuse alors.

— Vous ne l'êtes donc plus ?

— Peut-être dans six mois trouverai-je que ma douleur d'aujourd'hui est aussi frivole que mes amusements d'autrefois !

— Vous vous cachez de moi, me dit-il; je le sens, vous vous défiez de mon cœur...

— Je n'ai aucun droit à m'occuper de ce qu'il peut-être, lui dis-je en souriant.

Il réfléchit longtemps et finit par me dire :

— Je ne vous comprends pas ; vous êtes une âme singulière.

Je souris encore, je redevenais femme, je redevenais cruelle; je croyais sentir que Victor m'aimait, et comme je n'avais plus peur, je n'avais plus de pitié.

— Oh ! oui ! lui dis-je ! bien singulière, qui se fait des bonheurs et des malheurs à elle toute seule. C'est aujourd'hui comme au jour où je vous rencontrai, je vis avec moi.

— Et avec cet être imaginaire, à qui vous disiez de si douces choses?

Cet être avait pris un nom, et c'était celui qui le portait qui m'adressait cette question; je le regardai en riant, je tenais son bonheur, sa joie dans ma main, je voulus continuer à jouer avec cet amour qui était en lui comme en moi, et je lui dis :

— Peut-être : je suis fidèle.

— Heureux, bienheureux, reprit-il doucement, celui qui fera naître à la réalité ces beaux rêves de votre âme !

— Peut-être, lui dis-je encore; car je suis exigeante et railleuse.

Il tressaillit et me regarda pendant que je souriais avec une joie indicible.

— Oh ! reprit-il tout à coup, vous me rendriez fou, si je vous écoutais plus longtemps.

— Moi ? dis-je en faisant l'étonnée.

— Oh ! je le suis peut-être déjà, reprit-il, en croyant voir dans vos paroles un sens que vous ne comprenez peut-être pas.

— Peut-être, lui dis-je toujours.

Il devint sérieux, et demanda tout à coup :

— Quel âge avez-vous, mademoiselle ?

— Dix-sept ans, lui dis-je en riant.

— Enfant... belle et douce enfant, me dit-il gravement, que Dieu vous garde cette frivole et innocente légèreté.

— Vous me croyez bien légère ?

— Je vous crois ce qu'on est à votre âge, ignorante de ce que d'autres peuvent souffrir, et leur parlant un langage qui les trompe, sans que vous ayez intention de les tromper.

— Que vous ai-je donc dit ?

Il ferma les yeux comme pour se recueillir, et sembla sur le point de me parler ; mais il se tût et réfléchit encore longtemps, comme pour repasser devant lui toute la scène qui avait eu lieu entre nous ; cela le mena au même doute qui le tourmentait, et il s'écria vivement :

— Oui ; cela est inconcevable !

— Quoi donc ? lui dis-je.

— Votre cruauté contre moi, quand vous racontez notre rencontre, votre désespoir ensuite, votre mépris quand j'ai paru, votre pitié quand vous m'avez fait tant de mal, et maintenant votre raillerie. Mais qui êtes-vous donc, et qu'avez-vous dans le cœur ?

Les femmes ont toujours le tort de vouloir faire de l'esprit avec leur cœur, quelque chose en passe toujours malgré leur volonté : je voulus répondre un joli mot, et je dis à Victor :

— C'est que j'ai dans le cœur maintenant deux bons souvenirs au lieu d'un.

Il fut encore plus désorienté.

— Et quel est le second souvenir ? me dit-il, sans doute au hasard.

— Si je vous le disais, vous en parleriez peut-être à quelqu'un, lui répondis-je en souriant.

— Oh ! s'écria-t-il alors, pourquoi me rappeler une faute dont vous vous vous êtes si cruellement vengée ?

— Vous ne la commettriez donc plus ?

— Non, mademoiselle, je vous le jure.

— C'est inutile de le jurer ; j'en suis certaine.

En ce moment j'entendis agiter la cloche de la maison qui m'appelait d'ordinaire, lorsque je restais dans la forêt.

— Oh ! mon Dieu, m'écriai-je, rappelée tout à coup au souvenir de ma position ; et moi qui ai dit à madame Del... que j'allais chez ma nourrice, que vais-je faire?

— Vous lui direz que vous en arrivez.

— Mais vous, monsieur ?

— Moi, me dit-il, qui sait si je la reverrai jamais?

— Oh ! ménagez-la, m'écriai-je avec terreur, ménagez cette femme ; elle soupçonnerait la vérité, et peut-être devinerait-elle que vous m'aimez, elle se vengerait comme je me suis vengée.

J'étais bien loin de Victor, qu'il cherchait le sens de mes paroles.

Arrivée à la porte du parc, je vis ma mère et madame Del... qui venaient lentement.

Je me retournai comme après la course joyeuse où j'avais été surprise par lui ; mais cette fois il y avait véritablement quelqu'un au bout de l'allée. Je lui envoyai aussi un adieu ; seulement cet adieu ne lui portait pas un baiser, mais il lui portait mon amour, il le comprit.

III

On prétend que le bonheur rend cruel ; ce n'est pas vrai ; mais il absorbe toutes les autres facultés de sentir, il se renferme en soi et évite tout ce qui peut lui porter atteinte. C'est en ce sens peut-être qu'il doit sembler impitoyable, lorsque la douleur le sollicite et qu'il l'écarte de lui.

Mais je nie qu'il ait cette cruauté qui appartient si souvent au malheur, c'est de sortir volontairement de soi pour faire du mal à quelqu'un. Ce fut du moins ce que j'éprouvai vis-à-vis de madame Del... Pendant mon absence, elle avait à peu près terminé ses arrangements avec ma mère.

Soit que l'expérience qu'elle avait cru faire de ma sensibilité lui eût prouvé que je ne valais pas la peine qu'on s'occupât de moi, soit que ma mère lui eût confié qu'elle me considérait comme une enfant bizarre, capricieuse, et qui n'avait pas deux idées de suite, madame Del... m'abandonna à ma rêverie, et je n'eus aucune envie de la troubler dans la sienne, pendant laquelle elle recommençait, sans doute avec Victor, cette promenade qui avait si mal réussi avec moi. Quand nous nous séparâmes, elle était à mille lieues de me croire capable d'avoir une pensée sur ce qui pouvait se passer dans le cœur d'une femme, et probablement elle trouvait que le sort avait été bien injuste d'accorder à une petite sotte comme moi l'occasion de faire une action qui eût rendu fière toute autre plus digne d'en comprendre la portée.

Je demande pardon à monsieur Morland de m'arrêter si longtemps sur tous ces détails; mais ils sont nécessaires pour qu'il puisse apprécier sous son véritable jour la conduite que je dus tenir envers lui.

L'affaire de la maison de campagne se continua sans que j'eusse d'autres rapports avec madame Del... que de la rencontrer trois ou quatre fois dans le salon de ma mère. Je faisais de mon mieux pour continuer mon rôle de niaise indifférente. Mais déjà Victor avait éveillé en elle certaines appréhensions.

Comme au jour de notre rencontre au bal, Caliste sentait s'échapper d'elle le cœur de son amant, et, comme alors, elle cherchait la rivale inconnue qui le lui arrachait.

L'air soucieux de madame Del... m'avait appris le secret de son inquiétude; mais je me croyais à l'abri de ses soupçons, sans me douter qu'elle en savait peut-être plus que moi sur ce qui m'était arrivé à Champrosay. Elle avait vis-à-vis de moi une sorte de bonne grâce amicale, mais sans empressement, et, par conséquent si bien jouée, que je lui fis plus d'accueil que je n'aurais dû. Elle ne me disait plus rien qui fît la moindre allusion à Victor, et cependant je n'avais d'espoir d'apprendre quelque chose de lui que par elle. Je me croyais bien habile, parce que je ne la laissais rien voir à ce sujet; misérable habileté vis-à-vis d'une femme qui me tenait dans sa main et qui rêvait contre moi la plus abominable vengeance. Hélas! rien ne pouvait me la faire prévoir, et je devais nécessairement tomber dans le piége qu'on me tendait. L'enthousiasme de madame Del... pour Champrosay semblait singulièrement diminué; elle traitait cette acquisition comme une affaire, et parvint à l'obtenir à un prix raisonnable. Le jour de la signature du contrat, elle vint prendre monsieur Malabry et ma mère pour aller chez le notaire, et comme je n'étais pas dans le salon, elle pria ma mère de me faire appeler. Je me rendis à cette invitation.

Madame Del... était pâle et visiblement changée; elle s'approcha gracieusement de moi et me dit avec un accent qui me toucha presque :

— Vous ne savez peut-être pas, mademoiselle, qu'il est ordinaire, dans beaucoup de marchés, qu'on stipule ce qu'on appelle des épingles pour une personne qui n'y a point d'intérêt.

Caliste se tourna vers ma mère avec ce sourire caressant qui la rendait si séduisante.

— Vous avez oublié cet article, madame, mais moi je m'en suis souvenue. Mademoiselle Géorgina n'a pas été tout à fait étrangère à cette vente; elle a bien voulu s'en occuper, et je vous demande la permission de lui offrir ce souvenir de la bonne grâce qu'elle y a mise.

En parlant ainsi, elle me tendit un petit nécessaire en écaille d'une assez mince valeur.

— Je vous remercie, madame... lui dis-je avec embarras; je ne puis...

— Vous voyez, madame, reprit madame Del... en ouvrant la boîte, et en la montrant à ma mère comme pour lui faire voir le peu d'importance de ce présent, vous voyez que je n'ai pas voulu être refusée... C'est si peu de chose que cela n'a d'autre valeur qu'un bon souvenir.

Ce présent me déplaisait, et ce dernier mot m'avait presque fait peur. Mais, sur un signe d'assentiment de ma mère, madame Del... s'approcha de moi, et me mettant pour ainsi dire la boîte entre les mains, elle dit tout haut :

— Je vous en prie.

Et tout bas :

— Il vous en prie.

J'étais sous le regard de monsieur Malabry, je ne pouvais refuser sans impolitesse ou ridicule; je remerciai madame Del..., et je posai la boîte sur une table, sans daigner la regarder.

Il fallait que je fusse bien enfant pour ne pas sentir que ces petites circonstances devaient être autant d'avertissements pour madame Del...

En effet, quelle autre jeune fille à ma place eût agi comme

je le faisais, et moi-même eussé-je agi de même vis-à-vis de toute autre personne?

Dès que je fus seule, il me prit envie de briser ce nécessaire; mais presque aussitôt mes sœurs arrivèrent, et ayant appris d'où il me venait, elles commencèrent à m'en parler, d'abord avec une aigreur curieuse; puis l'ayant examiné, elles crurent se venger en faisant ressortir sa mesquinerie. Je le leur abandonnai, jusqu'au moment où ma sœur Sophie, qui était encore plus curieuse que malveillante, et qui avait défait le nécessaire pièce à pièce, s'écria :

— Tiens, on dirait que ça remue dans le fond.

A ce seul mot, je crus comprendre la destination mystérieuse de ce présent, et le reprenant vivement des mains de Sophie, je dis avec humeur :

— Il me semble que vous l'avez assez regardé, et que vous vous en êtes assez moquées toutes trois; mais il me plaît tel qu'il est et je vous prie de ne pas vous en occuper.

En parlant ainsi, je remettais tout en ordre dans le nécessaire.

Mes sœurs qui avaient tout fait pour provoquer ce mouvement d'humeur, ne s'en étonnèrent pas, et ma sœur Cornélie dit en riant :

— Cette pauvre Sophie est si maladroite qu'elle est capable d'avoir brisé ce charmant nécessaire.

Sophie eut la bonhomie de se défendre de l'accusation, et pendant que Cornélie s'amusait à la quereller à ce sujet, j'emportai ce trésor dans ma chambre.

Je ne l'ouvris pas tout de suite; avant d'arriver jusqu'à ce double fond que je soupçonnais, j'avais pour ainsi dire besoin de me raconter à moi-même comment ce secrétaire m'était adressé. Ce devait être Victor qui l'avait acheté ou plutôt qui l'avait fait faire; c'était lui qui me l'envoyait, mais par quelles mains et par quel moyen?

Je n'en étais pas à trouver cela plaisant; j'avais trop de sincérité et de hauteur dans le cœur pour ne pas en souffrir; mais j'avais en même temps trop d'amour pour ne pas excuser Victor d'avoir pris le seul moyen qu'il eût d'arriver jusqu'à moi.

J'éprouvais un trouble extrême, et, ce qu'il y a de remarquable, c'est que je n'avais pas le moindre doute que je trouverais un message de Victor au fond de cette boîte.

J'étais en face de ce misérable petit meuble, comme si je m'étais trouvée au moment d'une entrevue solennelle et arrêtée.

Enfin je me décidai à l'ouvrir, j'arrivai au double fond: le secret en était assez facile pour qu'on eût pensé à me le faire découvrir; je le poussai, il renfermait le papier que j'attendais, et je fus si heureuse de le trouver que ce ne fut qu'après l'avoir lu que je découvris une petite plaque d'acier sur laquelle étaient gravées les dates de ma première et de ma dernière rencontre avec lui.

Ces dates devaient suffisamment me dire que ce présent me venait de Victor, car lui seul devait les connaître. Cette circonstance ne me frappa point alors, mais elle était une admirable précaution, inutile sans doute avec le billet que je trouvai, mais qui devait me déterminer à le lire si j'avais hésité, et qui témoignait de l'habileté de celle qui l'avait prise.

Quant au billet de Victor, ou plutôt au billet que je trouvai, je le transcris ici tout entier pour qu'on juge si je fus bien folle et bien légère de m'y laisser prendre.

Le voici :

« Mademoiselle, si vous trouvez ce papier, c'est que vous » aurez compris que je devais vouloir à tout prix vous dire » ce que vous n'avez pu comprendre lorsque je vous ai trou- » vée pour la seconde fois à ce même endroit où vous m'a- » viez sauvé ; si vous trouvez ce papier, c'est que vous l'aurez » cherché ; c'est que vous l'attendiez, Géorgina ! Ne vous of- » fensez pas de cette conviction, elle ne vient pas de ma va- « nité, c'est un sentiment plus grave et plus sérieux qui me » l'inspire.

» Géorgina, si l'homme doit compte de sa vie à ceux qui » la lui ont donnée, il en doit également compte à ceux qui » la lui ont conservée, et peut-être ceux-là comme les autres » éprouvent-ils le désir de le connaître ; on s'intéresse quel- » quefois à son bienfait comme à son œuvre, et on ne voudrait » voir déchoir ni l'un ni l'autre. Ce sentiment, vous l'avez » ressenti, je le sens à la honte que j'éprouve d'un indigne » lien.

» Eh bien ! Géorgina, rassurez-vous ; celui qui a pu épar-

» gner sa vie lorsqu'il n'en devait compte qu'à lui-même, ne » veut pas la laisser dans une mauvaise voie, lorsque vous » l'avez sanctifiée à ses yeux en le sauvant.

» Quand vous lirez cette lettre, Géorgina, je ne serai déjà » plus l'esclave de cette femme qui s'est perdue pour m'ar- » racher à la mort, par une infamie dont je deviendrais com- » plice en l'acceptant plus longtemps. Ce sacrifice, vous le » comprendrez, Géorgina, c'est pour vous que j'aurai la force » de l'accomplir.

» Mais me laisserez-vous à mon premier pas sans guide, » sans appui, sans encouragement; un mot de vous ne vien- » dra-t-il pas me crier : Courage! Ce mot écrit par vous se- » rait plus fort que toutes mes résolutions, plus puissant que » ma volonté; si je le recevais, ce mot, je ne douterais plus » de l'avenir. Géorgina, au trouble qui s'est emparé de moi » la première fois que je vous ai vue, vous avez dû deviner » que je vous aimais, comme j'ai senti que vous aviez gardé » mon souvenir. Ne craignez rien de cet amour, il se tiendra » aussi éloigné de vous que vous le voudrez. Je ne vous de- » mande qu'un mot qui me dise : Il y a quelqu'un qui vous » sait gré de votre noble conduite, quelqu'un qui se dit : J'ai » sauvé cet homme qui se fait si hautement remarquer par » ses concitoyens. Vous ne pouvez me le refuser, ce serait re- » tirer le bienfait presque aussitôt que vous l'avez accordé; » car si vous me refusez, il m'importera peu de perdre encore » cette existence qui vous appartient. Qu'en ferai-je, en effet, » si elle vous paraît si méprisable que vous ne vouliez pas » me dire que vous vous y intéressez? Ce que j'en ferais de » mieux alors, ce serait de l'effacer de ce monde où je suis » orphelin, et où je le serais encore plus si celle qui est de- » venue mon espérance, ma famille, mon honneur, se dé- » tournait de moi et me repoussait. A bientôt un mot de » vous, sinon adieu pour jamais à vous et à tout.

» VICTOR BENOIT. »

« *P. S.* La première fois que vous sortirez, laissez tomber » un billet de votre main, il y aura quelqu'un près de » vous pour le ramasser. »

Oui, maintenant que je la relis, je trouve que j'ai été folle de me laisser prendre à cette lettre, d'y croire, de supposer que Victor eût pu et eût osé me l'écrire; mais j'avais le cœur plein de lui, je lisais dans cette lettre tout ce que j'avais rêvé, tout ce qui s'y trouvait peut-être, mais avec des expressions d'une sécheresse, d'une roideur qui eussent dû m'avertir. Et peut-être est-ce là ce qui m'abusa le mieux; peut-être celle qui avait écrit cette lettre m'avait assez bien jugée pour savoir qu'elle me persuaderait mieux qu'une déclaration vulgairement passionnée. Je cherche encore aujourd'hui comment je me laissai tromper; mais ce qu'il y a de certain, c'est que je le fus, et que le lendemain je répondis ces lignes :

« Oui, monsieur, il y a un cœur qui s'intéresse à vous, il y » a une femme qui vous suivra dans votre carrière, non » parce qu'elle vous sauva dans ces fatales journées de... » mais parce que quelque chose lui dit que vous serez un » jour un homme distingué. Courage donc! et n'oubliez au» cune de *vos promesses*, pas même celle de vous tenir » éloigné de moi. »

Ce billet, je l'écrivis sur-le-champ, il ne me quitta pas jusqu'à l'heure où je sortis. Je remarquai à notre porte un homme qui nous suivait avec tant d'assiduité, que je fus assurée que c'était celui qui devait recevoir ma réponse.

Au détour d'une rue, pendant que ma mère et Lia marchaient devant moi, je laissai échapper ce papier; cet homme s'en empara et disparut.

Assurément c'était là une grave imprudence, une action coupable; mais, je puis le jurer aujourd'hui, quand je fis cette imprudente réponse, je croyais ne m'avancer jamais que jusqu'à l'endroit où j'allais ce jour-là.

Mais pourquoi chercher à ce que je fis une explication qui ne peut me justifier, et ne saurait même satisfaire mon orgueil, en me montrant ma faute comme bien différente des fautes vulgaires de tant d'autres filles? Non, ce jour-là, je le sens, je fus emportée par cette vanité qui veut compter pour quelque chose dans l'existence d'un autre.

Sans doute j'aimais Victor; mais, je puis le dire, ce ne fut pas à ce sentiment que je cédai, car mon amour n'a pas de pitié.

Si Victor m'avait écrit :

« Je me tuerai si vous ne me répondez pas! » je ne l'eusse peut-être pas fait; mais il me disait :

« Je serai digne de vous si vous le voulez. »

Je lui répondis. Je ne sais si l'on me comprendra; mais je dis sincèrement ce que je suis, dût cette sincérité m'être imputée comme une faute de plus.

IV

Quelques jours se passèrent sans que j'entendisse parler de rien. Je savais si mal la vie, que j'attendais de Victor quelque chose d'éclatant dont je pusse m'attribuer la gloire, alors même qu'il ne me l'offrirait pas.

Qu'était cette action? Je n'oserais l'avouer aujourd'hui, quoiqu'à ce moment ma facile imagination m'en présentât beaucoup.

Il me semblait que l'existence du monde, la gloire, la renommée étaient à sa disposition, du moment qu'il avait mon amour pour récompense.

O folie de l'orgueil! que vous êtes plus décevante que toutes les passions ensemble! Cependant c'est ainsi que je pensais alors.

Qu'on juge donc quel dut être mon désappointement lorsqu'un soir on annonça M. Victor Benoît.

Ma mère parut surprise, mais Malabry donna l'ordre qu'on le fit entrer dans son cabinet, et nous dit en s'y rendant :

— Il m'a fait demander un rendez-vous pour quelques arrangements relatifs au paiement de Champrosay.

— Il est donc toujours le conseil de madame Del...? dit ma mère, en prononçant ce mot *conseil* de manière à lui donner un sens qui n'était que pour M. Malabry, mais que je compris très-bien.

— Plus que jamais, répliqua mon beau-père en riant. Du reste, madame Del... met beaucoup de probité dans ses relations avec ce monsieur; car s'il est vrai qu'elle ait achevé de le ruiner, comme on me l'a dit, il paraît qu'elle est décidée à le *renrichir* en l'épousant.

Ai-je besoin de raconter toute la douleur, toute l'indignation dont cette nouvelle me remplit le cœur? quelle colère, quelle humiliation, quels regrets j'éprouvai!

Personne au monde ne sait ce que c'est qu'une existence engagée secrètement dans une voie, pour ainsi dire publique, et dans laquelle chacun a le droit d'entrer.

Si j'avais été la rivale de quelque jeune fille obscure et ignorée comme moi, il se fût trouvé bien peu d'occasions où son nom prononcé fût venu me blesser; mais tout ce que faisait la célèbre madame Del..., et non-seulement tout ce qu'elle faisait, mais tout ce qu'on lui supposait le désir de faire, appartenait de droit à la conversation générale, et déjà j'en avais eu assez à souffrir; mais cette fois l'atteinte fut encore plus violente, et je quittai le salon pour donner un libre cours non pas à mes larmes, mais à mon désespoir.

Je me sers de ce mot, parce qu'il renferme l'expression de toutes les douleurs dans leur plus grande intensité.

Oui, je souffrais, mais à ce point où on ne pleure plus; et ce dont je souffrais surtout, c'était de l'impuissance qui me laissait à la merci de cet homme sans que je pusse lui rendre tout le mal qu'il me faisait. Tout à coup il me vint une singulière pensée : je supposai que Victor, que j'avais si cruellement blessé, avait voulu se venger de moi. En effet, ne pouvait-il pas me dire maintenant :

« Allons, ma belle demoiselle, vous, si sévère et si cruelle, vous qui m'avez montré si ridicule, vous qui m'avez ravalé si bas, vous qui vous êtes fait le juge si impitoyable d'une autre femme, modérez un peu cette grande fierté. A la première lettre d'un jeune homme, vous lui répondez, vous vous faites sa confidente, vous acceptez les sacrifices et les promesses qu'il vous fait. C'est aller plus vite peut-être que celle dont vous dites tant de mal. »

Oui, il y eut un moment où je crus que ce n'était pas de la part de Victor une vulgaire trahison, mais une dure vengeance; et je dois l'avouer, cette pensée me consola. Je lui avais donc porté un coup terrible, puisqu'il voulait me le rendre; sans doute à ce moment j'étais battue; mais je me sentais la force de me relever, et je le voulus à l'instant même.

Au moment où Victor quitta le cabinet de mon beau-père, j'entendis que celui-ci lui disait qu'il désirait le présenter à madame Malabry, et je retournai intrépidement dans le salon. Il y était déjà lorsque je parus. Il me salua à peine, et ne parut faire nulle attention à moi; ceci me confirma dans la pensée que j'avais eue.

Cependant, il faisait l'aimable et causait avec ma mère, avec M. Malabry, de si bonne grâce, et avec tant de raison, de gaîté, que tout le monde paraissait ravi de lui, et que, lorsqu'il se retira en demandant la permission de revenir, elle lui fut accordée avec un véritable empressement.

J'avais trop compté sur moi : durant une demi-heure qu'avait duré cette épreuve, je ne trouvai pas un mot pour l'atteindre, pour le blesser; j'étais furieuse contre moi-même.

Je n'écris pas un roman, je dis une histoire qui est la mienne, et si elle est semée d'inconséquences et de choses peu convenables, c'est que je ne cherche pas à séduire, mais à me montrer telle que je suis; et si tout ce que j'ai déjà dit a suffi pour me faire connaître, on s'étonnera sans doute moins de la résolution soudaine que je pris. Tandis que Victor prenait congé de ma mère et de mes sœurs, je sortis et j'allai jusqu'à l'antichambre où j'étais sûre que M. Malabry n'accompagnerait pas M. Victor, car il était occupé à une partie de wisth; et, au moment où il passait, je l'arrêtai et je lui dis d'une voix tremblante d'émotion et de colère :

— Je suppose, monsieur, que maintenant que vous allez épouser madame Del... vous n'avez plus besoin de ma lettre pour me faire sentir mon impertinence; j'espère donc que vous trouverez un moyen de me faire parvenir ce billet.

En parlant ainsi je lui tendais sa lettre. Il la prit machinalement, tant il semblait stupéfait de ce que je lui disais; il y porta les yeux, et son étonnement parut se changer en épouvante.

— Quoi! s'écria-t-il, cette lettre vous a été adressée et vous y avez répondu ?...

— Vous le savez bien.

Il la froissa dans ses mains avec rage et s'écria :

— Oh ! l'indigne ! l'infâme !

— Que voulez-vous dire ?

— Cette lettre n'est pas de moi. Pensez-vous que j'eusse osé vous écrire?

— Mais de qui est-elle donc?

— De qui?... me dit-il avec confusion.

Au même moment j'entendis du bruit dans le salon; je m'échappai rapidement et l'entendis quitter l'appartement.

Je n'avais pas eu besoin qu'il prononçât le nom de l'auteur de ce piége misérable; je l'avais lu dans la rougeur de Victor. Depuis quelque temps ma vie se passait dans des émotions si soudaines, si vives et si imprévues, qu'à mesure que je l'écris, les termes me manquent pour en exprimer toutes les émotions. J'ai parlé de cet effroi qui me prit la première fois que je rencontrai Victor, de l'éblouissement qui m'aveugla quand je le reconnus au bal, de mon emportement quand on me proposa d'accompagner madame Del... à Champrosay, de mon désappointement quand j'appris le nom de celui qui occupait depuis si longtemps ma pensée, et je cherche vainement des mots assez forts pour dire la terreur, la honte, la colère qui s'emparèrent de moi à cette nouvelle terrible.

Comme je l'avais supposé quelques moments avant, j'étais à la merci de madame Del...; mais j'y étais par ma faute; car de tout ce que je venais d'entendre, ce qui me poignait surtout le cœur, c'est ce mot de Victor :

« Je n'aurais pas osé vous écrire. »

Il me respectait donc plus que je ne m'étais respectée moi-même.

Puis, quand j'eus épuisé cette pensée douloureuse et humiliante, il me fallut revenir aux véritables inquiétudes de ma position, à ce tourment, le plus cruel de tous, qui prévoit un danger sans pouvoir le parer, sans savoir ni comment, par où, ni à quelle heure il viendra. Mais pourquoi chercher à peindre ces cruelles angoisses? N'en ai-je pas souffert de plus cruelles depuis ce temps, et ce récit n'a-t-il pas encore assez de nouvelles douleurs à raconter!

Une seule pensée me soutenait encore, c'était celle de Victor; mais combien le sentiment avec lequel je me rattachais à lui était différent de celui qui me dominait quelques heures avant cette révélation! combien ce sentiment, si honteux, si impérieux, était devenu soumis et timide! Je n'étais plus son guide et son espoir, c'était lui qui était mon espérance et mon salut.

J'attendis le lendemain dans une anxiété cruelle.

Le lendemain, Victor revint et me rendit tristement ma lettre.

Je n'appris pas alors comment il la reprit; je l'ai appris plus tard, à l'heure où on aime déjà assez un homme de toutes les fautes qu'il vous a fait commettre, pour qu'on lui pardonne toutes celles dont il est coupable.

V.

Plus de six mois étaient écoulés depuis le jour où Victor m'avait rendu ma lettre, et je croyais cette imprudence réparée et cet événement perdu dans un mystère impénétrable.

Victor était devenu, sinon un ami de la maison, du moins un de ses habitués les plus assidus; nos entretiens étaient rares et rapides dans un monde où tant de regards nous surveillaient; mais une correspondance secrète nous disait mieux l'un à l'autre tout ce que nous avions senti et tout ce que notre cœur avait pensé.

Peut-être mourrai-je bientôt dans cette terre d'exil où je souffre; mais dussé-je vivre encore de longues années, je sens que, pendant ces six mois, j'ai reçu tout le bonheur que le sort a départi à ma vie. J'étais innocente encore et j'aimais déjà. Je vivais dans le cœur d'un autre qui remplissait le mien, sans que j'eusse à rougir devant ma mère qui m'eût pardonné si elle eût su la vérité; car toutes ses lettres, elles ne disaient que de bonnes et secrètes espérances de part et d'autre, et si elles renfermaient des rêves politiques impossibles de la part de Victor, ce n'est pas à mes yeux qu'ils pouvaient paraître coupables.

Tous les jours je me levais avec l'espoir de le voir, espoir assez souvent trompé pour perdre de son uniformité; tous les soirs je m'endormais heureuse de l'avoir vu, et quelquefois assez alarmée de ce qu'il avait été charmant à d'autres yeux que les miens, pour être plus heureuse encore le lendemain lorsqu'il me rassurait par un regard.

6.

Les lettres que nous échangions ainsi, nous les remettions, lui et moi, à une domestique qui me donnait chaque matin celles de Victor, et à qui j'avais donné les miennes dans la journée.

Nous étions si imprudents l'un et l'autre, ou plutôt la haine prévoyante qui veillait sur nous était si habile, que nous n'avions pas un moment douté de la fidélité de cette fille; et cependant pas une des lettres de Victor ne m'était arrivée, pas une de mes réponses ne lui avait été remise sans avoir été lue avant par M. Malabry.

Dans ses lettres, où l'amour se mêlait à tout ce dont nous parlions, Victor me disait ce qu'il avait juré à d'autres de ne dire à personne au monde, et moi, fière de ses grands secrets, je l'aimais pour les dangers qu'il se préparait et parce qu'il me jugeait digne de me les confier comme à un homme. Je vais d'abord dire ce qui arriva, et j'expliquerai ensuite comment cela était arrivé.

Un soir, Victor, dont je n'avais pas reçu de lettre, s'approcha de moi et me dit à voix basse :

— Eh bien! qu'avez-vous résolu, et pourquoi ne pas m'avoir répondu?

— Mais je n'ai pas reçu de lettre, lui dis-je.

— Comment cela se fait-il? dit Victor d'un air fort alarmé.

— Prenez garde, on nous observe. Je vais le savoir.

Je quittai le salon pour interroger Joséphine, c'était la femme de chambre. Je rencontrai presque aussitôt M. Malabry, qui me dit froidement :

— Voici la lettre que vous cherchez.

Ce fut encore un de ces moments où je restai anéantie.

— Suivez-moi, me dit mon beau-père.

J'obéis.

— Ecrivez, me dit-il rapidement.

Mon obéissance avait été le résultat de ma surprise, plutôt que de la conscience de ma dépendance. Je me révoltai à cette sévère injonction de M. Malabry.

— Ecrivez ceci :

« Joséphine vient de me remettre votre lettre. Consultez de » nouveau sur l'affaire dont vous me parlez avant que je » prenne un parti; il pourra dépendre de celui que vous pren- » drez vous-même dans la grave circonstance où vous êtes. »

— Je n'écrirai pas cela, dis-je à M. Malabry.

— Ecrivez, me dit mon beau-père avec une violence qui m'épouvanta, écrivez!, ou je rentre dans le salon; et là, en présence de votre mère, de vos sœurs, des personnes qui s'y trouvent, je chasse M. Victor, je révèle votre conduite.

J'écrivis sans savoir ce que je faisais, et mon beau-père remit ma lettre à Joséphine.

Je revins dans le salon, M. Malabry me surveilla de si près, que je ne pus rien dire à Victor; et d'ailleurs il était si inquiet, qu'il quitta le salon presque aussitôt que j'y fus entrée, pour savoir ce que j'avais à lui apprendre de sa lettre.

Joséphine, à ce qu'il paraît, lui remit la réponse qu'on venait de me dicter en s'excusant sur quelques obstacles qui l'avaient empêchée de me trouver seule et de me faire parvenir sa lettre, et il se retira.

Je me sentais à la merci de M. Malabry, et, par un instinct secret, je devinais que la lettre qu'il avait supprimée devait renfermer ce qu'il avait attendu avec tant de patience pour être maître de Victor et de moi.

Je rappelai tout mon courage, et je résolus d'avoir avec M. Malabry une explication décisive. Au moment de nous retirer, je m'approchai de lui et je la lui demandai; il me regarda par-dessus l'épaule avec un sourire de colère méprisante.

Pour la première fois alors j'éprouvai un regret qui souvent m'est bien revenu : c'est celui de n'être qu'une femme, c'est-à-dire d'être obligée de subir l'injure sans pouvoir se venger, ou si la colère vous emporte assez pour la renvoyer à celui qui vous l'adresse, l'entendre dire avec un ricanement dédaigneux :

« Vous êtes bien heureuse de n'être qu'une femme, sans cela je vous donnerais la leçon que vous méritez. »

D'un homme, quel qu'il soit, une pareille réponse est bien cruelle; mais quand on sent qu'elle part d'un cœur sans courage, quand on est sûr que cet homme baisserait les yeux et tremblerait s'il parlait à un autre homme, et qu'il faut accepter la forfanterie de son dédain et sa pitié pour notre impuissance, alors on maudit son sexe, sa soumission, et cette *noble* faiblesse qui, au dire des galanteries romanesques fait notre force, lorsqu'elle n'est souvent qu'une occasion de rodomontades à certaines lâchetés.

Cependant ce soir-là je fus forcée de rentrer dans ma chambre sans rien savoir.

Le lendemain j'étais dénoncée à ma mère, j'étais une fille à moitié perdue vis-à-vis de laquelle il fallait employer la plus stricte sévérité pour prévenir de mauvais penchants, et je reçus l'ordre de rester chez moi et de ne pas paraître au salon.

Cet ordre me fut transmis par la fille qui m'avait trahie. Je ne vis ni M. Malabry ni ma mère ; et, le soir venu, je prévis que Victor allait revenir et qu'il remettrait à Joséphine une lettre qui sans doute le compromettrait davantage.

Au risque d'une esclandre publique, je résolus de braver la défense de ma mère. Je m'étais déterminée sur cette idée que ce n'étaient pas moi et Victor seulement qui nous trouvions compromis par la supercherie de M. Malabry, mais encore les intérêts de tout un parti.

Je pensais surtout que ce parti voudrait tirer vengeance de l'indiscrétion d'un de ses plus ardents adeptes, et qu'il fallait à tout prix avertir Victor de ce danger.

Je m'habillai, je quittai ma chambre, je me présentai le cœur irrité et tremblante. M. Malabry adressa à ma mère un regard qui semblait lui dire :

« Vous voyez jusqu'où elle ose pousser la révolte. »

Mais on ne me dit rien, on ne me fit aucune observation. Je m'étais préparée à une scène, et j'étais accablée de cette indifférence apparente. La soirée se passa pour moi dans une attente continuelle. Victor ne parut point.

M. Malabry l'avait-il exclu de sa maison, et ne devais-je plus le revoir? mais alors pourquoi me faire écrire la veille une lettre qui demandait une réponse? Je ne savais que faire. Je fus sur le point de prendre une de mes sœurs pour confidente, mais je sentais que je ne ferais que donner des armes à leur antipathie pour moi.

M. Malabry quitta le salon plusieurs fois. Malgré son grand art de dissimuler, je le vis d'abord rentrer désappointé et furieux. Aux regards irrités qu'il me jetait, je vis qu'il s'étonnait peut-être autant que moi de l'absence de

Victor, et qu'il supposait que j'avais trouvé un moyen de le prévenir. Mais enfin, la dernière fois il reparut souriant moqueusement, tenant à ses mains une lettre qu'il balançait du bout des doigts et qu'il me montra de loin ainsi qu'à ma mère.

A ce moment, je devinai ce qui me fut appris plus tard, c'est que Joséphine, que j'avais vainement cherchée dans l'appartement, avait dit à Victor ou que nous étions sorties, ou que nous ne recevions pas, mais que j'attendais sa lettre avec impatience.

Je l'avoue, je fus saïsie à cette pensée d'un tel mouvement de colère, que je me levai presque pour arracher violemment cette lettre des mains de M. Malabry : il rentra immédiatement chez lui; exaspérée par mes craintes et la rage de mon impuissance, je le suivis, et, comme il allait fermer la porte de son cabinet, je le rejoignis et je lui dis vivement :

— Monsieur, je viens vous demander cette lettre.

Il me regarda avec cette même surprise dédaigneuse qu'il m'avait montrée la veille, et me dit du ton le plus arrogant :

— Qu'est-ce que c'est ? A qui parlez-vous, mademoiselle?

— A vous, monsieur, lui dis-je avec hauteur ; et je vous demande cette lettre.

M. Malabry ferma la porte de son cabinet en me disant :

— Vous êtes folle !

Si j'avais pu y réussir, j'aurais essayé de briser cette porte avec ma tête pour pénétrer jusqu'à cet homme et lui arracher cette fatale lettre.

Je demeurai un moment immobile et furieuse, et enfin, dans ma colère, je me décidai à m'adresser à ma mère. J'allai au salon ; je la priai de vouloir bien m'entendre : mais il y avait quelques personnes étrangères, et elle me fit observer qu'il n'était pas convenable qu'elle s'absentât.

Tout me manquait, non comme appui, car à vrai dire je ne comptais pas beaucoup sur la protection de ma mère ; mais ce que je cherchais en ce moment, c'était quelqu'un à qui parler, à qui dire tout ce qui s'agitait en moi. Je l'eusse dit à M. Malabry avec les invectives les plus insultantes ; je l'eusse dit à ma mère avec les plaintes les plus désespérées ; mais j'avais besoin de répandre cette colère, cette douleur, et je ne trouvais personne. Je rentrai dans ma chambre, et à tout hasard je me mis à écrire à Victor. Sous l'empire du désespoir, j'écrivis la lettre la plus insensée qu'on puisse imaginer. J'accusais M. Malabry, j'accusais ma mère, je disais à Victor de m'arracher à leur tyrannie, je lui proposais de m'enfuir avec lui ; que sais-je encore ? Cette lettre était le résultat d'une heure d'exaspération, d'une heure de fièvre, et très-souvent depuis on me l'a reprochée comme l'expression réfléchie d'un mauvais naturel. Sur mon âme, je le jure, il n'en était rien : un mot bienveillant, un pardon loyal et franc m'eût ramenée à l'obéissance, au devoir. M. Malabry procéda par la menace, la violence et l'insulte, et je préférai me perdre que de céder.

VI

Mais il est temps que je revienne à l'instant où j'ai interrompu la partie de ce récit qui regarde M. Morland.

Voici donc ce qui se passa :

Je fus surprise par M. Malabry pendant que j'écrivais cette lettre ; il s'en empara et s'en arma si bien vis-à-vis de ma mère, que je fus considérée par elle comme une fille dénaturée, et qu'elle permit à M. Malabry de disposer de moi comme il l'entendrait.

Cette homme me connaissait à merveille ; car il prit le parti le plus cruel vis-à-vis de moi, ce fut celui d'un dédain et d'un silence absolu.

A toutes les questions que je lui fis sur ce qu'il avait résolu à mon égard, il me répondit froidement :

— Vous le verrez.

Huit jours, quinze jours, un mois se passèrent sans que mes larmes obtinssent d'autre réponse.

Quant à Victor, il ne venait plus, et je ne savais comment on l'avait exclu de la maison. Rien ne me disait s'il faisait quelques efforts pour arriver jusqu'à moi, ou s'il avait renoncé à notre amour. Je ne savais pas davantage quel motif on lui avait donné, et si on n'avait pas inventé un prétexte qui pût me rendre coupable à ses yeux.

J'étais enfin dans une si cruelle ignorance de mon sort, que j'allai supplier M. Malabry, les larmes aux yeux, de me faire connaître sa volonté, de me dire si je devais renoncer à Victor et ne plus le revoir. Je lui dis que j'étais résignée à tous les sacrifices, pourvu qu'il me voulût bien dire ceux qu'il m'imposait; mais il me répondit par une raillerie désespérante :

— De quoi vous plaignez-vous? En quoi êtes-vous une victime infortunée de la tyrannie de votre famille? Vous entretenez des correspondances secrètes avec un jeune homme; vos parents jugent à propos de les interrompre; on ne vous en fait pas même un reproche, on vous épargne la honte d'avoir à en rougir devant vos sœurs; on continue à vous traiter absolument comme elles, on ne vous demande rien que de faire comme elles font, que de vouloir bien être modeste, retenue comme elles, et vous vous plaignez! Vous avez perdu la tête, Géorgina.

Tout cela était exactement vrai, tout cela raconté à un autre eût fait passer mon beau-père pour un homme d'une indulgence parfaite, et moi pour une fille aussi extravagante que coupable; mais il y avait en tout cela quelque chose de bas et de cruel que moi seule pouvais comprendre.

L'apparence pouvait tromper le monde, mais je sentais le malhonnête homme dans cette apologie du père de famille.

Depuis ce temps, la conduite de M. Malabry a justifié mes accusations; mais alors peut-être n'avais-je pas le droit de les porter sur ce seul témoignage de mon cœur qui m'avertissait de sa déloyauté.

Quoi qu'il en soit, voilà comment se passa ma vie jusqu'à l'arrivée de M. Burac et de ses amis.

J'avais placé mon espoir dans un événement inattendu et éloigné, de façon que j'avais repris en apparence une tranquillité et une résignation sur laquelle ma mère s'était rassurée, et qui, sans abuser complétement M. Malabry, lui avait donné lieu de croire que je me tenais pour battue. Mais il se trompait, et loin de voir dans l'arrivée de ses nouveaux amis des auxiliaires aux mauvais projets dont je les soupçonnais, je n'y vis qu'une chance de les surprendre et de les déconcerter.

Comme je l'ai dit, on essaya de se débarrasser de moi en me destinant à l'alliance de l'un de ces trois prétendants; mais, soit qu'ils comprissent que leur recherche ne pouvait avoir de succès, soit que M. Malabry craignît mes indiscrétions, leur persécution fut de courte durée, et comme je l'ai dit aussi, ils se tournèrent du côté de mes sœurs.

Ce fut pendant ce temps que M. Darrieu me confia ce qu'il savait de mon beau-père, et comment il avait dévoré en luxe et en spéculations le produit de la maison de campagne de ma mère.

Si M. Darrieu m'avait dit alors toute la vérité, j'aurais expliqué bien vite le secret de la conduite de M. Malabry à mon égard ; mais soit qu'il eût regardé cette circonstance comme indifférente, soit qu'il n'eût pas jugé convenable de mêler le nom d'un tiers à cette confidence, il ne me dit point que c'était Victor qui l'avait prévenu de la mauvaise administration de M. Malabry.

J'aurais compris alors que ces lettres, si habilement supprimées, devaient m'apprendre ce que Victor avait révélé à M. Darrieu, et quoi qu'elles pussent contenir de compromettant pour Victor, elles devaient être une accusation si formelle contre M. Malabry, qu'il n'eût pas osé les produire pour perdre Victor comme il m'en avait menacée.

A mon sens, M. Malabry pouvait le perdre en le dénonçant à l'autorité, et je l'en croyais d'autant plus capable, que sa nouvelle association avec Burac me prouvait qu'il était descendu aux derniers expédients de l'intrigue.

Depuis longtemps je les épiais dans leurs moindres mots et dans la plus indifférente de leurs actions, et j'étais arrivée à la conviction de leur coupable intelligence contre la fortune de mes sœurs, lorsqu'arriva la scène que j'ai racontée, et où il me fut pour ainsi dire ordonné de plaire à M. Morland.

Cependant ce ne fut que ce jour-là qu'il formula nettement la menace de perdre Victor. Je me résolus donc à obéir, ou plutôt à faire semblant d'obéir.

M. Morland me parut envoyé pour sauver mes sœurs aussi bien que moi-même. Il doit se rappeler la façon dont je m'y pris vis-à-vis de lui pour appeler immédiatement sa confiance; comment je lui rappelai le souvenir de notre père mourant; comment j'osai pénétrer dans sa propre opinion sur le compte de M. Malabry, et comment j'osai lui dire qu'on en voulait à sa fortune.

Probablement, à cette époque, M. Morland me trouva une fille bien osée, sinon bien méchante, et il servit à merveille les combinaisons de M. Burac et de M. Malabry, en prenant part à la prétendue opération des mines qu'ils avaient organisée.

Quand M. Morland revint chez ma mère, il ne me trouva point dans le salon; quand il assista au mariage de mes sœurs, j'étais encore absente. Mon sort était déjà accompli à cette époque, et je dois lui apprendre ce qui m'a précipitée dans la cruelle position où je me trouve aujourd'hui.

Je n'accuse pas son indifférence à mon égard, de la défiance qu'ont pu lui inspirer des avis si singulièrement donnés. Peut-être eussé-je mieux réussi en lui faisant un récit détaillé de ma position et de celle de mes sœurs; mais je n'en avais ni le temps ni l'occasion : j'ai fait de mon mieux; et pourtant, si je n'ai pas réussi, je n'en accuse que moi.

Jusqu'à présent, je crois avoir parlé avec autant de sincérité de moi que des autres; je mets ma dignité à continuer de même, au moment où c'est moi qui fus peut-être la seule coupable, et sûrement la seule imprudente.

M. Morland n'oubliera pas que je lui ai demandé son appui pour mes sœurs; que, pour obtenir cet appui, j'ai cru devoir lui raconter leur histoire, et qu'il ne pourra croire à ce que j'ai à lui révéler sur les malheurs qu'elles ont eu à subir, que le jour où il verra que je ne crains pas de révéler ce qu'on peut me reprocher à moi-même.

VII

Après avoir écrit les dernières pages que M. Morland vient de lire, je me suis arrêtée pour recueillir mes idées.

Ce qui me reste à lui raconter est si extraordinaire et lui paraîtra peut-être si impossible, que j'hésite à le lui dire.

Dans notre époque, où la vie de chacun est sous l'inspection de tout le monde, où tout se sait, s'écrit et se publie, on s'étonne encore à la révélation de bien des mystères qu'un hasard, un crime, une délation, font tout à coup comparaître au grand jour. Quand ces mystères se dévoilent devant les tribunaux, il faut bien qu'on y croie, garantis qu'ils sont par de nombreux témoins, par des preuves palpables, par des résultats funestes, et alors on déblatère consciencieusement contre l'immoralité et la corruption de la société actuelle. Mais le lendemain de cette révélation authentique, si la victime de quelque odieuse insulte ose se plaindre, on crie à l'exagération, à la calomnie, au roman.

Quoi qu'il en puisse être de ce que j'ai à vous révéler, quoiqu'on puisse croire que j'accuse pour m'absoudre, et que je présente comme une effroyable nécessité une faute vulgaire et qui attend toutes les imprudentes qui ont dévié de la ligne de leurs devoirs, je dirai la vérité, si affreuse et si incroyable qu'elle puisse être.

M. Malabry, aidé de Burac, avait trompé M. Morland ; l'affaire des mines était arrangée et le mariage de mes sœurs décidé ; tout le monde rayonnait dans la maison ; la fortune allait y revenir, et on calculait par avance les bénéfices énormes qu'on allait réaliser. Je n'étais pas seulement indignée de tout ce qui se passait, j'en étais alarmée. Je ne sais par quel sentiment particulier je comprenais que toute friponnerie est une mauvaise affaire, et je prévoyais autant la ruine de mes sœurs que la honte qui pouvait atteindre leurs maris. Ce n'est pas à elles que je pouvais faire partager ces craintes ; je m'armai de résolution et je me décidai à avoir à ce sujet une explication avec ma mère. Je ne la rapporterai pas dans tous ses cruels détails. La seule chose que je puisse dire à M. Morland, c'est que je n'appris rien à madame Malabry quand je lui racontai ce que j'avais entendu des projets de son mari et de l'usage auquel il destinait la dot de mes sœurs. Ce fut pour moi un bien cruel étonnement de voir que tout cela avait été convenu et concerté avec elle, et qu'elle n'y voyait rien que de très naturel. C'était, à son sens, une façon d'agir très-usuelle ; toute spéculation était un combat où la victoire appartenait légitimement au plus adroit. Ma pauvre mère, monsieur, et que Dieu me pardonne de parler d'elle comme je le fais, ma pauvre mère en était à ce point d'aveuglement, où elle ne voyait plus le mal. Il fallait que M. Malabry eût altéré par bien des mensonges et des sophismes coupables la noble probité de ma mère, pour l'avoir amenée où elle en était ; quant à lui, il ne s'abusait pas, il savait tout ce qu'il y avait de répréhensible dans sa conduite, mais il ne reculait devant aucune mauvaise action, et comme il avait besoin de l'assentiment de sa femme pour disposer de sa fortune, il était parvenu à lui présenter toutes ses entreprises comme des choses acceptées, et tout à fait admises parmi les honnêtes gens.

On doit penser comment fut accueillie ma dénonciation. J'étais poussée, me dit-elle, par une haine aveugle contre M. Malabry, et par une basse jalousie contre mes sœurs. Quand à ce qui était au fond de ces affaires, je n'étais plus qu'une misérable sotte qui voulais me mêler de choses auxquelles je n'entendais rien : et tout ce qui résulta de cette explication, fut que, par grâce extrême, elle consentait à ne pas parler de cette petite trahison à M. Malabry ; mais au moment où ma mère me faisait cette promesse, mon beau-père arriva ; à mes larmes, à l'air animé de ma mère, il devina qu'il venait d'y avoir une scène entre nous, il voulut en savoir le motif. Je refusai de répondre par respect pour ma mère; car accuser M. Malabry de friponnerie dans cette circonstance, c'était accuser sa femme de complicité ; mais ma mère laissa échapper quelques mots sur mes sottes idées, et il n'en fallut pas davantage à mon beau-père pour tout deviner. Ma mère, pressée de questions, et ne se sentant ni l'adresse d'y échapper, ni la force d'y résister, se retira en disant :

« C'est une lubie de Géorgina à laquelle elle ne pensera plus demain, » et me laissa avec mon beau-père.

Lorsque nous fûmes seuls en présence l'un de l'autre, M. Malabry me considéra d'abord d'un air irrité, mais au lieu d'éclater contre moi, il se mit à marcher vivement dans la chambre. Il en résulta un assez long silence pendant lequel il ne me quitta pas des yeux un moment.

Peu à peu son regard perdit de sa colère, et il me sembla qu'il m'étudiait plus particulièrement, et qu'il cherchait à se rendre compte de ce que je pouvais être véritablement.

Cet examen dura assez longtemps, et sembla inspirer à M. Malabry une résolution toute nouvelle à mon égard.

Il alla jusqu'à la porte s'assurer que personne ne pouvait nous entendre, la ferma avec soin et revint avec un air décidé que je ne lui connaissais pas encore. Il s'assit en face de moi pour bien observer l'effet de ses paroles, et me dit d'un ton de franchise :

— Ecoutez-moi, Géorgina ; vous n'êtes pas une enfant comme vos sœurs, ni une femme sans force et sans volonté comme votre mère. On peut donc causer raison avec vous sans crainte que vous ne compreniez pas ce qu'on veut vous dire.

Je fis un signe d'assentiment, bien résolue de mon côté à profiter de l'explication que m'annonçait mon beau-père.

— Maintenant, Géorgina, répondez-moi franchement : pourquoi vous êtes-vous faite mon ennemie ?

— Pourquoi vous êtes-vous fait le mien ? lui dis-je avec assurance.

— Moi ! me dit-il en reprenant malgré lui son rôle et son autorité de beau-père.

— Vous ! lui dis-je. En effet, monsieur, ai-je été pour vous comme étaient mes sœurs ? M'avez-vous jamais pardonné mes caprices d'enfant, mes humeurs ? Avez-vous prévu mes désirs ?

M. Malabry hocha la tête et reprit en souriant :

— Ne discutons pas le passé, Géorgina ; car je pourrais vous répondre comme vous venez de le faire, et vous demander si vous avez jamais été pour moi ce qu'elles ont été, soumise, obéissante, respectueuse. Non, vous le savez bien. Ne nous engageons point d'ailleurs dans ce labyrinthe de petits torts réciproques où chacun prétend avoir été poussé par un mauvais procédé à en avoir eu un plus mauvais. Laissons donc cette discussion ; la première et la plus grande sagesse de ce monde, Géorgina, c'est de savoir accepter le passé, car le passé c'est la nécessité absolue et irrémédiable ; on l'excuse, on l'explique, on le commente, on fait tout ce qu'on peut pour l'atténuer, on le défigure ; mais on ne peut pas l'empêcher d'avoir été. Le seul moyen de le vaincre, c'est de le mettre en oubli. N'y pensons donc plus, et maintenant soyez franche avec moi. Quels sont vos projets, et que comptez-vous devenir en agissant comme vous le faites ?

— Je n'ai point de projets, monsieur, et ce n'est pas de moi que je me suis occupée jusqu'à présent.

— Soit ! dit M. Malabry en souriant encore ; je vous crois assez désorientée sur vos propres intérêts ; je comprends alors que, ne pouvant agir pour vous, vous ayez voulu agir contre moi.

— Monsieur !

— Je ne vous le reproche pas, Géorgina ; seulement je veux vous demander à quoi vous comptez arriver en agissant ainsi ?

— A protéger mes sœurs contre un arrangement qui menace à la fois leur fortune et leur bonheur.

M. Malabry devait s'attendre à cette réponse, et je ne la fis que pour le persuader de la franchise que je voulais mettre vis-à-vis de lui ; cependant il fronça le sourcil, pinça les lèvres ; mais il se contint, et reprit avec le calme d'un homme qui discute une affaire :

— Quant à la fortune de vos sœurs, elle va entre les mains de gens trop habiles pour que votre crainte ne vienne pas d'une ignorance complète des affaires. D'ailleurs, vous avez trop de *logique* dans l'esprit pour ne pas comprendre que, du moment qu'elle devient la fortune de leurs maris, s'ils la mettent dans une spéculation quelconque, c'est qu'ils ont la certitude de l'augmenter.

La chose pouvait être vraie pour Burac ; mais M. Varnier et M. Brugnon me semblaient plutôt des dupes que des complices, quoiqu'ils se crussent être de moitié dans les vastes projets de leur maître ; mais j'avais résolu de donner à M. Malabry la satisfaction de me battre ; j'abandonnai donc ce chapitre, et je répondis d'un ton sec :

— Il est possible qu'en cela je me trompe, monsieur ; je

sais que ces messieurs s'entendent fort bien en affaires ; mais ces affaires sont-elles honorables ?

M. Malabry réfléchit longtemps avant de me répondre ; probablement il discuta en lui-même s'il devait essayer de me persuader que ce qu'il faisait était selon les lois de la justice et de la probité, ou s'il devait m'avouer franchement ce qu'il en pensait lui-même.

Je ne puis dire au juste à quoi il s'arrêta : mais voici ce qu'il me répondit :

— Il y a beaucoup d'hommes honorables qui doivent leur fortune à de pareilles spéculations.

Je ne veux pas faire vis-à-vis de vous une vulgaire théorie de mauvais principes ; mais, je puis vous le dire, sans doute toutes ces affaires ne se font pas avec cet esprit d'étroite rigidité qui va si bien à certaines anecdotes et à certaines figures ; mais ces affaires se font comme toutes celles de notre temps. Pas plus que les femmes d'aujourd'hui ne sont de ces matrones romaines dont on disait : *Lanam fecit, domum mansit,* elle demeura à la maison et fila sa quenouille, aucun de nos banquiers, de nos négociants, de nos capitalistes, n'est homme à refuser une bonne affaire parce qu'un autre y perdra ce qu'il doit y gagner. Burac n'est ni plus ni moins honnête que tout le monde, seulement il est plus habile, plus audacieux que beaucoup d'autres.

— C'est possible, monsieur, lui dis-je, mais peut-être si mes sœurs savaient comme moi quelle est la morale commode de leurs maris, ne les accepteraient-elles pas avec tant d'empressement.

— Essayez de les éclairer à ce sujet, me dit M. Malabry, vous verrez à quoi vous réussirez.

— Je le sais, monsieur : à leur paraître méchante, envieuse ou folle.

— Eh bien ? me dit M. Malabry.

— Eh bien ! monsieur, répondis-je, j'avoue mon impuissance et je m'y résigne.

— Une femme de votre caractère ne se résigne jamais, me dit M. Malabry avec gravité. Vous avez trop d'orgueil pour ne pas tenter encore quelque effort désespéré pour empêcher ces mariages ; mais une femme comme vous change de route quand elle a reconnu que c'est son intérêt d'en changer.

— Que voulez-vous dire?

— Ecoutez : M. Victor Benoît vous plait, et votre intention est sans doute d'attendre votre majorité pour lui donner à la fois votre fortune et votre main?

J'avoue que je n'avais jamais pensé à cela, que mon amour pour Victor était resté dans ce vague des émotions du cœur qui ne va pas jusqu'aux exigences de la vie réelle.

J'aimais Victor, j'en étais aimée, j'étais heureuse de cette occupation de mon âme; mais je n'àvais jamais dit : Il sera mon mari, et pour y parvenir voilà ce que ferai. Sans doute M. Malabry me devina, car il laissa échapper un sourire moqueur. Mais je ne voulus pas passer à ses yeux pour une personne sans réflexion, et je lui dis :

— Et quand cela serait vrai, monsieur, je ne pensais pas faire une faute que de nourrir cette espérance dans mon cœur.

— Ce serait fort juste, me dit M. Malabry d'un ton patelin; mais vous avez longtemps à attendre.

— Je le sais.

—Cette attente, je pourrais la réduire considérablement, en donnant mon consentement à ce mariage.

— Victor, m'écriai-je avec vivacité, ne mettra point ma dot dans les spéculations de M. Burac.

Mon beau-père parut d'abord prêt à se fâcher, mais il finit par me rire au nez en me disant :

— Vous avez une idée fixe, Géorgina! Si je vous marie avec M. Benoît, je lui remettrai votre dot pour en faire tel usage qu'il voudra.

— Mais alors quelle condition mettrez-vous à ce consentement? lui dis-je.

— Aucune, me répondit-il froidement.

— Aucune? répétai-je après lui en le considérant avec étonnement.

— Je vous comprends, reprit-il, vous vous êtes imaginé que je ne pourrais que vous le vendre.

Je ne lui répondis pas, et il se mit à parcourir la chambre avec rapidité, me lançant quelquefois des regards interrogateurs, prêt à parler en se retournant tout à coup; enfin il s'écria :

— Eh bien! ce consentement, je vous le donne pour rien,

ou plutôt je vous le donne pour ne plus avoir à surveiller votre conduite.

J'étais à mille lieues de ce que j'avais supposé d'abord ; car je croyais avoir deviné que M. Malabry n'avait entamé cette explication avec moi que pour me proposer une transaction, et voilà qu'il me donnait tout sans se réserver rien. Je me dis que ce devait être un piége, et je demeurai fort incertaine de ma réponse. Mon beau-père me regardait en ricanant. Je ne savais que dire.

— Eh bien ! me dit-il, que pensez-vous de ma position ?

Une pensée soudaine, une de ces résolutions qu'on n'accomplit que parce qu'on n'a pas le temps d'y réfléchir, me traversa tout à coup l'esprit, et je lui répondis en me levant vivement :

— Vous m'avez comprise, monsieur, et je vous comprends parfaitement. Qu'attendez-vous de moi ? En quoi puis-je vous servir ?

L'air stupéfait de mon beau-père m'arrêta. Assurément, ce n'était pas là ce qu'il attendait, et il se mit à me regarder encore plus attentivement. Je devins rouge de honte en pensant à ce que je venais de faire. M. Malabry ne me quittait pas des yeux ; puis il me dit tout à coup :

— Etes-vous ambitieuse, Géorgina ?

— Oui, lui répondis-je avec franchise, c'est la vérité.

— Eh bien ! me dit-il, voulez-vous faire un magnifique mariage ?

— Victor, lui dis-je, n'est pas un parti qu'on puisse appeler...

— Il ne s'agit pas de Victor, me dit-il en parlant brusquement comme s'il avait hâte de me faire la confidence devant laquelle il avait reculé jusqu'à ce moment. Il s'agit d'un homme dans une position élevée, d'un homme d'une fortune immense, d'un homme qui vous donnera un titre, d'un homme qui sera votre esclave.... Enfin, c'est une chose que vous ne pouviez espérer, et qui, comme à l'ordinaire, n'arrive qu'à ceux qui ne le méritent pas et qui ne savent pas l'apprécier.

M. Malabry avait enfin découvert la pensée qui l'avait guidé. Je compris alors la singulière tournure qu'avait prise cette explication. Mon étonnement, quand il m'avait parlé de mon mariage possible avec Victor, lui avait sans doute fait penser que mon amour pour lui était un entêtement de ma part ; et alors, au lieu de chercher à me réduire par la menace, il avait voulu me prouver à moi-même que, si on me laissait libre, je ne serais pas si empressée que je voulais bien le paraître. Je le saisis dans cette pensée, et je lui dis, avec une fausse honte assez bien jouée :

— Mais quelle est la personne dont vous me parlez ?

M. Malabry recommença sans me regarder une longue énumération de la fortune, du rang, de la position de ce futur; mais cette énumération achevée, il s'arrêta encore, il hésita à prononcer le nom, il me répéta encore que j'étais incapable de comprendre mon bonheur. Je crus qu'il fallait que ce nom-là fût bien gravement compromis pour que M. Malabry craignît de le prononcer, et, pour le forcer à me montrer à quel degré il voulait me faire descendre, je lui dis :

— Mais enfin, monsieur, pour que vous soyez assuré que je suis incapable de comprendre la faveur dont vous me menacez, veuillez me dire le nom de cet homme.

— C'est inutile, tenez, me dit M. Malabry ; vous autres femmes, et vous surtout, vous avez là-dessus des idées si extravagantes !....

— Vous ne pouvez juger des miennes sur un sujet que nous n'avons pas traité : quel est ce magnifique mari ?

— Le comte C.... m'a fait demander à vous être présenté, me dit M. Malabry en me dévorant du regard.

A ce moment je fus dupe, non de M. Malabry, mais de moi-même ; je crus que cette hésitation de M. Malabry partait d'une certaine délicatesse de cœur.

Puisqu'il savait si bien tout ce qui s'était passé entre moi, Victor et madame Del...., il devait comprendre que la proposition qu'il me faisait devait me blesser. Je lui sus gré d'avoir prévu cette susceptibilité de mon cœur ; et comme le nom de M. de C...., à part la circonstance qui pouvait me déplaire, était un nom honorable, je ne trouvais rien que de très-naturel dans la conduite de M. Malabry, et je pensai que je serais injuste de lui répondre, comme j'avais l'habitude de le faire, par un refus dédaigneux ou une explication malveillante de son intention.

Je lui dis donc d'un air plus soumis qu'à l'ordinaire :

— Je vous remercie, monsieur; cette proposition n'a rien qui ne pût rendre heureuse toute autre que moi; mais vous avez senti vous-même qu'après ce qui s'est passé, je ne saurais....

M. Malabry m'examinait comme un chasseur quand il voit un oiseau tourner autour du piége qu'il lui a tendu.

— Je comprends vos craintes, me dit-il d'une façon que je ne pus définir, vous craignez que madame de Del.... n'apprenne au comte de C.... vos relations avec Victor, pour se venger de ce que vous lui aurez enlevé son amant.

Mon orgueil se révolta à cette traduction positive de ma situation, et je répondis avec hauteur :

— Je ne dispute rien à cette femme...

— Vous lui avez cependant voulu enlever M. Victor, dit M. Malabry en reprenant son air acrimonieux, mais vous avez été vaincue; elle l'a ressaisi, c'est une revanche à prendre.

Je jetai un regard de mépris à M. Malabry et lui dis froidement :

— Ceci est un vieux moyen de comédie, monsieur. Je ne suis pas de ces Agnès qu'on pousse à faire un mariage en excitant leur jalousie contre leur amant.

M. Malabry fit encore comme il avait déjà fait : il parut sur le point de s'emporter; puis il se contint et reprit un air de bonhomie, et me dit :

— Pouvez-vous vous décider à être franche avec moi? me dit-il.

— Je le serai à votre exemple, lui répondis-je.

— Eh bien! je vais aller droit au but; et vous qui accusez les autres de comédie, veuillez bien n'en pas faire vis-à-vis de moi, ajouta-t-il d'un air de menace. M. Victor n'a pas cessé de voir madame Del....., et si vous vouliez venir demain à la course qui doit avoir lieu à Maisons, vous les y verriez probablement ensemble.

— C'est impossible!... m'écriai-je.

— Voyons, voyons, reprit M. Malabry; ne faisons pas de sentimentalerie inutile. Ceci est vrai, tout simplement vrai, tout naïvement vrai. Le récit de votre rencontre à Champrosay avec M. Benoît est arrivé jusqu'au comte de C..., il a trouvé cela charmant; il s'est monté la tête à votre sujet; il a cherché à vous voir, il vous a vue, et brûle du désir de vous connaître.

Il m'a fait demander à être présenté dans ma maison : il est amoureux de vous, et lorsque je vois où a pu le mener madame Del..., je crois que si vous le vouliez bien, vous en feriez votre mari dans trois mois.

— Ce n'est donc pas une demande formelle qu'il a faite de ma main? lui dis-je.

M. Malâbry rougit, se tut, et finit par hausser les épaules.

— On n'épouse pas une femme sans la connaître ; mais, je le répète, c'est une affaire sûre, si vous voulez bien vous en donner la peine. Que je le désire pour votre bonheur, vous pouvez en douter ; mais que je le désire pour moi et notre famille, vous devez en être sûre. Ainsi donc, réfléchissez à ma position.

— Monsieur, lui répondis-je, je me...

Il m'arrêta tout à coup, et me dit rapidement:

— Ne me répondez pas, je vous en prie ; ne vous engagez pas dans un refus que vous soutiendrez ensuite par entêtement en vous repentant peut-être de vos paroles. Mais voici ma décision formelle à votre égard : vous agréerez la recherche du comte de C... ou vous épouserez dans quinze jours M. Victor Benoît. Réfléchissez... choisissez.

— Mais vous me dites que Victor...

— Victor fait ce que font tous les hommes. Ce n'est pas à mes yeux son plus grand tort.

— Mais je suis sûre que ce tort il ne l'a pas.

— Je vous le ferai voir, me dit mon beau-père ; venez demain aux courses et vous en jugerez.

— J'irai, lui dis-je.

— Eh bien! je vous donne jusque là pour prendre un parti, me dit M. Malabry ; à demain, et pensez à une chose : c'est que la vie n'est point faite du tout comme vous le croyez.

Mon beau-père se retira, et je demeurai seule. J'ai promis de dire la vérité, et je la dirai.

Non, ce ne fut pas la trahison de Victor, ce ne fut pas ma haine contre madame Del..., ce ne fut pas ma douleur qui occupèrent ma pensée ; ce fut la recherche du comte de C..., son nom, son titre, son rang, les grandes habitudes de ce monde opulent et aristocratique où je sentais que je serais à l'aise ; tout cela me revenait sans cesse malgré moi. Oui, le vertige me prit et m'emporta malgré moi, et il y eut un moment où je souhaitai que l'abandon de Victor fût réel, pour m'excuser à moi-même le désir dont j'étais saisie, et pour me montrer son accomplissement comme une vengeance.

Je cherchais une excuse à ma propre trahison.

Cependant quand le premier mouvement fut passé, je réfléchis à mon entretien avec M. Malabry.

Tout ce qu'il m'avait dit était parfaitement raisonnable, et son intérêt à me faire épouser un homme comme le comte de C... était trop évident, et il me l'avait assez nettement avoué pour que je ne pusse y voir une ruse.

Il n'eût donc voulu me tromper que sur Victor, et la preuve qu'il m'offrait semblait m'assurer de la vérité.

Cependant je ne puis dire quel invincible sentiment de défiance m'avertissait qu'il y avait dans tout cela une infernale combinaison contre moi. Je la cherchais vainement, car, toutes les fois que je voulais raisonner avec les faits, ils étaient contre moi; ils donnaient raison à M. Malabry ; sa proposition était juste, convenable ; il fallait une prévention bien obstinée pour y voir autre chose ; je me le répétai à satiété, je forçai mon esprit à adopter cette combinaison, mais je ne pus vaincre l'effroi instinctif qui me dominait ; et lorsque le lendemain il me rappela ma promesse, j'eusse peut-être refusé, si je n'avais voulu vaincre cette crainte que j'appelais puérile, et cette constante suspicion qui me paraissait véritablement injuste.

Que de chagrins je me fusse épargnés, si j'avais eu le courage ou la faiblesse d'y céder !

VIII

Nous partîmes pour Maisons dans deux voitures de remise ; ma mère, Cornélie et M. Burac dans l'une, M. Malabry, Sophie, Lia et moi dans l'autre : c'étaient deux calèches découvertes.

J'étais tellement préoccupée de ce que j'allais voir, que durant une bonne partie de la route, je ne fis pas attention à l'allure de nos équipages et à tout ce qui se passait autour de nous.

Mais à mesure que nous approchions de Maisons, je fus arrachée forcément à ma préoccupation par le nombre des voitures et des cavaliers qui nous dépassaient rapidement, et surtout par les exclamations de Sophie qui s'émerveillait à chaque rencontre.

Je sais fort bien me passer de beaucoup de choses ; mais surtout je préfère m'en passer que de les avoir à moitié, insuffisantes et mesquines. Je n'avais pas jeté les yeux sur dix voitures traînées par de beaux chevaux fringants et rapides, que j'avais reporté un regard de dépit sur notre calèche en drap bleu usé, et tirée par de maigres chevaux.

Les cavaliers qui passaient nous honoraient volontiers de leur attention, car nous étions toutes assez jolies pour la mériter.

Cependant, cette attention, il faut le dire, avait une assurance que ces messieurs ne se fussent peut-être pas permise, si nous avions été dans quelque splendide équipage.

Toutefois, cet hommage, quoiqu'un peu sans façon, était un hommage ; mais rien ne peut rendre l'impertinence dédaigneuse du coup d'œil que les femmes nous jetaient pardessus l'épaule en fuyant devant nous dans leurs rapides briskas.

Je commençai par éprouver un sentiment de gêne à cette remarque. Cet embarras s'accrut à mesure que nous avancions, lorsque je pus voir clairement que nous étions le sujet de moqueries assez dédaigneuses, grâce à ma sœur Sophie qui s'était jetée nonchalamment au fond de notre maigre voiture, comme elle voyait faire aux belles dames qui se couchaient mollement au coin de leurs coussins de soie : mais ce que je n'aurais pas prévu, et ce qui m'exaspéra, c'est qu'à un quart de lieue de Maisons nous fûmes rejoints par MM. Brugnon et Varnier, montés sur deux horribles chevaux de louage, et qui jugèrent à propos de se placer chacun d'un côté de notre calèche.

Qu'on trouve ces observations triviales, mesquines, si l'on veut, je ne prétends pas les qualifier ; mais ce que je puis assurer, c'est que je n'éprouvai jamais un dépit plus profond, un embarras plus grand.

J'enviais le sort de quelques bonnes familles qui étaient spirituellement venues en voitures publiques jusqu'au village, et qui gagnaient lestement à pied le lieu des courses.

Mon humeur était si visible que Lia m'en demanda la cause.

— Je trouve que nous sommes fort ridicules, lui répondis-je sèchement.

Elle regarda M. Malabry d'un air qui voulait dire :

« Ma pauvre sœur devient folle. »

Mon beau-père laissa échapper un sourire qui me montra qu'il m'avait comprise, et qu'il était ravi de mon dépit.

A coup sûr, on trouvera mon sentiment bien puéril, et surtout il paraîtra bien étrange, au milieu des craintes qui devaient m'agiter moi-même. Je me suis demandé depuis comment il avait trouvé place dans mon cœur; mais je ne puis nier qu'il me domina cruellement, et peut-être pourrait-on l'expliquer précisément par mon caractère exalté.

Au moment où je venais m'assurer de l'abandon de celui que j'aimais, et où j'allais sans doute subir une vive douleur, ce n'eût été rien pour moi que de m'être traînée à pied jusqu'à cet endroit, que d'y être arrivée couverte de poussière et tout en désordre; c'eût été une harmonie entre l'état de mon âme et celui de ma personne; mais souffrir sous une apparence de prétention ridicule, cela me blessait, m'humiliait, et lorsque j'arrivai à Maisons, j'étais tout à fait d'une humeur insupportable.

Cependant je n'avais pas encore subi la grande épreuve. Nous n'avions rencontré ni madame Del... ni Victor, et lorsque nous arrivâmes sur la pelouse où devaient avoir lieu les courses, je crus être sûre qu'ils n'y étaient ni l'un ni l'autre; car je connaissais fort bien la livrée de madame Del... Je proposai à M. Malabry de quitter notre malheureuse calèche; mais il ne le voulut pas, tant cet homme avait de fine méchanceté dans l'esprit.

Cependant je regardais avec inquiétude tout équipage qui se montrait au loin, préparant mon air le plus froid et le plus dédaigneux, pour supporter le premier choc de cette rencontre, lorsque je me retournai du côté d'une allée qui venait d'une maison d'une assez belle apparence, et je vis madame Del..., à pied, mais non pas au bras de Victor ; elle était au bras du maître de la maison.

Plusieurs autres personnes les suivaient, et après toutes venait Victor, donnant aussi le bras à une femme fort élégante, et qui était la fille du propriétaire de ce château.

M. Malabry raconta cela à ma sœur Sophie avec un empressement qui n'avait que moi pour objet. Je n'avais pas encore pénétré dans le secret de ces complaisances impertinentes et de convention que les gens du monde élevé ont pour les artistes d'un très-grand talent.

Je ne savais pas que ce riche propriétaire, qui avait offert l'hospitalité de sa maison à madame Del..., ainsi qu'aux personnes qui voudraient bien l'accompagner, se parait de cette bonne fortune et les promenait vaniteusement, certain que personne ne se tromperait aux relations qui pouvaient exister entre eux.

Je ne vis dans tout cela qu'une femme perdue qu'un homme honorable admettait au titre d'égal dans sa maison, et je me pris d'une indignation cruelle contre le monde qui faisait un si charmant accueil au vice, quand nous autres pauvres filles bien honnêtes et bien innocentes, on nous laissait de côté : nous restions isolées dans notre malheureuse calèche, en proie aux attentions à cheval de nos deux grotesques courtisans.

A ce moment, je l'avoue, j'aurais donné beaucoup pour être la comtesse de C..., mon mari dût-il être laid, morose, impotent.

Madame Del... nous vit et eut l'effronterie de nous saluer ; M. Malabry fut assez lâche pour lui rendre son salut. Je me tins droite et immobile.

Victor qui suivait, vit le mouvement qui se faisait devant lui et m'aperçut. J'étais si furieuse que je le regardai en face comme pour le défier d'oser montrer qu'il nous connaissait. Il se troubla à mon aspect, mais il salua ; et je vis presque aussitôt mes sœurs me regardant avec une attention malicieuse, comme pour observer l'effet que produirait sur moi cette rencontre.

M. Malabry avait-il trahi mon secret, ou bien l'avaient-elles deviné ? c'est ce que je ne pus savoir, mais je suffoquais de colère et de honte.

Cependant quelques personnes nous avaient reconnues, on nous proposa d'aller nous placer dans une espèce de tente préparée en face de la tribune où devaient s'établir les juges des courses.

Mon beau-père me fit l'honneur de me donner le bras, et j'allai m'asseoir, le cœur agité de mille sentiments divers, derrière mes sœurs, qui ne demandaient pas mieux que de se montrer au premier rang dans tout l'éclat de leur bonheur et de leur beauté.

Je ne sais quel débat au sujet des jockeys ou des chevaux s'établit en face de notre tente; mais bientôt il se forma devant nous un groupe assez animé et qui attira bientôt l'attention de la plupart des personnes qui se trouvaient, comme nous, à même de l'observer.

La difficulté paraissait grave, on élevait la voix, et je pus entendre l'un de ceux qui discutaient dire :

— Le pari doit tenir, ce n'est pas ma faute, cherchez quelqu'un pour monter à votre place; mais je n'admets pas de jockey.

On nous eut bientôt appris le secret de cette discussion : il devait y avoir une course entre deux chevaux montés par leurs propriétaires; l'un de ces messieurs, à ce qu'il paraît, venait de se fouler le poignet de façon à ne pouvoir tenir les guides de son cheval, et offrait un jockey pour le remplacer.

Le tenant admettait par grâce un remplaçant, mais amateur, et il fallait en chercher un, et personne ne se présentait, le cheval qui devait courir passant pour très-vicieux et sujet à se dérober, je crois.

Tout à coup deux ou trois jeunes gens se détachèrent du groupe et coururent vers l'endroit où se trouvait madame Del... environnée de sa nombreuse cour. Je me demandais si l'on n'allait pas chercher les ordres de cette illustre personne, et lui demander son bon plaisir pour commencer. Mais après un moment d'attente, je vis revenir ces jeunes gens avec Victor. C'était lui qui avait été choisi pour remplacer le cavalier blessé. En passant devant nous, il salua encore ma mère et mes sœurs, et je vis qu'il semblait pâle et agité. Madame Del... revint presqu'aussitôt, et, comme je l'avais prévu, des places privilégiées lui avaient été réservées en face de nous.

Victor était demeuré parmi les jeunes gens qui étaient acteurs intéressés dans les courses, et je m'aperçus qu'il regardait avec une attention soutenue du côté de notre tente, mais point de notre côté. Cette attention persévérante, et qui avait quelque chose de menaçant, me fit chercher la personne qui pouvait en être l'objet, et je vis à quelque distance et dans un angle tout à fait retiré de la tente, un homme de cinquante ans à peu près, d'une taille élevée et d'une tournure si haute qu'il paraissait beau malgré son âge. Cet homme, armé d'une énorme lorgnette, m'examinait à ce moment, et, sans l'avoir jamais vu, je devinai que ce devait être, et en effet c'était le comte de C...

Je dirais difficilement combien cette grossière inspection du comte me déplut, et je sus bon gré à Victor de la façon dont il le regardait, comme pour l'insulter. Mais au même instant je me demandai si cet air de menace ne lui était pas inspiré par la présence de M. de C... en face de madame Del... plutôt que par la manière dont cet homme me considérait. Cela était plus que probable, je n'étais pour rien dans les sentiments qui agitaient Victor, et peut-être le comte de C... avait suffisamment reconnu la position ; car il quitta bientôt sa place d'observation, et entra dans l'espace qui se trouvait entre la tente et la tribune, où il fut accueilli avec un empressement familier, tel qu'il ne me paraissait pas devoir exister entre un homme de son âge et les jeunes gens qu'il abordait.

Je devais apprendre, ou plutôt je devais voir ce jour-là bien des choses étranges pour moi ; M. de C.... s'approcha de la tribune, salua madame Del.... et les personnes avec qui elle était, comme on salue de simples connaissances ; il échangea quelques paroles du ton le plus gai et le plus indifférent, puis il continua sa promenade, et revenant sur ses pas, il longea notre tente en regardant fort impertinemment toutes les femmes qui s'y trouvaient, et finit par arriver jusqu'à nous. En arrivant devant mon beau-père, il fit un geste de surprise, s'arrêta et salua ma mère avec une politesse particulière. Quant à mes sœurs et à moi, il nous fit une légère inclination et se mit à causer avec M. Malabry et ma mère du ton le plus naturel et le plus indifférent. Je lui sus bon gré de cette discrétion, et je me mis à mon tour à l'examiner et surtout à l'écouter.

M. de C.... était un de ces hommes qui savent tout ce qui est du monde, qui connaissent tout le monde, et qui en parlent en termes qui ont une acception toute particulière par la manière dont ils sont prononcés.

Je ne puis exprimer cela, mais je le compris parfaitement du premier coup. Une de mes sœurs, c'était Sophie (il n'y avait que Sophie qui pût faire de pareilles questions) lui ayant demandé s'il connaissait Victor Benoît, il lui répondit fort poliment qu'il le connaissait, et comme elle déclarait qu'il lui paraissait fort peu aimable, il ajouta :

— C'est pourtant un bon garçon.

— N'était-il pas tout à l'heure avec madame B...., la fille de ce monsieur qui est en face de nous ?

— Oui, répondit encore M. de C.... c'est une femme qui est très-bien.

Il y a dans ces deux phrases du comte de C...., si peu significatives en apparence, une pitié dédaigneuse bien prononcée pour Victor, et une estime bien sentie pour cette dame.

Cette observation m'avertit qu'il fallait chercher le sens des phrases de M. de C.... plutôt dans l'intonation de sa voix que dans les mots mêmes, et sans paraître m'occuper de lui, je me mis à l'écouter avec attention. Pour qu'il ne remarquât pas cette attention, je fis semblant de regarder au loin, et j'aperçus Victor qui ne me quittait pas des yeux, et qui, lorsque je rencontrai son regard, secoua rapidement la tête en signe de négation. Que voulait-il me dire ? Je ne pus le comprendre. Un second signe eût pu me l'expliquer, mais je ne voulais pas avoir l'air d'avoir même aperçu le premier, et je me détournai froidement.

Cependant, le moment de la course était arrivé, on faisait retirer tout le monde de la lice.

Le comte parut assez embarrassé de trouver une place, et il nous demanda la permission de prendre une chaise qui se trouvait libre derrière nous.

Plusieurs fois cette chaise avait été demandée, et chaque fois mon beau-père l'avait refusée comme réservée à quelqu'un qu'il attendait.

Je signale cette petite circonstance pour montrer jusqu'à quel point tout cela était bien arrangé. De cette façon, le comte de C... devait se trouver près de moi.

Pendant le petit mouvement que causa cet arrangement, mon beau-père me glissa rapidement ces mots :

— M. de C... ignore que vous sachiez le motif qui l'amène.

Cet avertissement de mon beau-père eut probablement tout l'effet qu'il en attendait.

Il en arriva que je ne m'étonnai pas de la galanterie légère et gracieuse d'un entretien qui m'eût paru devoir être beaucoup plus grave, si la position où nous étions vis-à-vis l'un de l'autre eût été avouée entre nous.

Je ne vis jusqu'à un certain point qu'un homme qui cherchait à paraître aimable et à faire oublier une grande différence d'âge en affectant des opinions et des goûts qui devaient être naturellement ceux d'une jeune fille comme moi.

Les courses étaient commencées ; mais comme à la place où nous étions on ne voyait point le lieu du départ, elles ne prenaient véritablement d'intérêt, même pour les personnes les plus curieuses de ce spectacle, qu'au moment où les chevaux arrivaient à une distance qui n'était pas éloignée du but.

Je remarquai que durant le temps, du reste assez court, pendant lequel tous les regards étaient fixés sur les coureurs, il y avait dans l'accent de M. de C... quelque chose de plus animé, et m'étant hasardée à le regarder, je crus m'apercevoir qu'il attachait sur moi un œil plus ardent. Mais presque aussitôt il reprenait sa façon de parler naturelle et aisée, et je me défendais de le trouver moins respectueux qu'il n'eût dû l'être, quoique, malgré moi, j'éprouvasse près de lui un singulier embarras et un sorte d'effroi. Jusqu'à ce moment les courses avaient été trop animées pour que je crusse qu'on fît attention à nous ; mais en examinant en face de moi, je vis Victor toujours immobile et menaçant, tandis que madame Del..., furieuse de cette attention, semblait prête à éclater.

Une fois encore j'écrasais cette femme qui m'avait fait tant de mal, et cette fois encore je ne pus résister à l'enivrement de mon triomphe ; je cherchai son regard à mon tour, et lorsque je le rencontrai, je lui envoyai un de ces traits acérés qui désolent une femme et qui lui disent qu'on a pitié d'elle. Je ne saïs jusqu'à quel point elle eût été maîtresse d'elle-même, si ce combat de regards eût continué en présence de Victor.

Il s'éloigna pour monter le cheval qui lui était confié, et pour la première fois de ce jour je m'intéressai à une course.

Du moment où nous vîmes donner de la tribune le signal du départ, jusqu'à celui où nous aperçûmes les cavaliers, je me demandai dix fois si je voulais voir Victor vainqueur ou battu, sans pouvoir me répondre à cette question; lorsque nous aperçûmes les coureurs et que Victor parut très-en arrière de son concurrent, j'en éprouvai un chagrin plus fort que moi, et comme je m'étais levée ainsi que tout le monde pour voir la lice de plus loin, je me rassis avec dépit.

Bientôt quelques rumeurs se firent entendre, j'entendis dire que Victor regagnait du terrain; c'était d'abord un effort inutile.

Peu à peu on sembla croire à la possibilité de son succès; on dit qu'il s'était ménagé. Sans m'en apercevoir, je me levai à demi; le murmure d'approbation augmentait, je regardai Victor passer devant nous comme la foudre, et les applaudissements éclatèrent avec enthousiasme.

Je ne puis dire pourquoi, mais je me relevai fièrement. Je regardai madame Del... d'un air superbe, j'avais la conviction que c'était pour moi que Victor avait voulu triompher.

Les courses étaient finies, chacun quitta sa place, on se mêla assez rapidement. Victor était entouré, félicité, madame Del... se tenait à l'écart d'un air courroucé; elle ne regardait que moi.

Victor passa devant nous. M. de C... lui cria en souriant :

— Bravo! très-bien!

Victor se retourna en fronçant le sourcil, et je lui envoyai mon plus gracieux sourire en lui disant aussi :

— Très-bien, très-bien! Il changea de visage, s'inclina et passa.

Je ne m'occupai point de ce qu'il pensa, je ne vis que la colère de madame Del..., et j'acceptai avec empressement le bras de M. le comte de C... Je me sentais légère et forte, et je n'aperçus pas le comte qui m'observait avec ne sourire ironique.

Après quelques pas, ma mère parla de retourner à Paris; mais le comte fit l'étonné de ce que nous ne dînions pas dans quelque château des environs; et à travers mille excuses sur l'imprévu d'une offre pareille et sur l'hospitalité improvisée qui nous accueillerait chez lui, il nous proposa de nous emmener tous à dîner. M. Malabry avait accepté sans doute depuis longtemps, et je vis à l'embarras de ma mère qu'elle n'était pour rien dans les faux-semblants de cérémonie de M. Malabry.

Le comte voulut sans doute avoir l'air de jouer la comédie jusqu'au bout; car il nous demanda la permission d'envoyer en avant donner quelques ordres, et il nous quitta pour aller vers son équipage que je n'aurais pas deviné à sa magnifique simplicité.

Pendant que tout cela se passait, madame Del... avait doucement entraîné sa cour de notre côté, et lorsque je la vis s'approcher de nous, je fus fort étonnée de la voir calme, souriante, mais d'un air doucement mélancolique. Elle venait droit à nous, et semblait me regarder avec une affection bienveillante.

Je prévis quelque perfidie cruelle, et j'eus peur; mais je n'étais pas maîtresse de l'éviter. Seulement je remarquai que tous ceux qui l'accompagnaient se détachèrent d'elle à quelques pas de nous, et que madame R..., qui donnait le bras à madame Del..., passa devant nous sans s'arrêter.

Evidemment, et il y a des choses qui vous apparaissent soudainement dans toute leur cruelle vérité : évidemment on voulait bien accepter la présence de madame Del..., mais on n'entendait pas se mêler à la compagnie d'assez mince apparence ou d'assez mauvais renom qu'il lui plaisait d'aborder. Je remarquai même que, lorsqu'elle fut passée, madame R... se retourna et me regarda particulièrement avec une expression d'étonnement triste. Il se passait nécessairement quelque chose que je ne comprenais pas, et qui m'effraya.

Cependant madame Del... avait abordé ma mère, s'excusant de ne pas être venue nous voir, s'enquérant de notre santé et gagnant peu à peu du terrain jusqu'à moi, qui, me trouvant seule, me reculais le plus possible. Mais enfin elle m'atteignit, me fit mille compliments de l'air le plus humblement impertinent, et entre deux phrases sur ma beauté, mon succès, et jetées à haute voix avec de grandes exclamations, elle me dit tout bas et entre ses dents :

— Lequel voulez-vous me laisser?

Si j'avais été sous la protection d'un père honorable ou d'une mère qui m'eût comprise, sans doute j'en aurais appelé à eux de l'insulte que je venais de recevoir; mais je me sentais seule pour me protéger, et voulant me défendre contre cette attaque, je n'eus pas la présence d'esprit de m'en garantir, comme je l'aurais dû, par le silence et le mépris. J'avais engagé la lutte avec cette femme, elle venait de me porter un coup; j'acceptai les armes dont elle se servait; et emportée par un de ces sentiments que les femmes n'éprouvent que les unes contre les autres, je lui répondis du même ton :

— Ni l'un ni l'autre.

Sa surprise me montra que mon audace l'avait dépassée; mais elle m'avertit en même temps de la faute énorme que je venais de commettre.

Le comte de C.... nous avait rejoints; nous partîmes tous avec lui; et en montant en voiture j'aperçus Victor qui était près de madame Del...., qui lui montrait le comte de C.... qui avait cédé sa voiture à ma mère, et qui était monté dans notre calèche.

IX

Durant le trajet de Maisons au château de C...., je luttai vainement contre le sentiment pénible qui s'était emparé de moi. Certes, si j'avais pu croire à la sincérité de la position où j'étais censée me trouver, j'aurais facilement écarté l'inquiétude qui me tourmentait.

Tant que je raisonnais dans cette hypothèse d'un mariage possible avec le comte de C...., je me trouvais plus que vengée de la perfidie de Victor et de l'impertinence de madame Del.... Je dois dire même que ce mariage m'eût séduite, alors même qu'il n'eût pas été pour moi un triomphe contre eux.

Personnellement, M. de C.... ne me déplaisait point, et tous les avantages que lui donnaient sa fortune, son nom, sa position, avantages dont une femme prend bien plus sa part que des agréments de l'esprit, de la beauté ou de la jeunesse de son mari ; tous ces avantages, dis-je, me parlaient bien haut en sa faveur.

Lorsque nous arrivâmes à son château, son aspect seigneurial, ses grands appartements boisés et d'une autre époque, ses vastes jardins, graves et séculaires, me charmèrent on ne peut plus, et je trouvai qu'ils seraient un magnifique cadre à une vie jeune et élégante.

C'est un contraste qui m'a toujours séduit que celui d'un enfant blanc et rose dans un vieux fauteuil gothique, ou d'une jeune fille frêle et gracieuse dans une large et lourde voiture armoiriée. La tournure de tout ce qui m'entourait venait en aide à cette fantaisie de mon goût, et M. de C.... lui-même, avec sa taille élevée et carrée, la gravité que sa figure empruntait à son âge, me semblait réaliser l'idéal que je me faisais du maître d'un pareil lieu.

Je mettais plus que de la bonne volonté à me représenter ces images; mais malgré la faculté que j'ai souvent trouvée en moi de vivre dans une pensée, celle-là ne pouvait m'arriver complétement; une défiance invincible semblait me tirer en arrière dès que je cherchais à m'aventurer dans la séduction de cet avenir, et il me semblait qu'une voix secrète me criait sans cesse :

« Prends garde : tout cela est un piége où tu trouveras le malheur. »

Je souffrais horriblement de cette lutte avec moi-même, tandis que mes sœurs semblaient vouloir me rendre ces lieux plus séduisants par la critique qu'elles en faisaient à leur manière....

Pour Cornélie, cela manquait de ce luxe voyant, que je déteste dans les constructions modernes ; Lia ne leur trouvait point le charme d'intimité qui doit exister dans une maisonnette ombragée de saules pleureurs ; et Sophie ne cessait de dire qu'il fallait brûler un *bois terrible* pour réchauffer ces grandes halles.

Cependant l'heure du dîner arriva, et quels que soient les prodiges que peut produire l'argent, je compris parfaitement, à la magnificence du service et à la splendeur délicate du dîner, que cette prétendue hospitalité improvisée avait été longuement préparée.

Cette circonstance, qui montrait combien notre rencontre avait été arrangée avec M. de C...., pouvait s'expliquer facilement par les projets très-legitimes attribués au comte par mon beau-père, et cependant cette circonstance me faisait encore peur.

Ce qui me frappait surtout, c'était l'embarras et la surprise de ma mère. Elle n'avait donc pas été prévenue. J'avais été si mal accueillie par elle toutes les fois que je lui avais témoigné un soupçon contre son mari, que je n'eusse pas osé lui dire franchement ce que j'éprouvais ; mais je pensai arriver à mon but par un moyen détourné ; et m'étant approchée d'elle, je lui dis d'un air mystérieux :

— Je ne suis point de l'avis de mes sœurs, et il me semble que je voudrais habiter toute ma vie un château comme celui-ci.

Ma mère me comprit plus que je ne m'y attendais, car elle me répondit à voix basse :

— Oui ; mais quand on ne doit y passer qu'une heure ou deux on ferait mieux de n'y pas venir. Cette invitation me contrarie beaucoup. M. de C... nous croit beaucoup plus riches que nous ne le sommes, et quand viendra l'heure de lui dire la vérité, il se retirera, et tout cela n'aboutira qu'à t'avoir compromise ridiculement ; car il faut bien que je te le dise, ce n'est pas toi qui lui feras oublier ses intérêts de fortune.

Je ne vis dans cette objection de ma mère qu'une preuve qu'elle connaissait et qu'elle approuvait les recherches de M. de C... Quant à l'obstacle qu'elle prévoyait, il ne me paraissait pas digne d'être mentionné, et je savais assez bon gré à mon beau-père d'avoir pensé que si je voulais m'en donner la peine, je les surmonterais aisément.

Je fus à peu près rassurée par ce peu de paroles et surtout par la crainte naïve de ma mère.

C'était donc une affaire sérieuse ; je le crus, et peut-être y trouvé-je aussitôt un assez vif intérêt par la difficulté même qui s'offrait à moi. Il était dans ma nature de résister à une chose qui se fût faite pour ainsi dire sans mon concours, et de vouloir participer à un succès qu'on semblait me croire incapable d'obtenir.

Le dîner commença pour moi sous cette nouvelle impression ; je me sentis plus légère, plus forte, et un sentiment de coquetterie s'empara de moi.

M. de C... avait offert à ma mère la place de la maîtresse de la maison, et Cornélie et moi nous étions chacune d'un côté de M. C...

Le commencement du dîner fut assez froid ; mais bientôt la conversation, quoique enfermée entre gens qui, se voyant tous les jours, n'avaient pas grand'chose à se dire, devint très-animée.

Je remarquai dans cette occasion la supériorité réelle de Burac. Il voulut montrer à M. de C... qu'il ne se croyait pas en dehors de sa sphère en se trouvant dans sa maison, et il réussit avec un tact et un goût parfaits, tandis que M. Brugnon, M. Varnier et mon beau-père lui-même paraissaient mal à l'aise dans ce luxe de service qui les entourait.

Cette nouvelle remarque ajouta un nouvel intérêt à ce qui se passait pour moi dans cette maison.

Je me souvins que Burac avait commencé par moi ses entreprises dans notre famille, que je l'avais repoussé comme un petit être suffisant, et je m'apercevais en ce moment que je l'avais jugé avec trop de prévention, que ma sœur Cornélie avait peut-être été plus avisée que moi en l'accueillant, et qu'il était bien capable de tenir un jour toutes les promesses qu'il lui avait faites. C'était pour ma sœur un triomphe qui m'humiliait. (Il faut que je dise tout.)

Mais ce triomphe, il demeurait toujours dans les chances d'un avenir éloigné et incertain, tandis que pour moi tout pouvait se réaliser en quelques jours. Toutes ces pensées, et je ne puis dire quelle sorte d'entraînement indépendant de ma volonté, m'emportèrent malgré moi. Je pris à la conversation plus de part que ce n'était ma coutume.

M. Malabry m'applaudissait tout bas ; Burac m'adressait de ces sourires complimenteurs qui ressemblaient à une félicitation, et M. de C..... prenait des airs de bonheur qui lui allaient à merveille ; on s'animait sans faire attention, et je ne sais si c'est le résultat des émotions que j'avais éprouvées et qui m'avaient singulièrement exaltée, ou l'enivrement du parfum des fleurs dont la salle était ornée, ou la vivacité rapide de cet entretien, ou peut-être... mais je ne peux croire à une telle infamie ; je ne sais enfin ce qui agissait ainsi sur moi, mais à plusieurs fois je me sentis prise d'une sorte de vertige.

Le sentiment de résistance en moi était endormi, j'étais dans une disposition bienveillante qui me faisait céder sans peine au mouvement de tout ce qui m'entourait.

J'aimais l'esprit de Burat, j'étais flattée des éloges de M. Malabry ; les airs langoureux de Varnier m'amusaient au point que je les faisais remarquer à M. de C..., et j'étourdissais Brugnon par la facilité avec laquelle je pénétrais dans les ténèbres de sa métaphysique politique.

Le dîner venait de se terminer au milieu d'un entrain et d'un abandon, qui aujourd'hui me paraît inconcevable, M. Malabry m'avait dit tout bas en passant dans le salon :

« Madame la comtesse veut-elle prendre mon bras ? » et j'avais trouvé cela très-aimable, lorsque tout à coup un domestique entre d'un air effaré, et immédiatement après lui Victor, qui arrive droit jusqu'à M. de C..., qui pâlit en le voyant, et sans doute l'eût écrasé s'il eût pu le faire.

M. Malabry parut anéanti, moi-même je trouvais que M. Victor était d'une rare impertinence, et je fus peut-être plus mécontente qu'effrayée de son arrivée. Il s'avança froidement vers M. C..., et je remarquai à sa tenue la résolution d'un homme qui s'est dit : Tout le risque de ma démarche ne peut aboutir, en fin de compte, qu'à un duel avec l'un de ces hommes, et ce duel, je le désire. Lorsqu'il fut près du comte, il le salua cérémonieusement et lui dit :

— Je vous demande pardon, monsieur le comte, d'avoir insisté pour pénétrer jusqu'à vous, mais j'étais chargé de vous apporter une nouvelle qui ne souffrait aucun retard.

— Cela m'étonne, reprit le comte sèchement, je n'ai point d'affaire pressée.

— Peut-être avez-vous oublié celle-là, monsieur le comte, dit ironiquement Victor; mais la personne qui avait été chez vous à Paris ayant appris que vous étiez à Maisons y est accourue. Je l'ai rencontrée après votre départ, et, comme cette nouvelle m'intéresse aussi, elle me l'a confiée et je me suis chargé de vous l'apporter, attendu qu'elle était forcée de retourner à Paris.

— De quoi s'agit-il enfin? dit le comte de C... qui avait peine à contenir sa colère.

Victor jeta un regard rapide autour de lui comme pour appeler l'attention de tout le monde, et il répondit en articulant ces mots avec attention :

— Il s'agit de ma grand'mère, monsieur, de votre femme, de madame la comtesse de C....

L'effet que devaient produire ces paroles avait été calculé par celui qui les prononçait; car il regarda encore autour de lui, et cette fois il semblait dire à tout le monde : « Auriez-vous pu le croire? » Mes sœurs ne me parurent rien comprendre à cela, pas plus que Brugnon et Varnier : mais je n'essaierai pas de peindre la stupéfaction de ma mère et celle Burac, l'expression de ressentiment implacable qui se montra sur le visage de M. Malabry; mais, tandis qu'une affreuse clarté semblait tout à coup me montrer la vérité de ma position et le piége ignoble où j'avais été poussée, j'admirai encore le froid dédain avec lequel M. de C... entendit ces paroles; il était le seul maître de lui, et ne semblait pas s'apercevoir de nos divers sentiments; mais pendant que nous étions tous comme atterrés de ce que nous venions d'entendre, Sophie (il y a des instincts uniques en ce monde), Sophie s'écria soudainement :

— Quoi! monsieur Victor, madame la comtesse de C... est votre grand'mère?

Le comte avait résisté au côté grave et presque tragique de cette scène; mais le côté plaisant et burlesque surmonta sa fermeté, et il rougit de dépit à la naïve exclamation de Sophie; moi-même je ne pus m'empêcher d'en rire. Le comte reprit rapidement son assurance, et dit à Victor :

— Et qu'est-il arrivé à madame de C... qui vous a fait accourir en si grande hâte dans une maison où vous n'avez pas l'habitude d'être reçu?

Victor sourit dédaigneusement et répliqua :

— Monsieur le comte oublie que j'y ai passé la fameuse journée de...

Cette audacieuse allusion au mensonge par lequel M. de C... avait sauvé Victor me parut aussi déshonorante pour l'un que pour l'autre, et par un mouvement naturel, je me retirai pour ainsi dire derrière ma mère.

Le comte ne répondit que par un regard de mépris, et Victor continua.

— Ce que j'avais à vous dire de madame la comtesse ne s'adresse qu'à vous.

— Veuillez donc me suivre, monsieur, reprit le comte.

Victor passa dans une autre pièce. M. de C... s'excusa avec assez d'aisance de cette fâcheuse interruption, et il alla rejoindre Victor.

Ma mère regardait M. Malabry avec épouvante, et semblait craindre de l'interroger. En cette occasion, Burac fut le seul qui, malgré tous les vices d'improbité dont on peut l'accuser, conserva un sentiment véritable de dignité; car il dit sévèrement à M. Malabry.

— Vous ignoriez donc que M. de C... fût marié?

— Je ne le savais pas plus que vous, dit mon beau-père avec humeur.

Il fut évident pour moi qu'il mentait; et l'effroi, l'horreur que j'éprouvai furent tels, que je me sentis suffoquée, et je me serais évanouie, si les larmes que je ne pus contenir n'étaient venues me soulager.

Ma mère cherchait à me consoler en me disant tout bas :

— Je t'avais bien prévenue que c'était une chose impossible; il vaut mieux avoir été éclairée à temps.

Burac, que je n'avais jamais trouvé si bien pour moi, me prit la main et, la serrant avec affection, il me dit :

— Du courage, Géorgina; quand vous le voudrez vous trouverez un parti cent fois préférable.

Je ne répondis rien, et je demandai à ma mère de partir sur-le-champ.

Elle dit à Brugnon de donner des ordres pour qu'on attelât,

et M. de C... reparut; il ne sembla point étonné de notre résolution, et nous annonça que les nouvelles qu'il venait de recevoir le forçaient à repartir à l'instant même pour Paris. Le temps nécessaire aux apprêts de notre départ fut assez pénible pour tout le monde. J'avais toutes les peines du monde à me remettre. Je me calmais un moment, je retenais mes larmes ; mais un regard jeté sur ma mère ou sur mes sœurs me rendait toute ma faiblesse, et je me remettais à pleurer silencieusement.

Burac me prit le bras, et m'entraînant doucement hors du salon, il me dit :

— Venez un moment, Géorgina, l'air vous fera du bien; nous monterons en voiture à la grille.

C'était véritablement le seul homme qui eût du bon sens. M. Malabry, confondu, atterré, se tenait dans un coin, les mains crispées et l'air presque hagard. Je trouvai Burac très-bon de m'arracher à cette cruelle position, et je suivis avec lui l'avenue du château.

A peine fûmes-nous seuls, qu'il me dit :

— Je vous croyais plus forte, Géorgina.... Qu'est-ce après tout? une espérance d'une heure que vous perdez.

— Oh! vous comprenez bien que ce n'est pas de cela que je pleure!

— Mais de quoi donc?

— M. Malabry ne vous a-t-il pas instruit que M. le comte de C... recherchait ma main?

— Oui, dit Burac, il m'en a parlé, et j'avoue que j'ai partagé son espérance.

— Tenez, monsieur Burac, le ton dont vous avez demandé à M. Malabry s'il ignorait que M. de C... fût marié m'a donné de vous une meilleure opinion que je n'en ai jamais eu; mais le ton de cette question m'a appris en même temps que vous étiez persuadé qu'il le savait.

— Je vous jure... dit Burac en biaisant.

— Ne jurez pas; vous êtes sûr maintenant qu'il le savait, et alors dites-moi pourquoi il m'a amenée ici? repris-je avec violence.

Burac leva les yeux au ciel, ne répondit pas, et, cherchant sans doute une réponse qui ne dît rien, il laissa échapper cette phrase bien plus cruelle que mes accusations :

— Que voulez-vous, Géorgina? la misère rend les hommes fous.

— Oseriez-vous chercher à l'excuser?

— Non, sur mon honneur, non, me répondit Burac sincèrement: il a perdu la tête.....

— Et vous ne pensez pas que je vais rester seule entre les mains de cet homme?

— Je ne vous y laisserai pas, Géorgina, me dit vivement Burac; vous viendrez chez moi. Vous ne m'aimez pas, je le sais, nous n'avons ni opinions ni sentiments analogues, mais vous êtes la sœur de Cornélie que j'aime, et qui dans quinze jours sera ma femme, je ne vous abandonnerai pas. Malabry m'a trompé comme vous; car il n'aurait pas osé me confier une telle infamie, quoi que vous puissiez croire de moi...

Il s'arrêta un moment, puis il s'écria :

— Ah! si vous aviez voulu me comprendre!...

Je me reculai de lui.

— Mais il est trop tard; d'ailleurs Cornélie est bonne, et je la rendrai heureuse.

— Je le crois maintenant, lui dis-je.

— Je vous remercie, me dit Burac; mais soyez calme, et surtout ne dites rien ni à votre mère qui ne vous croirait pas, ni à vos sœurs qui doivent ignorer de si honteux mystères.

Ces dernières paroles me rendirent triste, sans pourtant me blesser.

Je n'étais donc plus une jeune fille pour Burac; il croyait pouvoir parler avec moi de choses dont l'idée eût sans doute altéré la pure ignorance de mes sœurs. Hélas! bien souvent j'avais trouvé une supériorité dans la hardiesse même de mes pensées; mais à ce moment je regrettai de n'être pas, comme elles, une fille obéissante et peut-être aveugle, et je me demandai si ce n'avait pas été un malheur et peut-être un danger pour moi d'avoir vu mieux qu'elles l'indignité de celui qui nous servait de père.

Je me dis, et je le crois encore, que M. Malabry n'eût pas osé tenter contre une de mes sœurs ce qu'il eut l'infamie d'entreprendre contre moi.

X

Nous arrivâmes ainsi à la grille, où nous fûmes bientôt rejoints par ma mère et mes sœurs qui étaient montées en voiture dans la cour du château.

M. Malabry n'était pas avec elles ; Burac s'en informa. Ma mère lui répondit d'un air fort alarmé qu'il devait revenir avec M. de C.., et qu'elle redoutait une explication qui pouvait devenir dangereuse.

Burac ne put s'empêcher de laisser échapper un sourire d'incrédulité dédaigneuse, rassura ma mère et me fit monter avec elle dans une calèche où il prit place, laissant Cornélie entre mes deux autres sœurs escortées par M. Brugnon et M. Varnier.

Sans doute, il voulut éviter une explication entre moi et ma mère, et, ce jour-là, j'admirai dans Burac ce qui souvent m'avait déplu en lui lorsqu'il voulait détourner mon attention de quelque pensée sérieuse : c'était la facilité avec laquelle il parlait de choses indifférentes alors même qu'on ne lui repondait pas, et y mettait tant de persistance qu'il vous entraînait presque toujours en dehors de vos préoccupations.

C'est ce qui arriva pour ma mère, sinon pour moi ; et lorsque nous arrivâmes à Paris, elle semblait ne plus penser à ce qui s'était passé chez le comte de C....

Quant à moi, en remettant un peu d'ordre dans mes pensées, j'en étais nécessairement revenue à la démarche de Victor.

Comment l'avait-il faite, et pourquoi l'avait-il faite ? Etait-ce le hasard qui lui avait fourni cet étrange prétexte, ou bien l'avait-il inventé? et puis revenait cette bizarre rencontre d'intérêts privés, qui faisait que la grand'mère de Victor était la femme du comte de C... Il y avait au fond de tout cela un mystère que je ne pouvais percer, mais il s'y trouvait aussi une crainte qui me revenait sans cesse à l'esprit.

Lorsque ma mère avait paru s'alarmer de ce que M. Malabry était resté seul avec le comte de C..., Burac avait montré qu'il n'avait aucune crainte d'une explication dangereuse entre eux; mais j'étais bien assurée qu'il n'eût pas pensé de même si je lui avais témoigné la même crainte du résultat de l'entretien particulier qui avait eu lieu entre le comte et Victor.

Cela m'amenait naturellement à penser que Victor avait tout bravé pour me secourir, il savait donc à quel danger j'étais exposée! Cela me rappela le regard singulier que m'avait jeté madame de R..; j'avais donc été publiquement affichée.

A cette pensée, je frémissais de honte et de colère, et je rendais grâces à Victor, dont l'amour n'avait pas hésité; mais Victor lui-même n'était-il pas avec madame Del..., et pouvais-je croire à cet amour?

Je me perdais dans ce dédale de pensées, de combinaisons, d'événements, et j'avoue qu'en ce moment Burac me parut la seule personne à qui je pusse me confier.

Aussi lui dis-je, lorsque nous arrivâmes à la maison :

— Quand vous reverrai-je?

— Demain, me répondit-il; soyez calme jusque là, et observez-vous dans tout ce que vous direz.

En me quittant il me prit la main et me la serra comme à un ami.

Il y a des jours fâcheux dans la vie où les petits désagréments les plus imprévus viennent se mêler aux plus grandes douleurs.

Lorsque nous fûmes dans notre appartement, par un sentiment de reconnaissance pour Burac je m'approchai de Cornélie. Elle me repoussa avec aigreur.

Les souvenirs de Burac pendant le dîner, notre sortie en tête-à-tête, le fait d'être monté avec moi dans la calèche de ma mère, tout cela lui avait paru étrange, et elle s'était prise d'une jalousie subite et courroucée contre moi.

Je ne compris rien à l'aigreur de son accueil. Je me retournai fort étonnée vers mes sœurs pendant qu'elle regagnait sa chambre; et je fus très-surprise d'entendre Lia me dire d'un air sentencieux :

— Agir ainsi envers une sœur, c'est manquer de délicatesse et de cœur.

Je regardai Sophie, qui s'écria d'un air moins aigre, mais aussi indigné :

— Le fait est que la veille d'un mariage, si M. Brugnon s'était laissé prendre comme Burac à tes coquetteries, je le refuserais, dussé-je en mourir!

Sophie avait volé ce dernier mot à Lia; mais je n'entendis que cette accusation de coquetterie qui m'arrivait après tout ce que je venais de souffrir, et je me retirai solitairement dans ma chambre, anéantie et incapable de raisonner, de prendre un parti, de me rendre compte même de tout ce que j'éprouvais.

Quand la fatigue de l'esprit et l'accablement du corps sont assez forts pour vous jeter dans un sommeil lourd, écrasant, où tout s'oublie et se perd, c'est un bienfait du Ciel; mais j'étais dans cet état où je ne pouvais suivre une idée, tant j'étais brisée, et où cependant le sommeil ne m'envahissait pas assez complétement pour que tout ce qui s'était passé dans cette cruelle journée ne me revînt pas avec obsession.

J'avais la fièvre de l'esprit et du corps; et je passai une affreuse nuit, poursuivie d'étranges frayeurs, de rêves fantastiques : tantôt c'était Cornélie qui voulait me tuer, puis c'était Burac que j'aimais.

J'étais encore dans cet état de délire, lorsque je fus arrachée à cette souffrance insupportable par la femme de chambre qui m'éveilla en me rémettant une lettre que je pris machinalement, et avant d'avoir eu le temps de réfléchir que cette fille était celle qui avait remis ma correspondance à M. Malabry.

Cette lettre, je la copie textuellement : car je la possède encore.

XI

Voici cette lettre :

« Un homme qui vous aime vous a confié le secret de ses » frères. En commettant cette trahison, il a prononcé son » arrêt et le vôtre.

» La mort ne sera pour lui qu'un châtiment mérité, mais » nous détestons sa lâcheté qui nous a forcé à condamner » une femme innocente. C'est pour cela que nous avons ré- » solu de vous offrir une chance de vous sauver et de le » sauver avec vous.

» Il faut un cœur héroïque pour la tenter : si vous vous » sentez le courage d'un grand sacrifice pour celui dont l'a- » veugle passion vous a sacrifié le plus saint des devoirs, » rendez-vous aujourd'hui même à l'église Saint-Roch, vers » huit heures du soir ; votre mère, vos sœurs et votre beau- » père seront sortis.

» Tout ce qui se dit et se fait chez vous nous est connu, et » une indiscrétion, à qui que ce soit qu'elle s'adressât, serait » le signal de l'exécution de notre arrêt contre le coupable » d'abord et contre vous ensuite.

» Une voiture vous attendra au bout du passage d'Argen- » teuil. Montez-y en disant ce seul mot au cocher : Où vous » savez. — Il vous conduira dans un endroit où l'on vous ap- » prendra ce qu'il faut faire pour votre salut. Demain, il ne » serait plus temps. »

Cette lettre était sans signature, mais on y avait dessiné à la place un bonnet phrygien surmontant des poignards en croix.

Beaucoup d'hommes ont reçu des lettres remplies de pareilles menaces, et les plus braves ont pris le parti de les dénoncer à la police ; mais tous ont hésité longtemps avant de braver cette vengeance occulte, qui semble pouvoir les atteindre jusque dans leur maison.

On peut aisément s'imaginer quelle dût être mon épouvante en recevant une pareille lettre.

Et cependant je puis le dire sans trop d'orgueil, cette épouvante n'était pas pour moi. Je m'étais endormie et réveillée dans cette cruelle disposition d'esprit où on laisse volontiers sa vie à qui veut la prendre, parce qu'on ne sait plus qu'en faire ni comment la défendre.

L'homme attaqué à l'improviste, lorsqu'il peut s'acculer à un mur, a une sorte de résolution terrible et alerte pour son salut tant qu'il n'a ses ennemis que sur les flancs et en face de lui ; mais qu'un agresseur plus hardi parvienne à l'attaquer par derrière, et tout aussitôt la moitié de son courage et de sa force s'en vont, et on peut alors l'achever presque impunément.

Je n'étais qu'une pauvre fille, et j'étais attaquée de toutes parts avec un acharnement qui m'avait tout à fait découragée.

Je ne puis expliquer cette pensée qu'en la disant comme je l'éprouvai, car ce fut plutôt une sensation qu'une réflexion; il me sembla que le danger de Victor fût un secours pour moi et me rendît une sorte d'énergie.

Ne vous semble-t-il pas que si, pendant une nuit obscure, vous étiez arrêté par des malfaiteurs, vous éprouveriez moins de terreur si vous entendiez une autre personne arrêtée à quelques pas de vous.

Peut-être je me trompe, mais il me semble à moi que l'isolement dans le malheur doit vite mener au désespoir.

Je ne prétends pas raconter tout ce qui me passa dans l'esprit après la lecture de cette lettre. Je fus longtemps avant de ramener à un enchaînement raisonnable toutes les circonstances de ce qui m'arrivait; mais enfin je parvins à me proposer cette cruelle probabilité.

Une seule personne au monde sait que Victor m'a confié les projets insensés et les affiliations de son parti; cette personne, c'est M. Malabry.

Si un autre que lui avait su ce secret, il ne l'aurait pas gardé jusqu'à ce jour, et lui-même ne s'en est sans doute servi qu'au moment où je venais de découvrir de sa part une indignité qui me donnait contre lui des armes trop funestes.

Le fait de cette dénonciation, arrivée à point le lendemain de la scène du château de C...., coïncidait trop bien avec cette dénonciation pour qu'il me fût permis d'avoir un doute à ce sujet.

Maintenant je me demandais comment M. Malabry avait pu arriver à cette dénonciation sans se compromettre lui-même.

Après avoir admis qu'il pouvait avoir des intelligences avec les meneurs en chef des sociétés secrètes, une autre hypothèse plus vraisemblable, et qui le mettait tout à fait en dehors de la question, m'apparut enfin.

M. Malabry avait supprimé des lettres que Victor m'avait adressées; ces lettres, il les avait gardées; il lui avait donc suffi de les mettre sous pli, de les envoyer à l'un des chefs qu'elles nommaient peut-être, et elles devenaient une preuve irrécusable de la trahison de Victor, sans que même ceux qui avaient dû les recevoir pussent soupçonner par qui elles leur avaient été remises.

Qu'on se mette à ma place; qu'on regarde dans ma position, de cette même place, et qu'on ose dire qu'un autre eût pu voir au delà de ces suppositions si simples et si faciles à expliquer.

Cependant ces suppositions qui me disaient comment le danger était venu ne m'indiquaient point comment je pouvais l'éviter.

Si, dans de pareils moments, on avait un ami à consulter, je crois qu'il lui serait plus facile de vous offrir sa protection ou son dévouement qu'un avis sage et raisonnable.

Oui, je le dis à ma louange, je me défendis courageusement de toute prévention et de toute crainte puérile. Je me demandai si je ne devais pas avoir une explication avec M. Malabry, sans cependant lui dire mes soupçons sur son compte; mais si ces soupçons étaient vrais, à quoi me servirait une pareille explication?

La vengeance qu'il avait sans doute voulu tirer de Victor ne devait peut-être pas m'atteindre dans ses prévisions; mais pouvait-il l'arrêter après l'avoir si imprudemment excitée, et, voyant le terrible résultat de sa démarche, ne prétendrait-il pas avec d'autant plus de force y être parfaitement étranger?

On peut voir que dans ce raisonnement je mettais de côté le mépris et l'horreur que j'éprouvais contre M. Malabry et qui me disaient que tout ce que je ferais pour me rapprocher de lui deviendrait entre ses mains des armes contre moi.

Indépendamment de ces sentiments, je n'avais donc rien à espérer de ce côté. Pouvais-je m'adresser à ma mère? Mais n'était-elle pas encore plus impuissante que moi? D'un autre côté, ces hommes, qui poursuivaient jusqu'à moi leur secret trahi, n'iraient-ils pas jusqu'à ma mère, s'ils savaient que je le lui eusse confié?

Quelles alarmes ne serait-ce pas exciter en elle, et ne reviendrait-elle pas encore à M. Malabry pour lui demander appui et protection? Il ne me restait donc que Burac.

Mais, ici, presque toutes les mêmes difficultés se présentaient.

Sans doute Burac voudrait et saurait mieux me protéger que Victor; mais de quelle façon? Ce ne pouvait être que par une intervention de la police, et cette intervention, qui mettrait sans doute quelques hommes sous la main de la justice, n'y pourrait-elle pas aussi entraîner Victor, qui était aussi coupable envers le pouvoir qu'envers les siens?

Et tout cela le sauverait-il et me sauverait-il? Ne valait-il pas mieux ne demander et ne devoir qu'à moi ce salut qu'on m'offrait?

Je ne puis dire tout ce que j'imaginai durant deux heures que je débattis cette question avec moi-même; mais à quelque point et à quelque côté que je la prisse, j'arrivais toujours à cette cruelle et fatale conclusion, que le parti le plus sage était d'obéir.

Et maintenant que j'ai essayé de me justifier en montrant par quelles considérations mon esprit se détermina, je puis dire que mon orgueil, mon caractère, me portaient à prendre ce parti.

Il s'agissait, me disait-on, d'un grand sacrifice, d'un dévouement héroïque, et ces mots retentissaient en moi comme un appel à la réalisation de mes rêves.

L'homme qui a écrit cette lettre a été inspiré par un hasard bien funeste, ou bien il me connaissait parfaitement, et savait par quel appât on pouvait m'entraîner dans un piége.

Il était assez tard lorsque je me présentai chez ma mère, et je reçus immédiatement une sorte de confirmation de cette lettre.

On m'annonça que M. Varnier avait déjà envoyé deux loges contiguës pour l'Opéra; c'était pour ma mère et mes sœurs une charmante attention de fiancé, ce fut une nouvelle terreur pour moi. On me demanda si j'y irais; à tout hasard je me fis malade, et je pus m'apercevoir que mon refus avait été espéré.

Malgré tous mes soins, j'étais triste, soucieuse et si préoccupée, que, de temps à autre, il m'arrivait de laisser échapper tout haut des exclamations d'effroi et même des paroles plus significatives.

Ainsi je me demandais souvent quel pouvait être ce sacrifice que l'on attendait de moi, et après m'être vainement torturé l'imagination pour répondre à cette question, je m'écriai dans un mouvement d'impatience :

— N'importe, j'irai... j'irai... — Où donc? me dit ma mère.

Je demeurai stupéfaite : ma sœur Sophie me sauva en disant tout de suite :

— Probablement à l'Opéra.

— C'est ce que je voulais dire, repris-je aussitôt.

— Vous aurez la bonté de nous dire vos intentions définitives, me dit ma mère d'un ton sec ; car ces petites fantaisies brusques sont d'assez mauvais goût.

Je me souviens que je regardai ma mère d'un air qui devait être bien désespéré, car elle vint aussitôt à moi et me dit avec sa touchante bonté :

— Allons, Géorgina, j'ai oublié que tu étais malade ; je n'ai pas voulu te faire du chagrin... Eh bien ! si tu crains de t'ennuyer toute seule ce soir, je resterai avec toi.

Par un mouvement plus rapide que la pensée, je tombai à genoux devant elle, je cachai ma tête dans les plis de sa robe et je me mis à pleurer sans pouvoir prononcer une parole.

Ces larmes, si j'avais pu les expliquer, auraient dit à ma mère que je l'appelais à mon aide; mais elle n'y vit qu'une sorte de crise nerveuse, résultat de mon indisposition et de la scène de la veille.

Elle chercha à me consoler dans cette idée, et repoussa à mille lieues la confidence que je lui aurais peut-être faite si elle l'eût sollicitée avec inquiétude.

Il n'y a rien qui blesse et offense le cœur de ceux qui souffrent comme de leur supposer une douleur qui est au-dessous de celles qu'ils subissent ; ils se disent alors qu'on est incapable d'apprécier leur chagrin, ils se taisent, abandonnés à eux-mêmes par leur propre faute, et s'égarent à tout jamais.

Il est peut-être plus résulté de malheurs et de fautes de ces malentendus qui isolent deux cœurs prêts à se protéger et à s'éclairer, que des passions auxquelles le monde les attribue.

Je laissai parler ma mère sans l'écouter, et je rentrai en moi-même dans cette pénible discussion de ce que j'avais à faire.

Burac, qui était pour ainsi dire de la maison, arriva bientôt après. Je remarquai que Cornélie ne lui montra point l'humeur qu'elle avait la veille laissé voir contre moi.

Je m'imaginai que Burac l'avait rassurée en lui disant la vérité de ma situation, et j'en fus encore plus malheureuse.

Je ne savais pas encore que mon beau-père s'était chargé du soin d'expliquer et d'excuser tout ce qui pouvait être bizarre en moi par un mot qui est plus en usage qu'on ne croit dans le monde :

« Il y a un grain de folie dans son fait. »

Je suis encore bien jeune ; je n'ai pénétré ni souvent ni bien avant dans les redoutables secrets des existences en apparence les plus communes ; mais je sais que cette accusation de vague folie est une excuse à bien des lâchetés et à bien des tyrannies. Burac cependant s'approcha bientôt de moi et me dit :

— Eh bien ! que s'est-il passé ? — Rien. — Quelle figure fait M. Malabry ? — Je ne l'ai pas encore vu.

Burac baissa la voix et me dit :

— Je sais enfin le secret de la scène de M. Benoît.

J'écoutai Burac, supposant qu'il allait me raconter ce qui avait déterminé la démarche audacieuse de Victor. Il me raconta qu'il avait seulement appris que M. de C..., alors à peine âgé de vingt-cinq ans, avait épousé, en 1812, madame Benoît, veuve d'un homme qui avait fait une immense fortune, grâce à des brevets de licence qui lui avaient été donnés par l'empereur.

Cette madame Benoît avait un fils qui s'était brouillé avec sa mère pour s'être opposé à ce mariage ; ce fils était le père de Victor, demeuré orphelin de très-bonne heure, car ce M. Benoît mourut à l'époque où les tristes prédictions qu'il avait faites à sa mère commençaient à se réaliser.

En effet, M. de C.... faisait servir à son amour des plaisirs l'immense fortune de sa femme.

Ce fut d'abord dans le cœur de celle-ci une jalousie qui la fit tourner en ridicule pour un malheur qui semblait mérité par son imprudence ; de la douleur cette jalousie passa aux scènes scandaleuses et violentes qui parurent non-seulement plus ridicules, mais plus odieuses.

Cette malheureuse femme, indignée de l'appui que la conduite en apparence calme et convenable de son mari trouvait près de ses amis, se laissa aller à des emportements contre eux que, par pitié, ils voulurent bien qualifier de folie.

Ce mot une fois lancé, il n'en fallut pas plus pour qu'une interdiction provoquée par M. de C..., fût prononcée, grâce aux nombreux témoignages qui l'appuyèrent.

En ce temps-là les journaux ne rendaient point compte de tous les procès qui s'agitaient devant les tribunaux.

Madame de C..., confinée dans une maison de santé sous son nom de Benoît, disparut du monde. On crut faire une chose de bon goût pour la famille que de ne point parler de ce malheur domestique.

Le bruit de la mort de madame de C... fut répandu, et depuis tant d'années cela s'était si bien oublié, que des gens qui connaissaient M. de C... depuis quinze ans le croyaient veuf.

Quant à l'événement auquel Victor avait fait allusion pour expliquer son arrivée chez le comte de C..., Burac n'en était pas instruit.

J'entendis assez mal tout ce que Burac me raconta à ce sujet; car ce n'est pas ce que j'attendais de lui. Enfin, pressée par mon impatience d'apprendre quelque chose de Victor, je lui demandai franchement; il me répondit de même.

— Non! je suis allé chez lui ce matin, et, d'après ce qu'on m'y a dit, il est parti de fort bonne heure pour ne revenir, m'a-t-on dit, que dans quelques jours.

Ce départ déterminé si brusquement me parut se rattacher à la lettre menaçante que j'avais reçue moi-même, et je ne pus m'empêcher de tressaillir. Burac me demanda ce que j'avais, et, malgré la détermination que je croyais avoir irrévocablement prise, il y avait en moi tant de doute, que j'étais prête à lui faire la confidence de ce qui m'arrivait, malgré toutes les raisons que je m'étais données pour me taire, surtout vis-à-vis de lui; mais un mot de Burac donna tout à coup un nouveau cours à mes idées.

— Du reste, me dit-il, si Victor veut être raisonnable, tout cela finira à merveille.

— Que voulez-vous dire? m'écriai-je.

— Après tout, me dit Burac, M. Benoît, malgré ses folies, a encore un assez beau reste de fortune; qu'il demande votre main à M. Malabry, je me charge d'obtenir le consentement de votre beau-père.

Cette solution que Burac donnait à la mauvaise position où j'étais vis-vis de M. Malabry, me parut surtout la meilleure à donner à la position équivoque dans laquelle je me trouvais près des amis politiques de Victor.

S'ils pouvaient craindre qu'une jeune fille, fort peu intéressée à leur secret, le trahît méchamment ou légèrement, ils pouvaient être assurés qu'une femme garderait fidèlement celui de son mari.

Je sentais une joie si vive de cette espérance qui m'arrachait à mes incertitudes, que j'en remerciai vivement M. Burac.

Il se trompa sur le sens de cette joie ; il crut que je souriais de tout mon amour au bonheur d'être la femme de Victor ; je n'avais pas été si loin : je m'étais arrêtée au secours que cette idée apportait à ma situation présente.

Dès ce moment, je n'eus plus ni hésitation ni doute sur ce que je devais faire, quoiqu'un dernier mot de Burac m'eût encore laissé une certaine appréhension dans l'esprit. Aux remerciements bien vifs que je lui adressai, il répondit après un moment de réflexion :

— Eh bien ! si cela arrive, souvenez-vous que c'est moi qui vous aurai sauvée, et ne vous laissez aller à aucune résolution sans m'avoir consulté.

Il me quitta après ces paroles ; je voulus les commenter, mais je ne pouvais détacher mon esprit de l'heureure idée qui avait aplani selon moi tous les obstacles, et j'attendis avec impatience l'heure désignée dans la lettre.

Dès que tout le monde fut parti, je m'habillai rapidement et je m'échappai de la maison, enveloppée dans un grand châle et le visage couvert d'un voile. Tout se passa comme la lettre me le disait : je trouvai la voiture à l'endroit désigné, je dis les paroles qui m'avaient été écrites, je montai dans la voiture et elle partit dans la direction des quais ; elle allait avec une excessive lenteur, et d'abord je m'imaginais que c'était pour me rassurer et ne point me faire craindre qu'on voulût m'entraîner malgré moi, mais lorsque j'arrivai près du Jardin-des-Plantes et que je m'aperçus que la nuit était à peu près close, je sentis une vive frayeur ; et si la voiture ne s'était arrêtée presque aussitôt au coin du boulevard de l'Hôpital, j'aurais peut-être renoncé à mon projet.

Toutes ces frayeurs d'enfant, se mêlant à des réflexions exaltées, disaient peut-être mieux ce que je suis que toutes mes réflexions.

On a fait de moi une femme en dehors de son sexe, on m'a depuis ce temps traitée comme une *femme forte*, triste nom qui n'a été qu'une occasion pour me faire subir, sous prétexte de ma supériorité, des douleurs qu'on eût épargnées à une autre.

XII

Au moment où la voiture s'arrêta, un homme se présenta à la portière, l'ouvrit et me tendit la main pour descendre. Malgré l'obscurité, je pus voir cet homme qui ne cachait pas du tout son visage. J'avais trop d'intérêt à l'observer pour ne pas y mettre une attention toute particulière; il portait de longs cheveux flottants, une barbe noire et touffue, et avait des lunettes.

— Regardez-moi bien, dit-il, pour me reconnaître un jour si vous en aviez besoin. Quand nous tentons de telles entreprises, le sacrifice de notre liberté et de notre vie est fait d'avance. Vous avez dû juger, à la lenteur avec laquelle on vous a conduite ici, qu'on ne tenait pas à dépister des espions, si par hasard vous vous étiez fait suivre par des gens de la police.

Je lui jurai en tremblant qu'il n'en était rien.

— Vous avez bien fait, me dit-il d'une voix calme, car mon arrestation eût été le signal de la mort de Victor Benoît, qui maintenant est dans nos mains.

— C'est donc vous, lui dis-je, qui lui avez écrit la lettre qui l'a fait partir précipitamment ce matin?

— C'est nous, répondit cet homme avec calme, et Burac ne vous a pas trompée en vous disant qu'il n'avait pu le voir.

On comprend combien le souvenir de cette circonstance qui ne s'était passée qu'entre moi et Burac, dut m'étonner.

Cela me donna une idée effrayante des relations de ces hommes, et je supposai que Burac était peut-être un de leurs affiliés secrets. A tout risque, je voulus essayer d'en savoir davantage.

— En ce cas, lui dis-je, vous ne devez pas ignorer la proposition qu'il m'a faite, relativement à M. Benoît?

Cet homme parut troublé et garda le silence ; nous marchions lentement et l'un après l'autre. Il regarda autour de lui d'un air inquiet, et parut embarrassé de ce qu'il avait à me dire. Enfin il se remit et me dit :

— Je ne suis pas ici pour discuter les moyens qui doivent vous sauver ainsi que le traître Victor ; ces moyens doivent vous être révélés ailleurs.

— Où donc? m'écriai-je.

— A Versailles, où il est maintenant, et où est assemblé le tribunal qui doit prononcer sur votre sort.

— A Versailles! mais je croyais...

Cet homme m'interrompit brusquement, en me disant :

— Si vous n'y êtes pas avant minuit, il aura cessé de vivre à cette heure. Vous le trouverez, Avenue de Paris, n° ..., et cette voiture vous conduira.

— Mais c'est impossible, repris-je avec épouvante... Je ne puis... je n'oserai jamais.

Alors, me dit cet homme d'une voix troublée, mais qu'il semblait vouloir rendre menaçante, la mort pour tous deux.

Il disparut aussitôt et je me trouvai seule sur ce boulevard désert.

Ceci est-il vrai, y a-t-il de pareils événements à notre époque, cela n'est-il pas emprunté à quelque sombre roman anglais du siècle dernier?

Ces questions, on se les fera sans doute, et peut-être les eussé-je faites moi-même si j'avais entendu ce récit quelques mois avant ce jour fatal. Mais à quoi me servirait de vouloir expliquer ce qui est resté inexplicable pour moi? Je n'invoque la réalité de ces événements que pour montrer comment je fus poussée à faire tout ce que je fis. Je ne puis dire ce qu'eût fait une autre à ma place, et je suis assurée que toute femme que l'on consulterait à ce sujet répondrait pour sa défense qu'avant tout elle n'eût pas commis la première faute qui m'avait placée dans cette terrible situation.

Oh ! c'est là qu'est la sagesse, je l'appris cruellement ; c'est au point de départ : si j'avais été ce que je devais être, rien de cela ne fût arrivé.

Le mensonge est un labyrinthe où l'on est presque toujours perdu sans retour, du moment qu'on y fait un pas.

Quoi qu'il en soit, j'étais dans cette terrible perplexité, ou de laisser mourir Victor, ou d'entreprendre au milieu de la nuit ce funeste voyage. Je me sentais perdue, et je me jetai en aveugle dans l'abîme ; je remontai dans cette voiture et je criai :

« A Versailles ! »

Les chevaux partirent rapidement et nous sortîmes de Paris par la barrière d'Enfer. On avait sans doute craint, en me faisant traverser Paris, qu'un remords ne me prît ou que je n'eusse pas le courage d'aller jusqu'au bout. Cette précaution était inutile ; j'étais couchée dans la voiture dans une complet anéantissement. Je ne songeais ni à ce que j'allais faire, ni à ce qui m'attendait. Je me laissai emporter à une destinée invisible et à laquelle je m'abandonnais sans lutter. Je ne sais ni quelle route nous suivîmes, ni quel temps nous mîmes à la parcourir ; ce ne fut que lorsque l'octroi arrêta notre voiture à Versailles, et m'avertit ainsi que nous étions arrivés, que je repris mes sens, mes idées, mes terreurs. L'approche du danger qui me menaçait me rendit quelque courage : je ne voulais pas paraître comme une morte devant ce terrible tribunal qui m'attendait. Je me remis, et lorsque la voiture s'arrêta de nouveau, je descendis avec fermeté. Je traversai la contre-allée, la porte s'ouvrit et j'entrai hardiment.

Une main saisit la mienne dans l'obscurité, et la voix de Victor me dit :

— Enfin, c'est vous ; ah ! je tremblais qu'il ne vous fût arrivé quelque accident.

Malgré toute ma résolution, j'étais trop troublée pour m'étonner de cet accueil. Victor me conduisit dans un petit salon éclairé.

— Je suis prête, lui dis-je avec fierté, m'imaginant que mes paroles devaient retentir à d'autres oreilles que les siennes.

Victor me regarda d'un air surpris qui me glaça, et je repris d'une voix assez haute :

— Eh bien ! me voici ; où sont mes juges ?

— Que voulez-vous dire ? répondit Victor alarmé et me considérant avec une inquiétude étonnée ; calmez-vous, Géorgina, calmez-vous !

Un affreux pressentiment, un frisson mortel, une de ces lueurs funestes qui vous épouvantent, tout cela sembla me frapper à la fois. Je me rappelle que je tournai un moment sur moi-même, comme une folle, regardant de tous côtés, comme pour appeler ces terribles figures qui devaient prononcer ma mort ; et alors, ne voyant rien que la stupéfaction de Victor, je m'écriai :

— Mais pourquoi donc suis-je ici ?

— Mais, me dit Victor avec cette réserve effarouchée avec laquelle on parle à quelqu'un dont la raison s'en va, parce que vous l'avez voulu.

— Moi ? lui dis-je en le regardant à mon tour avec effroi.

— Mais n'est-ce pas là ce que vous m'avez écrit ce matin ?

— Je vous ai écrit ? lui dis-je.

Il chercha une lettre parmi d'autres papiers jetés sur une table ; et moi, doutant de moi-même et de ce qui s'était passé, m'agitant comme dans un rêve pénible, je m'écriais à chaque instant :

— Je vous ai écrit ? moi ! je vous ai écrit ?

— Voici cette lettre, me dit-il.

— Je la regardai sans la voir, et il me la lut.

« Victor, disait-elle, attendez-moi cette nuit dans votre » maison de Versailles. Je me confie à votre honneur ; vous » seul pouvez me sauver de l'abîme où on veut me conduire. »

— J'ai écrit cela ! m'écriai-je en lui arrachant la lettre, et sans être bien sûre que ce ne fût pas la vérité... Mais vous voyez que ce n'est pas mon écriture !

— Il me regarda encore comme si j'étais folle, et me dit avec l'impatience d'un homme qui croit à une comédie :

— Mais alors pourquoi êtes-vous venue ?

C'en était trop, ma force y succcomba ; je m'évanouis. Quand je revins à moi, il faisait grand jour, et j'étais encore à Versailles. Un médecin était près de moi ; Victor l'aidait dans les soins qu'il me donnait. Je fus bien longtemps sans reprendre la pensée des événements de la veille ; peu à peu ils se représentèrent à mon esprit. Lorsque j'en eus la conscience, je

9.

fis un effort pour me soulever. Mais Victor me dit en me montrant un papier :

— Je sais ce qui vous a amenée, Géorgina.

C'était la fatale lettre qui m'avait été écrite que j'avais emportée et qu'il avait trouvée sur moi.

— Qu'on me reconduise chez ma mère ! m'écriai-je.

Victor voulut me dissuader, j'insistai ; le médecin m'ordonna de me calmer, je n'écoutai rien.

— Eh bien ! me dit Victor, lisez ; c'est la réponse à une lettre que j'ai écrite ce matin à madame Malabry.

« Monsieur, ma maison et mon cœur sont à jamais fermés » à la fille indigne qui oublie ses devoirs. Protégez-la maintenant, puisque c'est votre protection qu'elle a préférée à la » mienne. »

Cette lettre était de M. Malabry. Le crime était accompli. J'étais perdue.

Innocente et perdue ! Dieu, mon Dieu ! vous le savez !

TROISIÈME PARTIE

INTRODUCTION DE LA TROISIÈME PARTIE

J'avais fini de lire le manuscrit de Géorgina, et je savais pourquoi elle n'avait point assisté au mariage de ses sœurs ; mais mon ami Trucindor m'avait promis l'histoire des quatre sœurs, et je tenais à la savoir. Je lui écrivis donc, et quelques jours après je reçus la réponse suivante :

« Je t'ai remis tout ce que je reçus de Géorgina après son » départ pour l'Angleterre. Tu dois te souvenir qu'en me » quittant elle m'avait demandé ma protection pour ses sœurs, » et j'attendis durant plus de deux mois sans recevoir le ré» cit qui devait m'apprendre comment je pourrais les proté» ger. Ce qu'elle m'avait envoyé ne me disait même que la » raison pour laquelle je ne l'avais point vue au mariage de

» ses sœurs. J'ignorais complétement ce qu'elle avait fait
» et comment elle avait vécu depuis ce temps. J'attendis en-
» core, et comme je commençais à m'inquiéter sérieusement
» de ce long silence, je lui écrivis en Angleterre : je ne reçus
» point de réponse ; mais comme, le jour même où j'avais
» écrit, on avait proclamé l'amnistie, je supposai que Benoît
» en avait immédiatement profité et que bientôt je les ver-
» rais arriver tous deux. Je finis ici ma lettre et je t'envoie le
» second cahier de cette histoire ; n'oublie pas, en le lisant,
» deux choses importantes : 1o que c'est moi qui l'ai rédigé
» et que ce n'est pas mon métier de faire des phrases ; 2o (et
» ce *secundo* me tient singulièrement au cœur) que ce récit
» est une justification *pour moi ; pour moi*, tu entends bien.
» Tu recevras dans quelques jours l'explication de ce *pour*
» *moi.*

» Ton ami,

» FELIX MORLAND. »

I

MANUSCRIT DE FÉLIX MORLAND (TRUCINDOR).

Un soir que j'étais rentré de la chasse, très-mouillé, très-fatigué, très-morose, je me fis servir à souper près de la grande cheminée de ma salle à manger et à boire avec l'avidité d'un désespoir sans motif. C'est une affreuse situation que de se sentir malheureux sans véritable malheur. Le cœur qui souffre du vide est bien plus à plaindre que celui que remplit une douleur certaine. Je regardais d'un œil irrité cette grande pièce déserte où j'étais seul ; une colère sourde s'amassait en moi, et déjà quelques coups de pied donnés à mon chien favori, une assiette ou deux jetées sans raison à travers la chambre, avaient trahi, comme de sinistres éclairs et de lointains grondements, la violence de cet orage interne. Le domestique qui me servait regardait la porte du coin de l'œil, attendant un mot équivoque qui l'autorisât à sortir et ne plus reparaître : je trouvai fort impertinent que le drôle espérât échapper à ma mauvaise hnmeur, et, au lieu de lui permettre de rester derrière mon fauteuil, je lui ordonnai de se placer en face de moi, et je me mis à l'examiner comme eût pu faire un juge d'instruction qui veut arracher un important aveu de quelque adroit voleur. Plus j'examinais cet homme, plus il se troublait, et je me dis qu'il devait avoir commis quelque mauvaise action à mon préjudice. Peu à peu, je me persuadai à ce sujet, et ne pouvant lui porter une accusation directe, je pris mon parti comme si j'étais convaincu, et je lui dis brusquement :

— Décidément, il faut que je te chasse.

Il paraît que l'imagination du gars avait suivi la mienne à la piste, car il me répondit tout à coup, et comme s'il était déchargé d'un immense fardeau :

— Eh bien! décidément, monsieur, j'aime autant ça.

La réponse m'abasourdit. Je m'attendais à ce qu'il me demanderait la raison de ma brusque détermination, et je comptais là-dessus pour lui faire une querelle qui m'aiderait à passer mon temps. Point du tout, les rôles étaient retournés, et c'était moi qui me trouvais fort surpris, presque indigné, et surtout extrêmement curieux de la décision de mon gaillard. Je lui fis signe de sortir, et je n'eus plus que la ressource de me mettre en colère tout seul. Ce petit événement, dans ma vie solitaire, m'irritait singulièrement; malgré moi, la réponse de cet homme me revenait sans cesse à l'esprit. Ce « j'aime autant ça » me disait plus de choses qu'il n'était gros. Quel était ce *ça* qui le consolait d'être chassé ? Je sonnai mon drôle, il revint; il avait un air déterminé et triomphant.

— Tu veux donc me quitter? lui dis-je.

— C'est monsieur qui a voulu me chasser.

— Et ça t'a fait plaisir?

— Ma foi, monsieur, au fait et au prendre, ça me fait bien de la peine dans un sens, mais je n'en suis pas fâché d'un autre.

— Et pourquoi ?

Il ricana et hésita à me répondre. Je lui ordonnai de parler, il recommença la même pantomime... J'insistai d'une façon plus impérieuse, et voici le texte formel des paroles que je lui arrachai une à une :

— Dame ! monsieur, ça m'est déjà arrivé... et c'est une condition qui ne me va pas, qu'une maison où le maître n'est pas marié. Je sais bien qu'il n'y a pas tant de profits à faire, parce que les femmes ça regarde de plus près au service ; mais en faisant son affaire, on est tranquille. Au lieu, voyez-vous, monsieur, quand un homme est tout seul dans une maison, un homme qui ne sait que faire de son âme et de son corps du matin au soir, qui n'a rien à s'occuper de la sainte journée, ça devient un enfer. J'ai déjà servi un maître qui s'ennuyait : si je n'avais pas été plus fort que lui, il m'aurait jeté un jour par la fenêtre ; et pourquoi, je vous en prie ? parce qu'il prétendait que j'avais touché à ses pendules pour les faire retarder, et qu'il voulait qu'il fût midi quand il n'était que dix heures du matin. Mais que voulez-vous ? c'était un vieux garçon de quarante ans qui s'embêtait à crever. Ç'avait pourtant été un bon maître, comme monsieur ; mais, petit à petit, et sans s'en douter, il était devenu comme un enragé ; il cassait tout, il se mettait dans des fureurs atroces...

Ce portrait d'un autre, tracé à mon image, me déplut fort ; mais ledit domestique semblait y mettre tant de bonne foi que je n'osai lui attribuer l'intention d'avoir voulu me donner une leçon. Je l'interrompis par une nouvelle question, et je lui dis :

— Et qu'est devenu ce monsieur ?

— Ah ! repartit mon interlocuteur d'un air de pitié profonde, à force de s'ennuyer il s'est mis à boire, et il a fini par s'abrutir.

Les gens qui vivent dans un grand espace, entourés d'intérêts puissants et auxquels leur vie est mêlée, trouveront peut-être bien étrange que ce misérable entretien ait été pour moi l'occasion d'une profonde méditation. Ce fut pourtant ce qui m'arriva. La conclusion de l'histoire m'avait épouvanté. Je demeurai seul, et je me laissai aller à un examen très-sérieux de ma position. Je m'étais d'abord occupé de l'exploitation de mes terres, mais je m'en étais déchargé peu à peu sur mes fermiers ; je n'avais plus d'occupation, je ne prenais plus intérêt à rien. Je n'étais ni assez jeune, ni assez beau pour occuper de moi les femmes qui m'auraient convenu, et je me portais trop bien pour avoir même des collatéraux attentifs. Tout à coup je m'écriai : — Encore si Géorgina m'avait écrit, je me serais chargé de la mission qu'elle avait voulu me confier.

Il est possible que les romans ne soient point faits comme la vie, mais pour ma part, j'ai souvent remarqué que la vie est faite comme les romans. Je n'avais pas poussé cette exclamation mentale, que mon donneur d'avis rentre d'un air mystérieux et me dit :

— Monsieur, on vous demande.

— Qui est-ce ?

— Une dame.

Ceci me frappa comme une de ces réponses fortuites du ciel qui font croire qu'il y a une Providence. Je me précipite hors de la salle à manger. Je ne m'étais pas trompé : c'était Géorgina.

— Seule? m'écriai-je en la voyant.

— Seule, me dit-elle en me tendant la main.

— Mais qu'est-il donc arrivé?

Elle passa devant moi et entra dans la salle où j'étais installé, prit un siége au coin du feu, et resta un moment sans me répondre, la tête baissée, quoique nous fussions seuls. Je lui répétai ma question ; elle releva la tête, me regarda assez longtemps, puis finit par me dire d'un air décidé :

— Il m'est arrivé ce qui devait nécessairement arriver, un abandon froid, sec, égoïste.

— Quoi ! l'infâme a osé...

— Ce n'est pas sa faute, me dit-elle en m'interrompant ; c'est la mienne. Jamais il ne m'a aimée, ç'a été de sa part une suite de surprises que mon imprudence a le plus souvent provoquées et auxquelles il a cédé. Je me suis jetée en aveugle dans sa vie sans qu'il m'y ait appelée. Aujourd'hui que je sais tout, — et quand je vous ai écrit je ne le savais pas, — ce qui s'est passé a pris à mes yeux un aspect bien différent.

— Vous m'avez rappelé que j'avais promis à votre père mourant de vous protéger ; dites-moi tout, et je vous jure...

Géorgina m'interrompit encore, mais avec un triste sourire et un geste calme.

— Je vous remercie, monsieur Morland ; mais on ne protége pas une femme dans ma position. Vous forceriez M. Benoît à m'épouser, que vous ne feriez qu'ajouter un malheur à mon déshonneur irrévocablement accompli. D'ailleurs, je ne le voudrais plus, maintenant que je pourrais me passer du consentement que ma mère m'a refusé, sans doute, grâce à M. Malabry. Ne parlons plus de moi. Avez-vous des nouvelles de mes sœurs?

— Aucune, lui dis-je.

Géorgina parut étonnée et mécontente.

— J'attendais les renseignements que vous m'aviez promis, lui dis-je.

Elle réfléchit et me dit du même ton résolu qu'elle avait eu depuis son arrivée :

— C'est juste, alors je partirai demain pour Paris.

— Je ne vous laisserai point partir seule.

— Je suis faite à voyager seule.

— Mais ce n'est pas seulement durant ce voyage que je désire vous accompagner, ce sera dans tout ce que vous tenterez pour sauver vos sœurs, car je crois avoir compris votre résolution.

— Je ne le permettrai pas, me dit-elle.

— Croyez, m'écriai-je vivement, trompé que je fus sur le ton de ce refus, que je comprends combien de ménagements sont nécessaires.

Géorgina rougit et parut violemment émue.

— Vous m'avez mal comprise. Je n'ai point peur d'une calomnie qu'on pourrait ajouter à une vérité. Ce que je ne veux pas, reprit-elle avec plus de vivacité, c'est que vous vous arrachiez à une vie calme, heureuse, bien posée, pour vous faire le champion d'une cause qui ne vous regarde pas. Quant à moi, c'est bien différent; j'ai été vaincue dans la lutte que j'ai voulu soutenir pour moi contre M. Malabry; je la recommencerai pour mes sœurs, et cette fois j'y serai d'autant plus forte, qu'il m'a réduite au point de ne plus avoir rien à ménager. Mais j'ai compris qu'il y aurait un cruel égoïsme à vous entraîner dans une querelle où vous n'avez rien à gagner. J'étais seulement venue pour prendre quelques renseignements sur la position de mes sœurs : car, à l'époque où j'ai quitté Paris, leur ruine commençait déjà. Vous n'avez rien à m'apprendre à leur sujet, excusez-moi de vous avoir dérangé. Je vais retourner à mon auberge, et demain je partirai seule.

Je ne sais pas pourquoi le moment me parut solennel, j'arrêtai Géorgina, et je lui dis avec une émotion qui dut fort l'étonner :

— Géorgina, vous ne me comprenez pas plus aujourd'hui que vous ne m'avez compris à Paris. Sincèrement et véritablement, j'accepte, je désire, je demande la moitié de votre tâche. Je ne ferai point d'héroïsme avec vous; je ne vous dirai pas que je méprise les dangers ou plutôt les ennuis d'une lutte, et que je leur sacrifierai volontiers ce que vous appelez mon repos, ma position, mon calme bonheur. Non, je ne vous dirai pas cela. Mais regardez cette maison; écoutez ce silence glacé dans cette vaste demeure; eh bien! je demeure seul ici, sans amis, sans famille, sans amour, Géorgina, déjà dévoré de ce vague ennui qui abat trop la puissance de l'esprit pour devenir de l'ambition active. Quand vous êtes arrivée, je vous le jure sur l'honneur, je vous appelais pour donner un but à ma vie : lorsque vous êtes venue, il m'a semblé qu'un hasard providentiel répondait à mes vœux. Si vous me refusez, vous me ferez peut-être plus de mal que vous ne pensez, tandis que je puis vous être utile.

— En êtes-vous réduit là, me dit-elle. de n'avoir nul intérêt dans la vie?

— C'est la vérité.

— Eh bien! s'il en est ainsi, si vous ne quittez rien pour moi, venez, car je ne veux plus de sacrifices : les hommes les font payer trop cher. A demain ; je vous attendrai.

Elle me quitta, et le lendemain j'allai la rejoindre dans son auberge, et nous partîmes pour Paris, où nous arrivâmes ensemble. Je la logeai chez d'honnêtes gens et je pris un appartement dans une autre maison que la sienne.

Malgré sa prétention de se dire au-dessus de tous les propos qui pouvaient l'atteindre, elle me sut bon gré de cette attention ; et le lendemain, lorsque je revins la voir, elle me remercia avec franchise. Je vis qu'elle avait pleuré toute la nuit ; je lui en demandai la cause.

— Oh! me dit-elle, j'ai peur d'avoir plus entrepris que je ne peux. Tant que j'ai été éloignée de Paris, je ne voyais ma position que dans ma pensée, et je m'étais armée contre ce désespoir ; mais je ne me doutais pas qu'un rien, un bruit, un mot, l'aspect d'une maison pouvaient agir assez puissamment sur cette douleur pour me la rendre cruelle comme au premier moment que je l'ai soufferte. En Angleterre, j'ai vécu sous le nom de madame Benoît ; hier vous avez donné à mes hôtes le seul nom que j'ai le droit de porter, celui de mademoiselle de Mandres, et vous avez bien fait. Mais quand on est entré chez moi après votre départ pour me demander si mademoiselle de Mandres avait besoin de quelque chose, je ne puis vous dire combien ce nom, oublié dans l'habitude d'un autre, a raisonné cruellement à mon oreille ; il me disait ma position dans toute son horreur. Hélas ! la résolution sous laquelle j'avais cru contenir mon désespoir était bien faible. Ce seul mot l'a rompue comme une digue de sable, et toutes mes tortures passées et d'autres que je n'avais pas prévues, se sont précipitées dans mon cœur. Me voici donc à Paris, moi, mademoiselle de Mandres, à deux pas de la maison de ma mère, où je ne veux rentrer qu'en ennemie. Je veux protéger mes sœurs ; mais contre quoi ? contre la ruine, contre l'improbité de leurs maris. Mais si la ruine leur vient, on les plaindra comme d'honnêtes femmes indignement sacrifiées et trompées, tandis que ma misère n'excitera jamais que le mépris. Et, tenez, monsieur Morland, je m'égare encore, je le crains. Ce que je veux appeler justice, c'est la révolte insensée du coupable contre le monde.... J'ai tort...

En parlant ainsi, elle se mit à pleurer comme un enfant sans force ni courage. Cette façon de voir allait amener cette nonchalance naturelle qui m'empêche volontiers de rien entreprendre, jusqu'à ce qu'irrité par l'obstacle, je mette dans mes entreprises une rare obstination lorsqu'une fois j'y suis engagé. Je n'osais cependant pas dire à Géorgina qu'elle avait raison, ne voulant pas profiter de la première occasion pour me départir de mes promesses, et je nageais entre deux eaux, lorsqu'elle me tira d'embarras en me disant avec vivacité :

— Vous me trouvez bien faible et bien sotte, et vous n'osez pas me le dire. Non, non, non ! reprit-t-elle en se levant avec action, cet homme ne m'aura pas impunément perdue.

Ses ignobles complices ne l'auront pas aidé impunément dans cette lâche machination. Non! j'en aurai justice, je vous le promets. Souvent encore, peut-être, vous me verrez de ces moments d'abattement; mais je n'en aurai que plus de force, plus de résolution, plus de colère.

Je me trouvai ramené à la nécessité de partager et de servir cette vengeance; et, pour la première fois, il nous fallut discuter les moyens d'y parvenir. Les femmes (et je parle des honnêtes femmes) ont en général une réputation de bon conseil dans les affaires, qui, pour ma part, me paraît singulièrement usurpée. Elles ont à vous proposer sur toutes choses une règle de conduite qui, dans sa généralité, est honorable, raisonnable, respectable. Mais ces conseils, excellents au fond, n'ont qu'un inconvénient, c'est de n'indiquer aucun moyen d'application. Une femme est toujours prête à dire à son mari qu'il doit faire honneur à ses affaires. Dans une transaction épineuse, elle lui conseillera d'obtenir le plus grand avantage possible sans cependant empiéter sur les droits des autres; mais ce n'est pas le tout que de prendre le parti de sortir d'un mauvais pas par la meilleure route possible, il faut découvrir cette route, et c'est là que la prétendue perspicacité de la femme s'arrête. Alors elles se retranchent derrière leur ignorance de ce que je pourrais appeler la marche de la machine des affaires, en vous laissant pour tout guide une sentence de la force de celle-ci : « Qu'en tout il faut réussir » sans indiquer aucun moyen de succès.

Ce fut un peu ce qui se passa entre moi et Géorgina, lorsqu'il s'agit de décider comment nous commencerions la campagne contre M. Malabry.

Au dire de Géorgina, il fallait l'attaquer sur-le-champ, dévoiler ses ténébreuses intrigues, la façon dont il avait compromis la fortune de ses belles-filles en les mariant à des chevaliers d'industrie. Mais la difficulté était d'inventer un moyen non pas seulement de prouver tout cela, mais même d'avoir le droit de le dire. Dès le commencement de la discussion, je m'étais aperçu du vide de Géorgina, et pour lui faire comprendre combien je pouvais lui être nécessaire, je l'avais laissée se débattre dans une série d'hypothèses impossibles. Je fis très-bien, car si j'avais proposé de prime abord le projet que je tenais en réserve, il eût été infailliblement repoussé avec un dédain qui ne m'eût pas permis d'y revenir. Il fut même assez mal accueilli de Géorgina, quoiqu'elle en fût réduite à désespérer de son entreprise. Ce projet était pourtant bien simple et bien naturel; il s'agissait tout simplement de demander à M. et à madame Malabry leurs comptes de tutelle. D'une part, l'idée de mettre sa mère en cause indigna Géorgina ; d'une autre part, elle aperçut la possibilité que cette affaire allât devant les tribunaux, et dans ce cas, alors même qu'elle perdrait M. Malabry, elle lui donnerait le droit d'ouvrir contre Géorgina des récriminations déshonorantes; malgré sa fière résolution de braver tout, Géorgina recula encore. Enfin, il lui paraissait honteux de cacher, sous une réclamation d'argent, la juste vengeance qu'elle voulait exercer. Hélas! combien tous ces grands mots qui ne disent rien lorsqu'ils disent trop, ont égaré les gens! que de bêtises on débite en ce monde au nom de la liberté, de l'économie et tant d'autres mots qui ne sont bons qu'à couvrir l'impuissance de ceux qui s'en servent, et qu'ils seraient embarrassés de faire tout ce qu'ils demandent, si on leur demandait de formuler nettement un moyen de réaliser leurs exigences! Géorgina se défendit longtemps contre ma proposition; cependant je finis par lui prouver que, si ce n'était pas le seul point vulnérable de M. Malabry, c'était le seul par lequel nous pouvions l'attaquer. Je lui montrai comment, une fois entamé sur ce chapitre, il serait facile de le détruire de fond en comble. L'histoire de la fortune de Géorgina devenait nécessairement celle de ses sœurs, et en dévoilant l'une, on mettrait l'autre à jour; je prêchai si bien et si longtemps, que Géorgina consentit à suivre cette marche. Mais elle exigea avant tout que je fusse informé de la position présente de ses sœurs.

— Après tout, me dit-elle, si elles sont heureuses, je ne veux point venir troubler leur repos, et je préfère renoncer à mes droits que de les faire prévaloir au moyen d'un scandale dont elles auraient surtout à souffrir.

Je fis observer à Géorgina qu'il était bien difficile d'avoir là-dessus des renseignements certains. Le monde, qui a des clairvoyances cruelles pour pénétrer dans certains secrets de la vie de famille, a de même, dans d'autres occasions, une singulière insouciance qui s'arrête aux apparences, et ne pénètre pas plus avant. Géorgina eut sa revanche, et trouva un moyen auquel je ne pus me refuser; elle me rétorqua mes raisons avec une force qui me confondit.

— Vous avez raison, me dit-elle; il faut une personne qui pénètre dans ma famille avec une certaine autorité et en même temps un vif désir d'apprendre ce que d'autres n'auraient pas un égal intérêt à savoir : cette personne, c'est vous, Morland!

— Moi! m'écriai-je fort peu séduit de cette mission; moi aller surprendre les secrets de votre famille pour m'en servir ensuite contre elle, c'est un indigne espionnage.

— Pas plus que la demande de la restitution de ma fortune n'est de ma part un acte intéressé, me dit Géorgina.

Je l'avais forcée à subir le prosaïsme de mes moyens d'action, j'acceptai la poésie de ses motifs, et il fut convenu que dès le jour même je me présenterais successivement chez M. Malabry et ses trois gendres.

II

Ma première visite fut pour M. Malabry. Je me rendis à son ancien logement, où l'on m'apprit qu'il n'habitait plus en cet endroit. Le ton avec lequel le concierge me dit cette nouvelle et me donna la nouvelle adresse du beau-père de Géorgina, m'avertit qu'il avait dû quitter cette maison d'une manière fâcheuse. On semblait me répondre comme à un homme de bien peu, par cela seul que je connaissais M. Malabry.

Je me hâtai d'aller à la rue indiquée, où l'on m'indiqua un appartement au cinquième. Je sonnai, une servante malpropre m'ouvrit la porte, et me déclara que M. Malabry n'y était pas et qu'il n'y était jamais. Je demandai madame. Madame était malade et ne recevait pas. J'insistai et je donnai ma carte. Cette fille la prit sans la regarder, et me répondit d'un air grossier :

— C'est bon, je la remettrai à monsieur quand il rentrera. Il n'en manque pas dans la maison de vos cartes.

— Mais je vous dis d'aller la remettre à madame Malabry.

Cette fille demeura un instant indécise entre l'envie de m'injurier et celle de me parler plus poliment ; ce dernier parti l'emporta, elle reprit avec un accent presque ému :

— Je vous jure, monsieur, que madame est bien mal ; ce n'est pas à elle sans doute que vous avez affaire ; tâchez de voir monsieur quelque part, car il ne rentre plus guère à la maison. Mais s'il fallait qu'il y eût encore une esclandre comme le jour où on est venu pour arrêter monsieur, madame en mourrait.

— Mais je ne suis pas un huissier, mon enfant, dis-je à cette fille, je suis un ami de madame Malabry. Portez-lui ma carte.

Aussitôt cette fille s'échappa, et revint presque aussitôt pour me dire avec empressement :

— Entrez, monsieur, entrez... Madame est bien contente.

Je traversai une misérable salle à manger, puis un salon démeublé. et j'entrai dans une petite chambre où l'on avait ramassé tout ce qui restait de l'ancien luxe de Malabry. Sa femme, en me voyant, se leva péniblement et vint à moi ; elle eut toute la dignité, toute la franchise, j'ose dire toute la bonne grâce de sa misère. Elle me tendit les deux mains, et, jetant un long et triste regard autour d'elle, elle me dit d'une voix ferme :

— Le saviez-vous ?

— Non, lui dis-je, et je puis vous en faire un reproche, car vous avez oublié que vous aviez un ami.

A cette parole, il se passa dans l'âme de madame Malabry quelque chose de bien étrange sans doute, car elle me regarda longtemps, comme si elle se rappelait mes sentiments d'autrefois et ses moqueries, puis elle me dit tout à coup et avec un tressaillement nerveux :

— J'ai bien vieilli, mon pauvre ami, j'ai des cheveux blancs, je suis ridée, j'ai tant souffert !

A ce moment, j'en suis certain, madame Malabry regrettait du fond de l'âme cette beauté que j'avais aimée, et qu'elle ne m'eût plus refusée si elle l'avait eue encore. Mais ce reste de sa factice et vaine nature disparut presque aussitôt, et elle me dit :

— Quelle raison vous a amené chez nous ?

— Je vous l'apprendrai plus tard ; mais vous, dites-moi comment vous en êtes arrivé à ce degré de malheur, et comment il se fait que vos gendres, ou plutôt vos filles, vous laissent dans cette misère?

Madame Malabry se prit à pleurer sans me répondre autrement que par ces mots qui s'échappaient entre ses sanglots ;

— Pauvres enfants!... pauvres enfants!...

— Ruinées aussi? m'écriai-je.

— Ruinées... malheureuses... perdues!

— Est-ce possible?

— Ah! me dit-elle avec un accent de douleur dont je l'eusse crue incapable, c'est ma faute, monsieur Morland, ma faute; vous le savez, vous qui avez voulu m'éclairer. Que je la paie, c'est justice; mais elles, mes pauvres filles... mes pauvres filles!

Elle se reprit à pleurer. L'âme de la mère, si longtemps égarée par un misérable dans les voies tortueuses où il l'avait entraînée, s'était enfin retrouvée dans la solitude où il l'abandonnait maintenant.

Je cherchai à calmer cette douleur et je dis à madame Malabry :

— Aucun malheur n'est irréparable, et je ne suis point venu pour apprendre vos chagrins et ne pas vous aider à en sortir.

— C'est que vous ne savez pas où elles en sont réduites.

Comme madame Malabry prononçait ces paroles, un violent coup de sonnette fit retentir l'appartement.

— C'est mon mari! s'écria-t-elle avec un effroi pareil à celui d'une femme surprise dans un rendez-vous coupable.

— Que craignez-vous donc? lui dis-je.

— Mais s'il vous trouve ici?

— Eh bien! n'avais-je pas l'habitude d'y venir toutes les fois que je faisais un voyage à Paris? Rassurez-vous; M. Malabry et moi nous nous connaissons trop bien pour qu'il arrive rien qui puisse ajouter à vos chagrins.

Cependant M. Malabry n'entrait point; on entendait seulement un murmure de voix; sans doute il s'informait avec détail de l'individu qui se trouvait chez sa femme. Celle-ci écoutait d'un air si alarmé, que je supposai qu'enfin M. Malabry avait tout à fait jeté le masque et s'était montré tel qu'il était à celle qu'il avait si indignement trompée. Lorsqu'il entra, je n'en doutai plus.

Jamais je n'aurais pu croire qu'un homme qui, sans être bien distingué, avait cependant tenu convenablement sa place dans un salon, qu'un homme qui, à défaut d'élégance, avait une souplesse de manières et une habitude du monde qui le rangeait parmi ce qu'on appelle les hommes comme il faut, eût pu en si peu de temps subir une dégradation physique si complète. On eût dit que tous les vices de son âme lui avaient poussé à la peau. Son œil si perçant s'était éraillé et était devenu terne; sa lèvre et ses joues avachies, ses cheveux en désordre, une cravate noire roulée en corde, un habit aussi sale qu'usé, tout cela me le fit apparaître comme une copie de cet ignoble héros du vice, devenu si célèbre au théâtre et dans les caricatures.

Le regard que madame Malabry jeta sur moi sembla vouloir me demander grâce pour cet homme. Je ne savais comment il m'aborderait; il le fit avec une légèreté dont il recouvrait autrefois ses mauvais desseins ; mais quelque effort qu'il fît, il ne put soulever le lourd manteau de misère et de crasse qui l'écrasait. Après avoir débité les premières phrases d'usage sur ma santé, mon arrivée, le plaisir qu'il avait à me revoir, il retomba dans une sorte d'abattement distrait. Sa femme, tremblante et pâle, nous regardait alternativement, épouvantée, sans doute, de ce qui allait se dire entre nous. Je ne me sentais pas le courage de lui parler le premier; j'aurais répugné à lui montrer le moindre intérêt, et je n'étais pas plus disposé à lui parler de choses indifférentes.

Ce fut lui qui rompit le premier ce silence embarrassant.

— Tu le vois, me dit-il, je n'ai pas été heureux.

Je lui fis un signe d'assentiment

— Ah! reprit-il, j'ai été si indignement trompé! Ce trio de fripons à qui j'ai confié ma fortune m'a dépouillé d'une manière si infâme!

Je savais par cœur les ruses du héros dont Malabry se faisait le Sosie, et je fus indigné de cette lamentation.

— S'ils se sont mal conduits envers toi, lui dis-je, il faut...

— Comment! s'écria-t-il avec une violence affectée, ils m'ont tout volé, les misérables!

— Il y a des tribunaux contre les voleurs.

Malabry me regarda; tout cet emportement s'abattit; il

reprit un air patelin, comme le mendiant qui va tendre la main, et il me répondit :

— Des tribunaux ! il n'y en a pas pour les pauvres ; d'ailleurs, tu sais comme je suis : un enfant pour les affaires. J'y allais avec une confiance, une loyauté !...

Tant d'effronterie me parut impossible ; j'observai mieux Malabry. L'esprit d'astuce et de fourberie qu'il avait possédé à un si haut point s'était même dégradé en lui ; il en était revenu aux vulgaires et triviales comédies des coquins de bas étage. Certes, un an avant ce jour, il n'eût pas espéré me tromper avec de pareilles niaiseries.

— Eh bien ! lui dis-je pour m'assurer encore mieux de cet abrutissement, il faut t'arracher par tes propres forces à cette fâcheuse position, il faut travailler.

Il me regarda d'un air qui avait quelque chose d'égaré et de féroce à la fois.

— Qu'appelles-tu travailler? me dit-il.

— Avec les amis qui te restent, tu pourras trouver une place convenable, qui du moins te mettrait à l'abri du besoin.

— Du besoin ! répondit-il en se levant et en essayant de reprendre ses airs d'autrefois. Me crois-tu donc dans le besoin ? Merci de ta bonne opinion. Non, mon cher, non, je ne suis pas dans le besoin. Maintenant que nous sommes seuls, j'ai réduit ma maison ; mais je suis plus riche que tu ne crois. J'ai une idée, et tu verras. Je reprendrai le haut du pavé, et l'on n'aura plus le droit de venir m'insulter chez moi... Est-ce que je t'ai demandé quelque chose? Ma femme est là pour dire qu'elle ne manque de rien... N'est-ce pas que tu es heureuse?... Ah ! des millions, j'en aurai....

Je devinai toute la vérité ; l'air égaré, la voix saccadée de Malabry, l'épouvante de sa femme, qui le suivait des yeux avec anxiété pendant qu'il s'exprimait ainsi, je crus reconnaître les symptômes de cette folie sinistre qui naît de l'abrutissement de toutes les facultés. J'eus pitié de la malheureuse qui était près de moi, et j'essayai de calmer Malabry en parlant dans son sens.

— J'étais bien sûr, lui dis-je, qu'un homme comme toi ne se laisserait pas abattre par le malheur, et que tu retrouverais un moyen de refaire ta fortune.

Mais déjà tout ce feu s'était évanoui, Malabry baissa la tête et répondit comme un homme accablé :

— Certainement! certainement!...

— Je reviendrai te voir, lui dis-je en regardant madame Malabry.

— Tu me feras plaisir, me répondit-il.

Je fis mes adieux à madame Malabry et je lui demandai tout bas si elle serait seule dans la soirée.

— Que sais-je? me répondit-elle avec effort.

Malabry nous observait, je la quittai; il me reconduisit, et, comme je traversais la salle à manger, il m'arrêta et me dit, en voulant paraître attacher peu d'importance à ses paroles:

— Pardon... dis-moi... mon cher... j'étais sorti pour toucher de l'argent... je n'ai pas trouvé mon banquier, tu n'aurais pas sur toi vingt ou trente francs?

Ce dernier trait, et surtout le rapprochement du mot banquier avec cet emprunt de mendiant, me firent voir la misère de cet homme dans toute son abjection. Je lui glissai deux louis dans la main. Il les regarda avec une joie sauvage et me laissa sortir sans me répondre. Je descendis lentement, et j'étais à peine au bas de l'escalier, que j'entendis une porte s'ouvrir et se fermer violemment au haut de la maison. Je me doutai de ce qui arrivait; je me jetai dans une petite cour qui était au fond de l'allée de cette maison, et je vis bientôt passer M. Malabry, l'œil étincelant, sa main dans la poche de son gilet, serrant sans doute les deux pièces d'or avec frénésie.

Je compris que la vie de cet homme était descendue aussi bas que possible, et que le misérable nécessaire pouvait manquer à madame Malabry. Je remontai immédiatement chez elle; je voulus savoir la vérité, je n'en étais plus à garder des ménagements ni pour lui ni pour moi, et lorsque la servante me rouvrit, je lui dis tout à coup:

— Votre maître vous a-t-il donné de l'argent pour la dépense d'aujourd'hui?

— Pour m'en donner il faudrait qu'il en eût; il m'a dit qu'il allait en chercher.

— En voici, lui dis-je. Pas un mot à madame.

— Merci pour elle, monsieur, me dit cette fille; elle dînera aujourd'hui.

III

Pour la première fois de ma vie je compris qu'il ne faut pas toujours rire de ces mots de mélodrame qui nous amusaient tant autrefois, et qui trouvent souvent dans la vie de si cruelles applications.

Je rentrai chez madame Malabry : elle était à genoux sur le parquet, la tête appuyée sur son lit.

En entendant ouvrir la porte, elle se retourna et se leva, tout son désespoir éclatait sur son visage.

— Du courage !... lui dis-je.

— J'en demandais à Dieu quand vous êtes entré, me dit-elle. Je lui demandais le courage d'en finir.

— Eh bien ! que signifient de telles pensées quand vous avez retrouvé un ami qui veut, qui peut vous sauver ?

— C'est impossible, me dit-elle avec désespoir.

— Il faudrait d'abord vous séparer de votre mari.

— Et où voulez-vous que j'aille?

— Mais vous serez encore mieux chez l'une de vos filles que chez votre mari.

— Chez l'une de mes filles ! reprit madame Malabry ; mais elles sont tout aussi malheureuses que moi !

— Mais non pas si pauvres.

Madame Malabry hésita à me répondre, et finit par me dire d'une voix basse et brisée :

— Je ne sais pas.

— Vous auraient-elles abandonnée ?

Madame Malabry se tut encore.

— Voyons, repris-je, dites-moi toute la vérité... Je ne suis pas venu ici sans intention. J'y suis venu parce qu'une personne qui vous aime et qui vous est chère m'a envoyé près de vous, et celle-là ne vous abandonnera pas.

Madame Malabry ouvrit de grands yeux ; son regard plein d'anxiété, d'espoir, d'amour, sembla vouloir pénétrer jusqu'à mon cœur, et tout à coup elle me dit à travers les sanglots qui la suffoquaient :

— Géorgina... Géorgina, n'est-ce pas ?

— Oui, elle est ici, attendant de vous son pardon.

— Son pardon! s'écria madame Malabry, son pardon! Ah! je ne pensais plus qu'elle avait été coupable. Ah! si elle veut m'aimer un peu, c'est tout ce que je lui demande.

Quelques larmes, mais paisibles, coulèrent de ses yeux, puis elle se ressouvint tout à coup et me dit:

— Mais elle n'est pas seule?

— Elle est seule...

— Abandonnée et trahie!

Malgré ma crainte que cette nouvelle ne portât un coup trop sensible à madame Malabry, je m'étais décidé à la lui apprendre ainsi brusquement, persuadé que je la ferais moins souffrir qu'en l'entourant de ménagements inutiles. Mais, au lieu de l'explosion de douleur à laquelle je m'attendais, je n'entendis qu'une faible et sourde exclamation; mais madame Malabry reprit en levant les yeux au ciel :

— C'est une volonté inexorable de Dieu qui a frappé notre famille. Vous m'eussiez bien étonnée de m'apprendre qu'elle était heureuse.

En parlant ainsi, madame Malabry avait la parole lente et calme: elle reprit du même ton:

— La faute des mères retombe sur les enfants, monsieur; mes filles ont payé la mienne bien cher.

— Ne voulez-vous pas voir Géorgina? lui dis-je.

Madame Malabry rougit, et après un moment d'hésitation, elle me dit rapidement :

— Je n'ose pas.

Je ne pus comprendre ce sentiment d'une mère qui craint de paraître devant sa fille coupable; je supposai que madame Malabry avait appris l'indigne machination qui avait perdu Géorgina, et qu'elle éprouvait un tardif remords de n'avoir pas mieux protégé sa fille. Je n'osai lui parler de ces pénibles circonstances; mais je vis que je m'étais trompé, car elle reprit aussitôt :

— Sans doute elle s'est perdue volontairement; mais ce n'était pas une raison pour moi de permettre à M. Malabry de disposer de sa fortune.

— Quoi! lui dis-je, tout l'héritage de Géorgina.....

— Dévoré, perdu.

Par une de ces préoccupations ou de ces distractions inconcevables de l'esprit, en voyant la misère de M. Malabry, j'avais complétement oublié la réclamation que Géorgina avait à lui faire; et cependant, en parlant d'elle à madame Malabry, il me semblait toujours que je lui ramenais une fille à laquelle son héritage demeuré intact permettait de venir en aide à sa mère.

Ce que je venais d'apprendre, ce que j'eusse dû deviner dès le premier moment me remit en face des choses. Malabry ruiné et qu'une poursuite du reste inutile ne pouvait rendre ni plus misérable ni plus déshonoré; Géorgina sans ressources, et, d'après ce que j'entrevoyais, ses sœurs dans une position non moins désespérée: cela me fit réfléchir à la tâche que j'avais si légèrement acceptée. Je restai quelques instants sans prononcer une parole, incertain du parti que j'avais à prendre. Madame Malabry reprit ses larmes, et me dit avec un accent déchirant:

— Amenez-la ici, qu'elle voie ma misère; je lui dirai que j'ai appris ce qu'était la faim, et elle me pardonnera.

— Ah! m'écriai-je, brisé par cette pensée, c'est affreux! cela ne sera pas, cela ne peut pas être. Vous allez venir chez votre fille, vous la verrez, vous la protégerez de votre présence et elle vous consolera.

— Merci, mon ami, me dit madame Malabry avec effusion, menez-moi près d'elle : elle me recevra bien, n'est-ce pas?

Tous les sentiments avaient changé de place dans le cœur de cette pauvre mère. A force de malheur, elle se croyait la seule coupable.

IV

J'envoyai chercher un fiacre, et, pendant que la servante était sortie, il se passa une de ces petites scènes de misère, si joyeuses quand je les voyais autrefois dans la mansarde de notre quartier Latin, si tristes chez cette femme jadis si belle, si riche, si honorée. Pour trouver un châle, un chapeau, un mouchoir, il lui fallut ouvrir des tiroirs vides, des armoires saccagées. Mais elle était si heureuse de la pensée de revoir sa fille, qu'elle le fit sans honte et sans trouble.

Nous partîmes enfin et nous arrivâmes bientôt chez Géorgina. Madame Malabry voulait que j'avertisse sa fille; j'insistai pour qu'elle montât sur-le-champ. J'ouvris la porte de l'appartement de Géorgina, qui, fatiguée encore du voyage, s'était couchée sur un divan, et je lui dis tout haut :

— Voici votre mère, Géorgina.

Elle se redressa comme frappée d'un coup électrique, et resta un moment tremblante et éperdue. Madame Malabry, à son tour, frappée de l'immobilité de sa fille, s'arrêta sur le seuil de la porte. Elle crut que Géorgina la considérait avec colère, tandis que la pauvre enfant sentait ses genoux fléchir sous elle. La force manqua à madame Malabry, qui tomba sur un siége en murmurant doucement :

— Géorgina !.....

Celle-ci, comme si cette voix eût délié la terreur qui l'attachait à sa place, se précipita vers sa mère. Quand je les vis dans les bras l'une de l'autre, je sortis. Je savais tout ce qu'elles pouvaient avoir à se dire ; mais les paroles d'une mère à sa fille doivent être pudiquement enfermées entre elles.

Je rentrai une heure après. Toutes deux vinrent à moi, reconnaissantes et heureuses. J'avais passé tout le temps que je les avais laissées seules à inventer un moyen délicat de leur rendre service, et après les premières paroles, je leur dis :

— Du reste, je dois vous apprendre une chose qui n'étonnera pas madame Malabry, qui doit se rappeler les liens qui unissaient mon père à M. de Mandres. Il y a deux ou trois mois, en parcourant les papiers de mon père, j'ai trouvé un titre de créance de M. de Mandres, qui avait sans doute été oublié par celui-ci, et qui me constitue votre débiteur d'une somme...

Géorgina m'interrompit avec un sourire d'ange.

— Ce n'est pas bien ce que vous faites là, monsieur Morland, me dit-elle, et si vous aviez entendu notre conversation, vous vous seriez épargné ce gros mensonge.

La manière dont elle prononça ce dernier mot avait un accent si gracieux, si doux, si agaçant, qu'il me ravit.

— Comment? lui dis-je, un mensonge !

— Monsieur votre père ne devait pas d'argent au mien ; et si cela eût été vrai, M. son fils, que nous connaissons pour un homme d'ordre et pour un homme d'honneur, aurait depuis longtemps acquitté cette dette.

— Mais je vous jure...

— Voulez-vous nous forcer, me dit Géorgina toujours avec son doux sourire, à n'oser vous faire un emprunt?

— Il n'y a pas d'emprunt entre nous, repris-je avec insistance.

Géorgina se recula vivement, comme blessée de mon insistance, et de ce ton hautain dont elle m'avait parlé autrefois, elle me répondit :

— Et il ne peut y avoir d'aumône, de quelque façon que vous la déguisiez.

— Géorgina! lui fit doucement sa mère pour la calmer.

Je devinai dans ce mot un retour de ce caractère qui avait égaré Géorgina, parce qu'on ne l'avait pas compris, et qui pouvait peut-être l'égarer encore si on le voulait violenter.

— J'ai tort, lui dis-je, je ferai comme vous l'entendrez.

Géorgina me regarda de son beau regard si expressif. Je devinai qu'elle me remerciait en elle-même, puis un nuage de tristesse vint à la fin voiler cette franche et heureuse expression; mais elle se remit et me dit :

— Voici nos projets ; nous allons les soumettre à votre suprême justice, car nous ne voulons rien faire qui ne soit approuvé par vous.

Nous nous assîmes pour tenir un conseil de famille.

— D'abord, reprit Géorgina, ma mère demeure avec moi.

Cette combinaison était entrée dans mes projets, et je fis un signe d'assentiment.

— Je peins passablement; je travaillerai, et sur le produit de ce travail nous vous rendrons les petites sommes dont nous avons besoin pour nous établir quelque part. Jusque là ma mère partagera ma chambre ici, car elle ne désire pas retourner près de M. Malabry.

— Elle m'a tout dit, monsieur, reprit madame Malabry, et je vous l'avoue, jamais je ne pourrai revoir celui qui m'a fait tant de mal. Je lui aurais pardonné ma misère, mais son infamie envers cette enfant, c'est impossible. Je préférerais mourir que de retourner dans cette maison.

— Je ne vois dans tout cela rien que de fort raisonnable, dis-je à madame Malabry, et vous pouvez demeurer ici. Mais que comptez-vous faire vis-à-vis de M. Malabry? vous cacher ou lui dire hautement votre résolution ?

— La lui dire, monsieur! reprit Géorgina avec vivacité; ce n'est point à nous, ce me semble, à trembler devant lui. Ma mère va lui écrire.

Je m'aperçus que madame Malabry hésitait à faire cet acte de vigueur. Le cœur des femmes est inexplicable. Révoltée comme mère, comme épouse, de la conduite de son mari, persuadée de la légitimité de sa résolution, elle ne se sentait pas le courage de cette rupture; car ce n'était pas seulement la crainte de cet homme qui l'avait si longtemps dominée qui la retenait, c'était une sorte de pitié pour la misère où elle allait le laisser; c'était comme un remords du calme dont elle allait jouir pendant qu'il allait se débattre dans son ignoble pauvreté. Elle n'osait nous dire tout ce qu'elle souffrait, mais je le voyais, et, lorsque Géorgina la pressa d'écrire, elle se leva comme un enfant obéissant; mais elle n'avait pas tracé les premiers mots de sa lettre, que la plume lui échappa des mains et qu'elle s'arrêta en fondant en larmes.

L'âme de Géorgina ignorait le secret de cette faiblesse; en effet, elle n'avait pas été aimée, elle n'avait pas aimé non plus, et elle n'eût pu dire ce mot désolé qui échappa à madame Malabry :

— Hélas! mon Dieu, j'ai longtemps été heureuse avec lui; et maintenant qu'il est pauvre, je l'abandonne!

Elle avait raison, et je fis signe à Géorgina de cacher son étonnement. Un jour fatal était venu sans doute, qui avait montré que tout ce bien-être passé, ces plaisirs, ce luxe, ces complaisances, avaient été achetés au prix de sa fortune et de sa probité; mais elle en avait pris sa part, elle avait été heureuse comme elle le disait, et je ne fus pas surpris lorsqu'elle dit à Géorgina :

— Non, écris-lui, toi.

L'accent avec lequel Géorgina prononça ces mots :

« Moi, que je lui écrive! »

me montra que rien ne pourrait la décider, et c'est ce qui me porta à proposer d'écrire moi-même.

Elles acceptèrent toutes deux, et après bien des ratures, grâce à Géorgina qui d'un côté me disait tout haut qu'il fallait reprocher à M. Malabry l'indignité de sa conduite, grâce à madame Malabry qui me suppliait tout bas de ne pas être trop dur, j'écrivis la lettre suivante :

« Monsieur,

» Hier, madame Malabry, qui sait tout ce qu'il y a d'indigne » dans votre conduite, a quitté sa maison pour n'y plus ren» trer. Toutes démarches pour la rappeler près de vous se» raient inutiles, car elle est sous ma protection. »

» J'ai l'honneur de vous saluer,

» Félix Morland. »

Nous envoyâmes cette lettre par la poste. Et maintenant voici ce que madame Malabry nous raconta alors de la position de ses autres filles. Ce récit était bien loin de toute la vérité; mais comme j'ai eu l'occasion de la découvrir plus tard, je réunis ici ce qu'elle nous dit et ce que ses filles elles-mêmes m'ont confié.

Immédiatement après leur mariage, les filles de madame Malabry avaient été demeurer chez leurs époux, et dès les premiers jours il fut facile de voir que le désir de ces messieurs était d'écarter le plus possible de chez eux M. et madame Malabry. De la part de Burac, qui ne s'en cachait pas, le profond mépris qu'il avait pour son beau-père était la raison pour laquelle il voulait l'exclure de chez lui; de la part de Varnier, c'était une servile imitation de tout ce que faisait et de tout ce que disait son maître Burac. Quant à Brugnon, tout en paraissant suivre avec répugnance l'exemple de ses beaux-frères, il avait, à part lui, des raisons particulières dont l'insigne fourberie avait échappé à Malabry et à Burac lui-même. Grâce à la dextérité de celui-ci, la fameuse opération des mines du Calvados avait été très-fructueuse pour ses associés, et chacun d'eux était rentré dans sa mise de fonds avec un bénéfice de 50 pour 100; c'est-à-dire qu'au bout d'un mois de mariage, la dot de 80,000 fr. qu'ils avaient reçue s'était transformée en un capital de 120,000 fr. Varnier, qui croyait, avec la bonne foi d'une bête, que ces hasards-là se recommençaient tous les matins, tint seul à M. Malabry la promesse secrète qu'il lui avait faite, et remit une somme de 40,000 fr. sur la dot reçue.

Burac était trop habile pour nier l'engagement qu'il avait

pris comme les autres; mais le jour où M. Malabry en réclama l'exécution, il lui envoya un compte de sommes prêtées, d'intérêts composés, d'escomptes de billets, de renouvellements, de frais de poursuite, compte si bien établi, si exactement fait, que la balance en faveur de M. Malabry se réduisit à une somme de deux ou trois mille francs, que ledit Burac tenait à sa disposition.

Malabry voulut chicaner et s'imagina qu'il ferait peur à Burac d'une façon ou d'une autre; il se rendit donc chez son gendre un matin.

Burac était occupé avec quelques capitalistes dont il exaltait en ce moment la philanthropie en faveur d'une opération pour le bien-être des classes ouvrières, opération qui devait rapporter trois cents pour cent aux entrepreneurs de ce bienfait national.

Burac, à qui l'on annonça M. Malabry, et qui se douta du motif de sa visite, le fit prier d'attendre un moment. Malabry trouva que sa dignité de beau-père ne pouvait lui permettre de faire antichambre; il força la porte et se présenta chez son gendre d'un air à esclandre.

Burac eut peur un moment; mais un imperceptible mouvement de M. Malabry, à l'aspect des personnes présentes, le rassura tout d'abord et le détermina presque aussitôt à en finir avec les prétentions de son beau-père.

Burac avait surtout cet esprit de ressource qui grandit et se développe au milieu du danger; il ressemblait à ces généraux peu habiles à faire un plan de bataille fermement tracé d'avance, et qui laissent volontiers l'action s'engager comme l'entendent leurs ennemis, mais qui, une fois le combat commencé, puisent des idées dans les bonnes comme dans les mauvaises combinaisons du général ennemi, parent aux unes, profitent des autres, et doivent la victoire à une inspiration soudaine que la réflexion et le calcul n'eussent jamais produite. Ainsi il avait suffi à Burac de l'imperceptible mouvement de M. Malabry pour comprendre toute la supériorité de sa position. Il agit en conséquence: il accueillit M. Malabry d'un air de timidité et d'embarras, et celui-ci, qui mettait l'audace des attaques au nombre des meilleures chances de succès, donna en aveugle dans ce piége.

— Pardon, dit-il aux autres personnes présentes; quoique

les affaires de famille doivent en général passer les dernières, j'ai forcé la porte de M. Burac, parce qu'une circonstance fortuite m'oblige à lui demander, sur l'heure, la remise de quelques fonds qu'il me doit.

Malabry se tourna vers Burac et ajouta d'un air tout à fait sûr de lui :

— Je suis désolé de cette circonstance, mais je finis ce soir même le marché dont je vous ai parlé, et j'ai besoin, pour demain matin, des quarante mille francs que vous me devez.

M. Malabry s'était imaginé que son gendre n'oserait discuter une pareille dette en présence de gens dont il avait besoin de ménager la confiance, et il avait été jusqu'à croire que Burac, ainsi attaqué, mettrait sa défaite à profit en offrant de payer immédiatement, pour montrer à ses capitalistes combien une pareille somme était de peu d'importance pour lui.

Mais Burac savait qu'il y avait divers moyens de faire des dupes, et il ne se souciait nullement d'être du nombre. Il fit ce qu'avait prévu M. Malabry, mais d'une façon tout opposée : il tira parti de la circonstance pour se poser vis-à-vis de ceux qui l'écoutaient comme un homme d'ordre.

— Cette affaire, leur dit-il, ne demande que deux minutes d'explication, et je vous demande la permission d'en finir.

Il alla droit à un carton, en tira un énorme dossier tout chargé de papiers timbrés, et, le posant devant lui, il dit à M. Malabry :

— Vous savez que les quarante mille francs que vous aviez déposés chez moi devaient servir de garantie aux opérations d'une personne.

— Qu'est-ce que c'est? dit Malabry.

— Je ne la nommerai pas, reprit doucereusement Burac, car je crois savoir qu'elle doit de l'argent à l'un de ces messieurs, et je ne veux pas la compromettre plus qu'elle ne l'est. Or, voici l'emploi des quarante mille francs, emploi fait en faveur de ce tiers par billets endossés par vous et que j'ai escomptés sur vos fonds, comme il était convenu. Aucun de ces billets n'ayant été payé, j'en ai poursuivi le recouvrement pour votre compte ; le total, comme vous pouvez le voir, s'en monte à trente-six mille cinquante francs. Voici trois mille neuf cent cinquante francs et tous les dossiers de cette affaire ; veuillez me donner quittance de vos quarante mille francs, et tout ceci vous appartient.

En parlant ainsi, Burac quitta sa place et l'offrit à son beau-père, en lui montrant une feuille de papier et une plume pour qu'il rédigeât immédiatement sa quittance, et en ouvrant la caisse pour en tirer les trois mille neuf cent cinquante francs, reliquat du compte. Malabry fut comme tous les intrigants de second ordre, qui perdent beaucoup plus aisément contenance vis-à-vis d'un plus habile que ne le feraient des hommes moins adroits. A la première botte, un maître d'escrime exercé comprend beaucoup mieux qu'un novice qu'il est tombé sous la main d'un maître très-supérieur ; il devine sa défaite, et il s'y résigne quand il ne veut pas donner trop d'avantages à son adversaire. De même, M. Malabry se tint pour battu ce jour-là, mais sans renoncer à engager le combat sur un nouveau terrain. Il jeta un coup d'œil rapide sur le compte, et répondit :

— Un compte aussi long a besoin d'être soigneusement vérifié.

Burac ramassa tous les papiers, et dit fort sèchement :

— Quand il vous plaira, il sera toujours à votre disposition.

M. Malabry eut une velléité de mettre la main sur tous ces titres, et de dire qu'il désirait les emporter pour les vérifier à l'aise chez lui ; mais il comprit que Burac était homme à les lui refuser, et il dit qu'il reviendrait le lendemain dans la matinée. Le lendemain il fallut bien en passer par la volonté de Burac, contre lequel M. Malabry n'avait aucun titre. Ce jour-là, cependant, Burac se laissa aller de quelques billets de mille francs, et le beau-père quitta son gendre avec les apparences d'une parfaite réconciliation et le dessein bien arrêté de lui faire tout le mal possible.

Mais ce ne devait pas être là le plus cruel désappointement de M. Malabry. Burac au fond tenait sa promesse, quoiqu'il eût cent fois fait entendre à son futur beau-père, que ces premières avances n'entreraient point en compte sur la remise à faire d'une partie de la dot, et qu'elles se perdraient par parcelles dans les nombreuses affaires qu'ils devaient entreprendre ensemble. Mais Brugnon n'y mit point tant de façons : à la première réclamation de son beau-père, il nia avoir jamais rien compris de semblable à un pareil arrangement; et lorsque celui-ci insista et lui rappela, malgré le vague fort obscur qui existait dans le langage de Brugnon, les explications très-catégoriques qui avaient eu lieu à ce sujet, le gendre prouva à son beau-père qu'il avait, quand il le voulait, une grande lucidité d'esprit et une grande netteté de paroles. Ainsi, il lui déclara que le beau-père qui fait de telles conditions à son gendre est un fripon. Puis tout aussitôt il retomba dans son pathos ordinaire, pour lui prouver que ce gendre a fait un acte d'honnête homme en feignant de les accepter, afin d'arracher la fortune d'une jeune fille à la complaisance d'un mari moins délicat.

Je te raconte tout ceci en gros pour te faire savoir où en étaient les choses un mois tout au plus après les mariages accomplis. Bon accord avec Varnier, qui s'était exécuté galamment, refroidissement vis-à-vis de Burac, qui avait rançonné sur ses prêts antérieurs, et rupture complète, mais cachée, avec Brugnon, qui n'avait pas rendu un rouge liard de la dot. Toutefois, madame Malabry était à mille lieues de soupçonner encore tous ces mystères, et elle continuait de voir ses filles qu'elle croyait fort heureuses.

Burac tenait grande maison, et le luxe, les plaisirs dont il entourait sa femme, protégeaient encore suffisamment l'illusion de Cornélie. La bêtise de Sophie l'avait laissée en plation permanente vis-à-vis de Brugnon, quoiqu'elle s'étonnât s'étonnât quelquefois qu'un si grand esprit pût descendre à une foule de détails infinis et qui sont d'ordinaire le partage des femmes dans les petits ménages.

M. Brugnon avait les clefs de la cave; il distribuait le vin et le sucre tous les matins pour les besoins de la journée, ordonnait le dîner avec une parcimonie qui ne suffisait pas toujours aux appétits gourmands de Sophie; il tenait lui-même le livre de cuisine, contrôlait avec une minutie barbare les dépenses de toilette. Il avait des recettes pour faire les cosmétiques les plus nécessaires, pour nettoyer les gants, et possédait l'art de faire du feu avec des bûches en terre cuite. Après tant de portraits de l'avare, je ne prétends pas en vouloir tracer un nouveau; mais tu sais comme moi que Brugnon n'est pas le seul de cette espèce, et que nous connaissons tous deux un homme, qui n'a pas été sans quelque importance politique, et qui n'en faisait pas d'autres tous les matins avant de se rendre au ministère, dont il était un des employés les plus importants.

Toutefois, Sophie acceptait tout cela sans trop de chagrin. Brugnon avait attiré chez lui une sorte de petit monde dont il était le cousin à divers degrés ; on jouait aux jeux innocents, au loto, au nain jaune; et Sophie, qui se trouvait à son aise dans ces réunions, les trouvait charmantes. Enfin, tout compensé, elle ne se sentait pas malheureuse.

V

Le premier de ces trois ménages où pénétra le désenchantement, ce fut celui de Varnier. Lia avait sans doute sa bonne part d'exagération, et je crois qu'elle n'éprouvait pas la plus petite moitié des émotions qui la rendaient si languissante, si vaporeuse, et qui l'avaient accoutumée à une mimique perpétuelle de tête penchée, de regards jetés au ciel et de sourires mélancoliques; mais au fond de tout cela c'était une femme d'habitudes délicates, de mœurs élégantes, et dont les sentiments, faussés par l'exagération, partaient cependant d'une nature aimable et aimante. Je crois aussi que Varnier avait pour elle tout ce qu'il pouvait avoir d'amour pour autre chose que ses beaux favoris noirs et sa voix de ténor léger.

Le désenchantement ne commença donc pas par le cœur, mais par l'esprit. Ce fut là le véritable malheur de Lia et de Varnier. Une femme sensible qui découvre un vice chez son mari peut l'aimer encore, parce qu'elle espère que son influence le corrigera ; c'est, d'ailleurs, pour les esprits à grands mots, un dévouement à montrer, une mission à remplir, quelque chose de religieux inventé par les femmes de lettres d'aujourd'hui, et qu'on devrait appeler l'apostolat domestique; mais une découverte comme celle que fit Lia n'a point de pareilles ressources. Cette découverte fut celle de l'ânerie de son mari, et cette découverte malheureusement toucha juste à l'endroit par où elle l'avait aimé. J'ai été le confident de ses premières peines comme des chagrins sérieux qui les suivirent, et lorsque les femmes vous les racontent, elles les font passer par une filière de sentiments minutieux, de réflexions d'une métaphysique si subtile, qu'elles donnent à une contrariété la puissance d'un chagrin et à une scène ridicule la dignité d'un malheur; mais plus tard, quand on veut se rappeler tous ces commentaires précieux, ils vous échappent, et l'on ne voit que le point où elles sont arrivées. Il me serait donc difficile de t'expliquer la dessillation de Lia avec toutes les finesses qu'elle mit à l'expliquer. Je préfère te dire une scène qui eut lieu devant Sophie, et que celle-ci m'a racontée comme elle l'a vue et jugée. La manière de Sophie m'est restée beaucoup plus présente que celle de Lia, et je t'avoue que je la trouve beaucoup plus intelligible. Je la laisse parler :

« J'étais allée voir ma sœur Lia un matin, et je comptais passer la journée avec elle. Je la trouvai fort occupée : elle mettait au net une romance dont elle avait composé la musique pour son mari, sur des paroles de madame Valmore, et qui lui était dédiée par.... Comme elle voulait que le mystère de sa composition ne fût pas même soupçonné, elle me chargea d'écrire les paroles sous la musique, et elle se fit une fête du triomphe qui l'attendait. Varnier rentra. Depuis quelque temps, il avait pris l'habitude de ne plus parler qu'en récitatif, accompagné de monosyllabes qui figuraient l'orchestre; aussi m'aborda-t-il en me chantant je ne sais plus quelle entrée de Rubini en l'arrangeant sur des paroles de sa façon.

— Bonjour, ma sœur... boumb... Comment vous portez-vous? bom bom bom.

— Très-bien.

— Et moi aussi.... lilirita.

— J'en suis fort enchanté..., froum froum froum.

Lia, pendant qu'il faisait ses grâces, l'embrassait comme si elle ne l'avait pas vu depuis six mois, et il lui répondit aussitôt en assortissant un air de Masini à ses improvisations.

Ainsi, au lieu de ces deux vers qui commencent la romance en question :

Je veux t'aimer, mais sans amour;
Je veux t'aimer plus que moi-même.

mon beau-frère lui chantait :

> Je t'aime bien, mon cher poulet ;
> J'ai bien faim, es-tu comme *moie* ?
> Déjeunons vite, etc.

Et il continuait ainsi, laissant à peine échapper par-ci par-là quelques mots parlés. Il me prit envie de trouver une rime à son *moie*, et de continuer en lui chantant :

> Vous êtes bête comme une oie.

mais cela aurait fâché Lia, et je le laissai vocaliser à son aise.

Nous déjeunâmes, et, pendant qu'il mangeait, M. Varnier daigna nous apprendre, en langage non musical, qu'il était invité à une soirée d'artistes, et où il devait chanter une nouvelle composition de Vogel. Il nous raconta qu'il venait de l'acheter, qu'il n'avait pas encore jeté les yeux sur ce morceau, et pria Lia de le lui accompagner pour qu'il en prît une idée. Elle y consentit avec d'autant plus de plaisir qu'elle vit un moyen d'amener ainsi sa petite composition. On se mit au piano, et M. Varnier chanta cet air à la première vue d'une façon très-remarquable. Lia me regarda d'un air de triomphe, car j'avais eu autrefois une idée particulière, que M. Varnier ne savait pas une note de musique ; mais l'épreuve me sembla décisive. Cependant je vins en aide à ma pauvre sœur, qui tournait autour de son petit rouleau manuscrit, et qui n'osait aborder le petit conte que nous avions arrangé ensemble pour soumettre cette composition au grand artiste.

— A propos, mon frère, lui dis-je, il est venu ce matin un petit jeune homme très-gentil, très-distingué, qui vous a entendu souvent chanter dans le monde et qui est un admirateur forcené de votre talent.

— Ho ! ho ! fit mon beau frère en jetant ces deux ho ! à un octave d'intervalle, et en ajoutant de sa voix naturelle : Et puis ?

— Il a été désolé de ne pas vous rencontrer, parce qu'il désirait vous offrir une romance qu'il a composée et qu'il vous a dédiée.

Au mot *dédiée*, toute la figure de mon beau-frore s'épanouit; jamais il ne m'avait tant fait l'effet de ressembler à une grosse pivoine.

— Ah! il m'a dédié une romance? dit-il.

— Oui, mon ami, reprit Lia, et il l'a laissée pour que tu l'essaies et que tu juges si elle est digne d'être chantée par toi... dans le concert de ce soir, par exemple.

La proposition déplut souverainement à M. Varnier, qui répliqua tout aussitôt :

— Pour cela non, non, pas du tout. J'aurais fort affaire, ma foi, si je voulais chanter tout ce que m'offrent ces tas de petits compositeurs en herbe. Ils s'imaginent que je suis à leurs ordres pour leur donner comme ça la vogue. Non, non, mes très-chères; votre joli petit jeune homme en sera pour sa romance.

Lia reprit alors du ton le plus humble et le plus caressant :

— Tu as tort; c'est aux hommes de talent comme toi à faire valoir ceux qui commencent.

— Merci... non... fit Varnier; j'ai pris à ce sujet une résolution inébranlable; j'ai mes auteurs et je n'en sortirai pas.

— Eh bien! reprit encore Lia du ton le plus suppliant. si tu ne veux pas la chanter dans le monde, essaie-la pour nous; tu seras bien aimable.

On eût dit que M. Varnier était désagréablement piqué par quelque chose; car il se trémoussa à cette proposition, et répondit d'un air bourru :

— Ah! par exemple! et pourquoi faire l'essayer pour vous?... D'ailleurs, je suis sûr que c'est mauvais.

Sans un regard de la patiente Lia, j'aurais envoyé son mari se promener, tant il me semblait peu complaisant; mais elle revint encore une fois à la charge avec une persévérance d'ange, et lui dit :

— Eh bien! je dois t'avouer que je m'intéresse beaucoup à la personne qui a fait cette romance.

— Au petit jeune homme? dit mon beau-frère.

— Ce n'est pas un petit jeune homme, reprit Lia, c'est une de mes amies, que je te nommerai plus tard; car tu la connais, et je ne veux pas que ton amitié pour elle influe sur ton opinion.

M. Varnier semblait de plus en plus embarrassé. A cette insinuation de sa femme, il jeta sur moi un regard soupçonneux.

— Non, non, m'écriai-je tout aussitôt, ce n'est pas moi qui fais des romances.

M. Varnier, dont la mauvaise humeur était manifeste, et qui ressemblait à un ours couché dans une fosse dont il sent ne pouvoir sortir, se décida et fit semblant de céder; il prit le rouleau et le défit en disant :

— Une niaiserie, probablement; à l'avenir, Lia, je vous en prie, ne vous chargez plus de pareilles commissions.

Il ouvrit la feuille, et la parcourant des yeux, il marmotta entre ses dents :

— Patata, ratapa papa... j'en étais sûr... turletutu... ça n'a pas le sens commun... luru... c'est stupide... pututu... c'est une écolière qui a fait ça... turutu, turu... c'est au-dessous de tout!

Et il jeta la musique sur la table en criant à tue-tête :

« *O bell'alma inamorata...* »

La pauvre Lia était si confuse, si troublée, si humiliée de l'opinion de son mari, qu'elle ne s'était pas doutée de la comédie effrontée qu'il jouait. Quant à moi, je l'avais devinée, et je vis ma pauvre sœur si malheureuse, que je ne voulus pas laisser à ce grossier ignorant l'impunité de sa brutalité et de sa présomption.

— Je vois ce que c'est, dis-je à ma sœur, cette musique est trop difficile pour ton mari.

— Qu'est-ce que c'est? dit-il, trop difficile!

— Sans doute, car je vous ai très-bien suivi dans votre turututu, et vous n'en avez pas dit une note...

— Voilà qui est plaisant!

— Il n'y a de plaisant, mon cher frère, que votre turutu...

— Sophie, me dit Lia d'un air suppliant, tu es folle, je n'ai pas réussi, je me suis trompée... c'est un tout petit chagrin...

— Quoi! s'écria Varnier.

— Oui, lui dis-je, cette romance est de votre femme... et maintenant j'espère que vous allez nous la chanter avec un peu plus de soin; je désire l'entendre, vous ne me refuserez pas.

M. Varnier se trémoussa en tous sens.

— Eh bien ! lui dis-je en riant et en lui présentant la musique, elle va vous accompagner.

Lia, qui avait les yeux gros de larmes, se mit au piano... M. Varnier, qui avait perdu la tête, tenait le papier comme s'il eût espéré qu'un prodige vînt lui en expliquer le mystère. Lia avait joué la ritournelle... il fallait commencer. M. Varnier, demeuré immobile jusque là, céda à un moment de rage furieuse, et, déchirant la romance, il la jeta par terre avec fureur, et s'écria :

— Au diable la musique et les faiseuses de romances ! et se dirigea vers la porte de l'appartement.

Je triomphai, et lui criai en riant aux éclats :

— Turututu !... turututu !...

Il était pâle de colère ; ma sœur se leva et me pria doucement de finir... Mais je voulais faire payer à M. Varnier ses airs de supériorité, et je me mis à le contrefaire en chantant comme lui :

— Je me tais... boum boum.

M. Varnier était tout à fait exaspéré ; Lia souffrait horriblement je m'en aperçus trop tard, et je leur dis :

— Eh bien ! allons-nous nous fâcher pour une plaisanterie ?

Ils ne me répondirent ni l'un ni l'autre.

— J'ai eu tort, leur dis-je... Voyons, monsieur Varnier, quel grand mal y aurait-il à ce que vous ne sussiez pas la musique ?

— Sophie, me dit Lia d'un air tout sérieux, mon mari sait parfaitement la musique, et je dois le savoir mieux que personne... ainsi ne parlons plus de cela. J'ai eu tort d'insister pour cette romance, voilà tout.

M. Varnier ne prononça pas une parole, et je me retirai.

Sophie n'en apprit pas davantage ce jour-là, mais il s'ensuivit entre Lia et son mari une scène où celui-ci traita Sophie de sotte bête, de buse, etc., et s'anima en termes si grossiers, que la plaintive et douce Lia demeura épouvantée de la brutalité que recouvrait la voix amoureuse de son mari.

Lia m'a raconté cette même scène de romance à sa façon ; seulement le ridicule s'en était effacé pour faire place à un profond malheur. Lia me le prouva alors ; mais je ne me rappelle plus comment.

Cependant ce petit incident ne pouvait pas avoir de suites immédiates. Mais quoique Varnier ne fît pas grand étalage de luxe et que Lia fût assez simple, la gêne se glissa peu à peu dans la maison. Varnier était fort maladroit en affaires; et comme il souffrait impatiemment la supériorité de Burac, qui, du reste, avait le tort de la lui faire trop sentir, il s'associa à Brugnon pour tenter les jeux de bourse, et deux mois n'étaient pas écoulés que Brugnon lui avait remis un compte de pertes qui avaient presque complétement absorbé la dot de Lia, qui était toute la fortune de Varnier.

A tout prendre, Varnier n'était qu'un sot qui se laissait aller à une friponnerie quand on la lui aplanissait et qu'on l'y poussait; mais il eût été incapable de l'entreprendre de son gré et surtout de la mener à bonne fin. Il avoua franchement à Lia le malheur qui la frappait, et lui donna à entendre qu'il allait se mettre à même de le réparer. Lia trouva dans la résolution de son mari un prétexte à se rattacher à lui. Le malheur le rendait noble et respectable à ses yeux; elle reprit un moment tout son enthousiasme pour lui. Mais une femme qui semble avoir été le mauvais génie de cette famille, madame Del..., vint détruire de fond en comble ce prestige mal replâtré dont Lia avait entouré son mari à ses propres yeux.

VI

C'en était fait de la dot de Lia; et comme Varnier n'était bon à rien, pas même à se créer des ressources d'industrie malhonnête, la gêne arriva à grands pas. Dans les premiers temps de pénurie, il regretta d'avoir abandonné Burac qui, à la vérité, le traitait fort cavalièrement, pour s'associer avec Brugnon, qui l'avait ruiné en le félicitant sur son intelligence.

Cependant la misère approchait, et il fallait boire sa honte, déclarer qu'on avait été un sot, et retourner vers le maître pour lui demander secours, protection et conseil.

Burac eût été un homme tout à fait supérieur sans un vice

radical de son caractère. D'une habileté extrême à s'acquérir d'abord les gens dont il avait besoin, et à se les conserver tant que ce besoin durait, il les abandonnait brutalement dès qu'ils ne lui étaient plus bons à rien. Ce n'est pas qu'il fût ce qu'on appelle un ingrat, non : les hommes étaient pour lui des instruments appliqués à ses projets, et il délaissait ceux qui ne pouvaient plus servir à leur exécution, comme on relègue au grenier une machine qui est demeurée au-dessous du progrès de la science. Il ne se passionnait pour personne qu'en raison de leur utilité ; voilà pourquoi, s'il n'était pas reconnaissant pour ceux qui l'avaient aidé, il était tout à fait sans rancune contre ceux qui lui avaient nui. Bien plus, il était exempt d'un vice dont l'absence est, à mon sens, une qualité de premier ordre : il n'en voulait pas aux gens à qui il avait fait du mal. Lorsque Varnier vint lui conter ses doléances, Burac l'écouta sans lui adresser un reproche à son sujet ou à celui de Brugnon, et lui demanda au bout du récit où tendaient ses conclusions.

— Mais à vous demander une participation dans quelqu'une de vos affaires.

— Écoutez, lui dit Burac, si j'ai un conseil à vous donner, ne faites pas d'affaires tout seul, vous les feriez mauvaises ; ne vous associez avec personne, ce serait donner le peu qui vous reste, ou votre temps à un autre.

— Que voulez-vous donc que je devienne?

— C'est votre affaire, mais si vous le voulez, vous serez à flot dès ce soir, et dans un an vous aurez une fortune indépendante.

—Varnier crut que Burac se moquait de lui ; il lui demanda ce qu'il fallait faire pour cela.

— Je suis forcé de sortir à l'instant ; mais venez me prendre ce soir à neuf heures, et apportez toute votre cargaison de musique ; je veux vous présenter dans une maison où vous trouverez peut-être moyen d'utiliser votre talent.

La vanité de Varnier se révolta de la proposition, et il répliqua :

— Je suis un homme du monde. Je chante pour mon plaisir, et je ne me ferai pas chanteur à la soirée, comme vous avez l'air de le croire.

Burac haussa les épaules et lui répondit :

— Venez toujours.

L'entretien en demeura là, et, malgré ses prétentions, Varnier fut exact au rendez-vous. Il y avait cette année-là, à Paris, un certain capitaliste américain du nom de Turner, qui se piquait de donner les fêtes les plus magnifiques de la capitale, et, comme première condition de cette magnificence, il invitait, moyennant quinze cents francs par soirée, les artistes les plus célèbres de nos théâtres lyriques. Burac était de ses amis et lui donnait des conseils pour le placement de sa fortune en France. Il lui présenta Varnier sans lui dire rien de ses talents, ni du désir qu'il avait de le produire le soir même. Puis, ayant colloqué son beau-frère dans un coin d'où il ne devait pas bouger, il se glissa auprès de madame Del... qui était la reine de ces illustres concerts, et lui demanda un moment d'entretien particulier.

Madame Del... connaissait Burac pour un de ces hommes qu'il n'est pas nécessaire d'avoir pour amis, mais qu'il ne faut jamais avoir pour ennemis; elle accorda l'entretien demandé.

— Vous connaissez Varnier? lui dit-il.

— Sans doute; je l'ai entendu chanter.

— Il a du talent.

— Y tenez-vous?

— Non; mais il a une belle voix.

— C'est vrai.

— Alors c'est assez pour ce soir, du moins.

— Qu'entendez-vous par là?

— Vous êtes belle comme un ange, et vous savez qu'il n'a pas tenu à moi de vous aimer comme un fou.

— Je ne m'y suis jamais opposée, et je vous le permets encore.

— Je suis un homme de chiffres, et je veux que mes avances me rapportent; j'ai depuis longtemps renoncé à cette spéculation. Pourtant j'ai une grâce à vous demander.

— Et s'il me plait de calculer comme vous, ne puis-je vous demander ce qu'elle me rapportera?

— Une bonne action.

Madame Del.... se mit à rire de tout son cœur d'un pareil mot dans la bouche de Burac, et lui répondit:

— C'est fort séduisant!

— Et puis, reprit Burac avec un air moqueur, ça vous changera....

— Comment dois-je prendre ce que vous me dites?

— Je sais toute votre histoire avec Géorgina; M. Malabry m'a tout dit : ce sera donc, à votre gré, ou une plaisanterie ou une menace.

— Et si je trouve la plaisanterie impertinente et la menace fort peu dangereuse?

— Je ferai ce que je désire sans vous; vous manquerez une occasion de vous venger de ***, qui vous a empêchée d'entrer à l'Opéra, et je vous en voudrai.

Madame Del.... réfléchit, et au bout d'un moment elle lui dit :

En définitive, que me demandez-vous?

— Une petite comédie. Au moment où M. Turner viendra vous prier de chanter, vous lui direz de votre plus douce voix : Est-ce que vous n'avez pas ce soir ici M. Varnier, le beau-frère de M. Burac? S'il se rappelle que je le lui ai présenté, vous continuerez ainsi; bien entendu, que s'il ne se le rappelait pas, vous lui affirmeriez que vous l'avez vu, et vous en reviendriez à cette phrase obligée : — Doit-il chanter? — Est-ce qu'il chante? — A ravir. — Vrai? — Certainement. — Mais c'est une bonne fortune : il faut l'en prier. — Il ne se fait guère entendre qu'en petit comité d'artistes, et, si vous pouvez vaincre sa répugnance, vous entendrez une des belles voix du monde.

— Si ce n'est que cette série de mensonges que vous me demandez, je m'en sens tout à fait capable pour vous. Mais on ne chante pas sans musique, du moins pour l'accompagnateur.

— Il a la sienne.

— Alors on verra qu'il est venu pour chanter.

— Je l'ai fait mettre avec la vôtre par le valet de chambre; il aura l'air d'y chercher quelque chose.

— Vos précautions étaient bien prises, et vous aviez disposé de moi.

— Pour une bonne action, dit Burac en riant.

— Mais je ne la vois pas encore, dit madame Del....

— Voici M. Turner qui organise ses morceaux, comme il dit. Je vous dirai le reste après le concert.

Il se leva sans attendre la réponse de madame Del... et alla se mettre à un groupe d'hommes parmi lesquels se trouvait le comte de M...., un de ces hommes qui, ayant de l'esprit et de l'argent à dépenser, se font une occupation de découvrir des artistes, de les patronner, de les lancer, et qui avait acquis, à ce titre, au ministère et dans les théâtres royaux, une autorité qu'il avait fait sanctionner par son admission dans toutes les commissions consultatives ou administratives qui s'occupaient des lettres et des arts.

Burac s'est fait présenter à lui, et M. le comte de M.... le reconnut à la beauté de Cornélie qui l'avait vivement frappé et dont il se souvenait fort bien. Burac laissa commencer les chants, et, voyant M. Turner qui se montait sur la pointe des pieds pour le découvrir, il se mit en évidence, et l'Américain vint jusqu'à lui. Ici continua la petite comédie qui avait été commencée par madame Del.... sur les indications de Burac. M. Turner s'informa du grand artiste inconnu qui se cachait. Burac fit l'homme qui ne comprend rien à ces fausses ou vraies modesties qui se font prier pour obtenir un succès, et annonça qu'il allait tâcher de découvrir ledit Varnier et qu'il apporterait sa réponse à M. Turner, qu'il priait de l'attendre là où il le laissait. C'était à côté de M. de M...., qui déjà ouvrait l'oreille comme un amateur de curiosités qui entend parler d'un clou authentique de la cuirasse de Godefroy de Bouillon. La conversation s'établit au sujet de Varnier pendant l'absence calculée de Burac, de façon que lorsqu'il revint pour annoncer que le grand amateur avait cédé aux désirs de l'illustre assemblée, et qu'il venait de se glisser jusqu'au piano pour choisir un morceau dans la musique que les autres artistes avaient apportée, on s'informa avec curiosité de ce qu'il était, d'où il venait, etc., etc. Burac répondit vaguement, voulant attendre l'effet que produirait Varnier. Varnier avait choisi un air qui lui avait été seriné note à note par l'auteur. Sa voix était véritablement d'une grande beauté, et le morceau n'était pas fini que M. de M... avait laissé échapper sa phrase favorite que M. Burac attendait au passage comme un voleur qui a étudié les habitudes de celui qu'il veut dépouiller. M. de M... s'écria donc :

— Ah ! si nous avions une voix comme celle-là à l'Opéra !

— Je ne sais, dit Burac ; Varnier ne chante véritablement

bien qu'en petit comité, car ce soir vous ne pouvez douter de ce qu'il est....; le monde le gêne, et je crois que le public l'épouvanterait au point de lui ôter tous ses moyens. Si ce n'était cet obstacle....

— Comment! votre beau-frère, car il me semble que c'est votre beau-frère, dit M. de M... en baissant la voix, se déciderait à suivre la carrière du théâtre?

— Ce n'est pas précisément mon beau-frère dans le sens de la loi, dit Burac d'un air de confidence; il a épousé une sœur de ma femme. Il avait quelque fortune; mais de fausses spéculations...; les artistes n'entendent rien aux affaires.... Enfin, je crois qu'il faudra bien qu'il se décide à vaincre sa timidité; je connais un peu le directeur de l'Opéra-Comique...

— Ne faites pas cela, reprit M. de M... vivement, c'est un sujet véritablement précieux.

M. de M... réfléchit un moment comme un homme qui arrange un projet dans sa tête, et dit tout à coup :

— Pouvez-vous venir dîner avec lui, chez moi, après-demain?

— Après-demain?

— Oui, j'aurai le directeur de l'Opéra; nous causerons de tout cela.

— Me permettez-vous de ne vous donner ma réponse que demain? Je puis disposer de moi, mais je ne puis répondre de lui.

Un nouveau chanteur se présenta, et Burac s'esquiva et s'enquit de son beau-frère, qui, tout fier de son succès dans un monde auquel il n'était pas accoutumé, commençait à faire la roue au milieu d'un petit cercle d'admirateurs. Il l'emmena avec empressement et lui annonça l'invitation qui l'attendait le surlendemain.

VII

Burac, qui avait craint d'avoir à vaincre la résistance de Varnier, dont la sottise s'indignait de l'idée de se faire une ressource de son talent, fut fort surpris de se trouver forcé de modérer l'ardeur nouvelle de son beau-frère. Madame Del...., qui avait deviné de l'œil le projet de Burac, avait trouvé à propos de lui donner un de ces coups d'épaules qui aident si vigoureusement les efforts que l'on fait, qu'en vous sortant d'un mauvais pas, ils vous rejettent dans un plus mauvais; elle avait profité d'un petit moment d'entretien pour glisser à Varnier que, si ce qu'elle croyait soupçonner était vrai, il devait se tenir sur ses gardes contre MM. les directeurs ; qu'elle savait par expérience combien ils sont habiles à s'emparer des jeunes talents, à les enchaîner, et à user leurs plus belles années. Elle avait posé des chiffres au bout de toutes ces insinuations, de façon que lorsque Burac, qui voyait et voulait les choses dans des données possibles, dit à Varnier que s'il faisait chez M. M.... aussi bien que chez M. Turner, il se faisait fort de lui trouver un engagement favorable, Varnier lui répondit d'un air superbe :

— Je n'ai pas l'expérience de la scène, mais j'ai toute la *fraicheur* de mes moyens ; je ne suis pas encore comédien, mais enfin je ressemble à un homme ; je manque des avantages qui s'acquièrent, c'est vrai; mais je possède ce qui ne s'acquiert pas : la voix et le physique ; tout compensé, je dois valoir pour l'administration autant que ceux qui, s'ils ont certaines qualités, manquent de celles que je possède. Si donc on me veut donner 30,000 francs d'appointements, les 300 francs de feux et les deux mois de congé que tout ténor gagne quand il veut, je ne refuse pas absolument de prendre un engagement qui répugne à ma dignité, mais auquel la nécessité me force à recourir.

Burac se sentit pris d'une envie furieuse de donner des coups de pied et des coups de poing à cet impudent personnage, et, comme il sentit que la réponse qu'il lui ferait serait d'une nature analogue à cette démonstration physique, il tourna le dos à Varnier et le quitta sans lui dire un mot. Varnier le poursuivit en voulant le forcer à s'expliquer, mais Burac s'obstinait dans son silence; enfin il finit par lui dire :

— Mon cher beau-frère, j'ai voulu me mêler de vos affaires, j'ai eu tort, je vous en demande bien pardon ; vous les entendez mieux que moi. Bonsoir ; demain j'irai louer une loge pour votre début.

— Ne vous pressez pas, lui dit Varnier d'un ton suffisant,

ce n'est pas une affaire faite, et il n'est pas certain que je consente.

Burac le considéra un moment avec une rage rentrée; mais tout à coup, et comme si une idée lumineuse était venue l'illuminer, il se dit en levant les yeux au ciel :

— Enfin, c'est un ténor !

Admirable exclamation de Burac. Il avait réfléchi que la vanité furieuse est la maladie inséparable du ténor; que le ténor est une créature exceptionnelle faite pour être portée en triomphe sur des coussins cousus de billets de banque, et que Dieu ne les a pas faits à l'abri des ivresses extravagantes du triomphe. Burac se calma à cette idée, et finit par obtenir de Varnier que, si l'épreuve du surlendemain réussissait, il le laisserait, lui Burac, le maître de régler les conditions de l'engagement.

Il arriva ce que Burac avait prévu. Les juges compétents ne se trompèrent point sur l'ignorance musicale de cette belle voix, et la négociation, bien que conduite avec une véritable adresse par Burac, n'arriva qu'à une indemnité de 600 francs par mois, et au paiement d'un maître de chant pendant un an, avec obligation d'appartenir au théâtre de l'Opéra, au bout de cette année, aux appointements de 12,000 francs. D'autres ont obtenu beaucoup mieux; mais Burac avait eu à combattre un désavantage énorme pour Varnier : c'est qu'il était Français.

Tout cela s'était fait en deux jours, sans que Lia eût été prévenue, et avec la convention expresse exigée par Burac qu'il ne lui serait jamais dit qu'il s'était mêlé de cette affaire.

Mais ce ne sont pas là des secrets qui peuvent rester cachés. Après les gros bruits de la politique, ce que le Parisien aime le plus au monde, ce sont les caquetages de théâtre. Un mois ne s'était point passé, que l'histoire de Varnier avait été ajoutée à deux ou trois histoires pareilles; seulement le nom du héros était tantôt Lasnier, tantôt Pannier ou Prunier, ou Mesnier; la terminaison seule était connue. Lia ne se doutait de rien; mais elle observait avec inquiétude les nouvelles allures de son mari : il sortait tous les jours, et rentrait seulement pour dîner. Il ne quittait point l'Opéra, et savait des noms inconnus à l'affiche et appartenant à un calendrier fantastique. Sa conversation, autrefois lourde et plate, prenait une désinvolture grossière et qui révélait d'étranges familiarités. Il recut la visite de quelques jeunes gens d'une élégance équivoque, qui le tutoyaient, et qui lorgnaient Lia en véritables connaisseurs.

D'autre part, Varnier recevait des invitations personnelles pour des soirées et des concerts, comme s'il n'eût point été marié. La maison n'était pas beaucoup plus riche, mais Varnier ne se plaignait plus de manquer d'argent.

Lia pleurait ; mais, dans son système de sensibilité, elle devait dévorer son chagrin en silence, et elle se taisait aussi bien vis-à-vis de sa mère que de ses sœurs.

Cependant il n'est douleur si résignée qui ne cherche parfois à s'oublier un moment ; et Lia, malgré le peu d'attrait que pouvait lui présenter la maison de sa sœur Sophie, se décida à y aller passer quelques soirées.

Parmi les assidus de la maison de Brugnon, il y avait un M. de Gorgerin, baron ou vicomte d'un régiment inconnu, qui faisait une feuille de théâtre qu'il soutenait à force de billets signés à son ordre par les comédiens qui lui payaient ainsi son silence ou ses éloges, et qu'il escomptait chez Brugnon à quarante pour cent de perte.

Un certain soir que Lia était chez sa sœur où elle avait à peine paru, M. de Gorgerin arrive fort triomphant, et à la question cruelle qui l'accueillit :

« Quoi de neuf ? » il se pose en Vénus pudique, et répond modestement :

— Rien... absolument rien... rien que je puisse dire, du moins d'ici à quelques jours.

— Ah ! oui, fit un monsieur (gros cousin de Brugnon) qui n'avait pas voulu faire annoncer son commerce de toiles à toiture dans le journal de M. de Gorgerin, et qui depuis s'était trouvé son ennemi mortel... ah ! oui, vous voulez parler de votre menace de ce matin ?.....

— Ce n'est point une menace, fit M. de Gorgerin. J'ai dit et je répète encore que la mission de la presse est de surveiller l'action de l'administration du pays. L'Opéra vient de faire encore un de ces engagements ruineux qui ne le mèneront qu'à dépenser de l'argent au profit d'une entreprise rivale. Nous ne pouvons pas laisser gaspiller ainsi l'énorme subvention donnée par les chambres. L'administration tient cet engagement secret, parce qu'elle sent que la presse jetterait une clameur universelle d'indignation si elle le savait. Elle fait plus, elle nie que l'engagement existe ; mais moi j'ai la certitude qu'il a été conclu il y a plus d'un mois.

— Est-ce là ce que vous ne pouvez pas dire ? reprit l'antagoniste de M. de Gorgerin ; vous l'avez imprimé ce matin.

— Ce que je ne puis pas dire, mais ce que je dirai certainement d'ici à quelques jours, ce sont les conditions de cet engagement et le nom de l'individu engagé, et je les livrerai à la publicité, à moins que l'administration, que j'ai interpellée à ce sujet, ne s'explique franchement avec moi...

— C'est-à-dire, grommela le marchand, à moins qu'elle ne lui envoie un billet de 1,000 francs pour qu'il se taise.

Lia avait écouté cette conversation parce qu'elle se passait en face d'elle, mais sans y faire attention. Cependant Sophie, dont l'admiration pour monsieur son époux s'était sensiblement altérée par son contact avec la nouvelle admiration que lui inspirait M. de Gorgerin ; Sophie, disons-nous, prit les airs les plus gracieux, et dit au charmant vicomte :

— Oui, mais ce qui doit rester un secret pour tout le monde n'en sera pas un longtemps pour nous.

M. de Gorgerin fit un mouvement de cravate plein de prétention, et répondit avec un accent de finesse extrême :

— Tout, excepté cela, madame. Tout, excepté ce que je regarde comme un devoir de conscience.

— Est-ce que vous autres journalistes vous avez de la conscience ? reprit en minaudant Sophie, qui avait de la prétention au trait depuis son admiration pour M. de Gorgerin et sa lecture assidue du petit journal de ce monsieur.

— On en ferait bon marché à vos pieds, fit le Gorgerin avec un nouveau mouvement de cravate ; mais ce secret ne m'appartient pas...

— Il ne le sait pas, grommela le cousin.

— Vous dites ?... fit M. de Gorgerin.

— Je dis, reprit le marchand fort sentencieusement, que je donnerais vingt francs pour parler d'autre chose ; car je le connais aussi, ce monsieur, et on saura toujours assez tôt la bêtise qu'il a faite.

— Vous le connaissez, vous? fit le journaliste d'un air de dédain.

— Beaucoup mieux que vous, car je n'en dis rien.

Et avec ces paroles il fit une prodigieuse grimace, et désigna Lia du regard à M. de Gorgerin.

Celui-ci ouvrit de grands yeux, regarda Lia d'un air stupéfait, et reprit immédiatement :

— En effet, il est inutile d'en dire davantage.

Ce petit manége n'avait point échappé à Lia, elle se tourna vers sa sœur Sophie comme pour lui demander ce que cela voulait dire. Sophie la regardait de son côté d'un air d'étonnement bien réel, et elle lui dit d'une voix basse :

— Bah! est-ce que c'est ton mari?..

— Mon mari? reprit Lia dans un premier mouvement d'indignation. Mais elle n'avait pas achevé de prononcer ce mot que l'évidence du fait sembla lui apparaître soudainement : elle porta autour d'elle un regard inquiet, et vit que tous les yeux l'observaient curieusement. Le gros cousin la sauva, et, se plaçant brutalement devant elle, il cria d'une voix formidable :

— Voyons, qui est-ce qui fait une partie de loto?

L'accent était si impératif qu'il rompit le charme, et qu'on laissa Sophie et Lia seules un moment.

— Quoi! ce serait Varnier? reprit Sophie.

— C'est impossible, lui dit vivement Lia, qui, en même temps qu'elle parlait ainsi, voyait surgir devant elle toutes les raisons qui devaient l'assurer de la vérité de ce malheur.

— C'est vrai! tu devrais le savoir, toi! dit Sophie; et, sans pousser plus loin la reconnaissance, elle se leva pour organiser son loto.

Lia s'excusa de n'y pas prendre part, et se hâta de regagner la solitude de sa maison pour y avoir une entrevue solennelle avec elle-même, et se tracer la marche qu'elle devait suivre dans cette nouvelle douleur.

Le premier mouvement, le mouvement parti de la nature et qui n'avait pas encore subi la discussion de la meilleure manière de procéder, selon la résignation et le dévouement qui sont le partage de la femme en ce monde, ce premier mouvement fut d'avoir une explication franche et formelle avec son mari. Mais Lia ne s'était pas arrangé une âme mélancolique et rêveuse pour agir avec cette simplicité. Elle se prouva que les larmes solitaires ou mal dissimulées étaient le seul asile où elle pût se réfugier contre une si funeste circonstance, et, en attendant que le temps amenât un éclat qu'elle ne voulait pas provoquer, elle résolut de se laisser aller à son désespoir, sans le confier à personne. Mais Lia s'était trompée dans son calcul de douleur ; une semaine entière se passa, et, quoique sa voix tremblât, quoique ses yeux laissassent échapper des larmes furtives lorsqu'elle parlait à Varnier, il ne vit rien, ne comprit rien, sortit de meilleure heure, rentra plus tard, mit son chapeau un peu plus sur l'oreille, et laissa percer des réminiscences de langage de coulisse.

Du reste, Sophie avait apporté à Lia la confirmation de son malheur ; mais dans le but de la consoler, elle avait ajouté une foule de bonnes raisons qui lui avaient été suggérées par la fureur envieuse de Brugnon, lorsqu'il avait appris cette nouvelle.

— Comment ! s'était-il écrié, un imbécile, un niais comme ce Varnier gagne le traitement d'un conseiller d'Etat et arrivera peut-être aux appointements d'un maréchal de France ou d'un ministre, lorsque les hommes d'intelligence comme moi sont forcés d'employer tous les ressorts d'un esprit élevé pour s'assurer une vie misérable et mesquine !

Sophie n'avait point rapporté cette façon d'envisager la chose dans les termes dont s'était servi Brugnon, mais se trouvant elle-même dans une situation où l'avarice de son mari lui imposait toutes les privations de la misère, elle considérait que l'aisance apportée chez Lia par l'engagement de son mari devait être une grande consolation. Lia était d'une sensibilité trop exquise pour que de pareilles considérations pussent la toucher, et ne trouvant point Sophie capable de la comprendre, elle se décida à aller confier son infortune à Cornélie qui avait, à défaut de tendres sympathies, une hauteur de sentiments qui devait lui faire ressentir l'injure reçue non-seulement par Lia, mais encore par la famille tout entière. Ce fut une démarche presque solennelle pour Lia, parce qu'il lui fallait arracher le voile sacré dont elle avait enveloppé ses secrètes douleurs, ensuite parce que ses relations avec sa sœur aînée s'étaient singulièrement refroidies :

Cornélie toujours en représentation, toujours au milieu des plaisirs ; et Lia pauvrement et tristement retirée chez elle.

Cependant si Lia, qui regardait tout haut avec pitié et tout bas avec envie la brillante existence de sa sœur, avait voulu y faire plus d'attention, elle eût trouvé qu'il manquait à cette riche apparence ce qui avait été le rêve de l'ambition de Cornélie. En effet, elle avait une loge à l'Opéra, elle en avait une aux Italiens; elle s'y montrait dans des parures foudroyantes; les jours de course, elle y paraissait avec de magnifiques attelages, et partout une cour des plus beaux jeunes gens de la mode lui faisait une suite d'admirateurs. Que l'on donnât un bal pour des incendiés, Cornélie était inscrite au nombre des dames patronnesses.

Partout où on la voyait, partout on l'admirait. Mais ce qu'elle n'avait pu franchir, c'était la porte des salons de toutes les femmes dont elle paraissait être l'égale en public. Et pourtant, malgré sa beauté, malgré tous les hommages dont on la poursuivait, aucune supposition n'avait encore été faite contre son honneur. Mais, beauté, opulence, réputation personnellement irréprochable, tout était inutile, et elle vivait dans une sorte d'exil magnifique que les indifférents ne voyaient pas, mais qu'elle sentait cruellement. A quoi cela tenait-il? L'entretien que Lia eut avec elle te l'apprendra.

VIII

Lorsque Lia arriva le matin chez sa sœur Cornélie, celle-ci était enfermée dans un boudoir dont le luxe avait été calculé avec amour pour faire ressortir sa beauté. Il était tendu d'un brocart violet rehaussé de riches dorures ; le divan qui en rehaussait le fond était d'une étoffe semblable, et c'est là qu'était nonchalamment couchée Cornélie, vêtue d'un peignoir blanc. Lorsque sa sœur arriva jusqu'à elle, le premier sentiment de Lia en entrant fut de regretter sa démarche et de renoncer à sa confidence. Il n'y a que du bonheur ici, se dit-elle, de ce bonheur frivole sans doute qui glisse sur le cœur sans le pénétrer, mais qui suffit à celle qui l'éprouve.

La plainte est mal venue près des heureux. Cornélie m'écouterait en pensant à sa toilette du jour et à son bal du soir, et je lui en voudrais. Je serai assez son amie pour ne pas lui donner envers moi un tort qui me blesserait et m'offenserait : je ne lui dirai rien de mes chagrins.

Toutefois, à son grand étonnement, l'accueil de sa sœur parut à Lia plus affectueux que de coutume.

Les questions qu'elle lui fit sur sa santé, sur ses occupations, avaient un accent d'intérêt que Cornélie ne lui avait pas encore montré.

Lia crut y voir une sorte de pitié pour une position que Cornélie connaissait, mais dont elle craignait de parler la première ; mais elle s'était promis de ne rien dire, et, grâce à cette prétention de souffrance cachée qu'elle trouvait si poétique, elle crut devoir nier d'autant plus qu'elle se croyait devinée. Seulement elle fit ses réponses de cette même voix émue et contrainte dont elle avait parlé à Varnier, et que celui-ci n'avait pas comprise ou n'avait pas voulu comprendre.

— Je suis heureuse, disait-elle.. je ne me plains pas... Je suis parfaitement heureuse.

Et comme Cornélie, en entendant ces paroles, levait les yeux au ciel en poussant de profonds soupirs, Lia pensait qu'elle se disait en elle-même :

« Noble cœur qui cache sa souffrance avec tant de courage ! »

Et elle ajouta avec un sourire déchiré :

— Je suis heureuse, te dis-je, plus heureuse que tu ne penses.

— Plus heureuse que je ne le suis du moins, lui répondit Cornélie d'un ton grave.

Lia demeura interdite ; sa sœur n'avait pas du tout pensé à la deviner, et c'était pour son propre compte qu'elle avait soupiré, et adjuré le Ciel de ses beaux regards douloureux.

— Toi malheureuse ? lui dit Lia avec un air de dédain irrité.

C'est, du reste, une chose assez commune que de trouver des gens qui prennent acte de ce que vous dites que vous souffrez, pour essayer de vous prouver qu'ils souffrent encore plus que vous ; et je conçois parfaitement que ceux auxquels on offre ce genre de consolation en soient fort mécontents. Mais Cornélie ne fit pas plus attention à la mauvaise humeur de Lia qu'elle n'en avait eu pour sa douleur concentrée, et répéta avec un accent si persuadé qu'il devint persuasif :

— Oui, malheureuse plus que tu ne le peux croire, plus que je n'ose me l'avouer à moi-même.

— Cependant, reprit Lia qui ne se rendait pas encore, ces plaisirs, ces fêtes dont tu ne sors pas...

— Tout cela me devient plus insupportable chaque jour, et, crois-moi, j'ai plus d'une fois envié ton existence modeste, mais respectée.

Ce mot éveilla toute la susceptibilité de Lia, et en même temps lui fit concevoir de quelle douleur sa sœur pouvait souffrir. Elle n'était pas arrivée au point où Varnier l'avait réduite, elle n'avait pas vu la vie grotesquement mesquine de Sophie sans se demander si elle et ses sœurs n'étaient pas devenues la proie de trois intrigants. Aussi, dès que Cornélie lui eut dit ce dernier mot, toute comédie sentimentale cessa, elle se rapprocha de Cornélie, et lui dit :

— En es-tu là aussi?

— Aussi! répéta Cornélie. Que me disais-tu donc tout à l'heure?

— Je te trompais, car je te croyais heureuse. Mais voilà ce qui m'arrive.

Elle lui raconta sa ruine et le parti qu'avait pris son mari. Cornélie l'écouta avec une attention remarquable; mais pas un de ces mots de pitié partis d'un cœur qui participe à votre chagrin n'interrompit le récit de Lia, et lorsqu'elle eut fini, le premier mot de Cornélie fut celui-ci :

— C'est un malheur sans doute ; mais là où la dignité de l'honneur n'a pas à souffrir, on se console aisément.

— Quoi! lui dit amèrement Lia, tu trouves que rien ne blesse ma dignité, d'être la femme d'un chanteur de théâtre?

— Un artiste, dit Cornélie, qui ne doit sa fortune qu'à son talent, est plus honorable que qui que ce soit; et quand il n'est point né pour cette carrière, et qu'il se décide à la tenter pour réparer les chances de la mauvaise fortune, au lieu de dégrader son caractère, il le rend respectable à tout le monde.

— Si c'est ainsi que tu l'entends, reprit Lia d'un ton sec,

j'avais raison lorsque je te disais que j'étais heureuse, parfaitement heureuse.

— Si tu veux être raisonnable, lui dit Cornélie, tu le seras; et si tu étais à ma place, tu comprendrais combien j'avais raison.

— Mais de quel tort as-tu donc à souffrir, toi, qu'il te laisse tant d'indulgence pour ceux dont je me plains?

— Je n'ai point de torts à souffrir, dit Cornélie; mon mari est bon pour moi : il me comble de tout ce qui peut flatter ma vanité; je ne sais pas ce que c'est qu'un refus de sa part, ni qu'un procédé fâcheux; mais c'est un baume inutile sur une blessure incurable.

— En vérité, tu parles d'un air si mystérieux et en termes si extraordinaires que je ne te comprends pas.

— Lia, lui dit sa sœur avec une douleur véritablement sentie, je ne te dirai pas ce que je pense; je ne me sens pas le courage de porter un jugement qui ne viendrait que de moi; mais écoute ce qui m'est arrivé il y a deux jours, et tu me comprendras : J'étais sous le péristyle de l'Opéra, attendant ma voiture : j'étais seule, car mon mari m'avait quittée vers la fin du spectacle pour aller je ne sais où. La sortie était fort tumultueuse; j'étais retirée derrière le bureau du contrôle, où d'autres personnes attendaient comme moi. J'entendis derrière moi une espèce de chuchotement et mon nom prononcé, mais comment et de quel ton!

Ici Cornélie baissa la voix, comme si elle eût été épouvantée de se redire ce qu'elle avait entendu.

— Eh! oui, c'est la Burac! dit une voix.

Je me retournai et je vis deux hommes d'une trentaine d'années, fort bien vêtus l'un et l'autre; ils m'examinaient du haut en bas, et l'un d'eux me fit un petit salut insolent. Je m'éloignai de quelques pas et me rapprochai d'un groupe où était la vieille marquise de Villiers avec son fils. Je ne les connaissais que de vue; mais je supposai que leur présence me protégerait contre ces deux misérables. Ils me poursuivirent, et l'un d'eux reprit :

— Le burnous est de cachemire, ma foi!

— Hé, hé, fit l'autre, trois actions des mines du Calvados.

— Nous portons des diamants! reprit le premier.

— Ils ressemblent beaucoup, fit l'autre, à mes dix mille francs de coupons sur la banque des locataires.

— Robe pure mousseline des Indes! continua le premier.

— C'est un dividende sur l'achat des terrains vagues du Morbihan.

Je me reculais à chaque mot; mais ils continuèrent à me détailler ainsi, en passant en revue toutes les opérations de mon mari. Déjà le groupe près duquel j'étais semblait avoir entendu les grossières injures de cet homme; la vieille marquise me regardait en ricanant; son fils fit un geste d'indignation. Mon domestique parut et cria : — La voiture de madame Burac.

Il sembla que cette annonce exaspérât ces deux hommes; car, au moment où j'allais leur échapper, l'un d'eux m'arrêta en me disant :

— Madame devrait bien nous y donner une place, cela nous ferait trente sous de rattrapés sur l'argent que nous a escroqué son mari.

Je chancelai et je me sentis près de défaillir, lorsque M. de Villiers se jeta rapidement entre ces hommes et moi, et leur reprocha leur lâcheté.

— Est-ce que monsieur est associé de M. Burac? lui dirent-ils brutalement.

— Je ne connais pas M. Burac, je ne connais pas madame; mais je répète que des hommes qui insultent une femme sont des lâches!

Il disait vrai. Ces deux hommes s'éloignèrent sans répondre, et il m'offrit son bras jusqu'à ma voiture.

Voilà trois jours que cela s'est passé. Le lendemain j'avais une fièvre ardente. Mon mari vint s'établir à côté de mon lit, s'enquérant avec tendresse de la cause de mes douleurs. Toi, Lia, tu n'as pas osé reprocher à ton mari une action qui blesse de vulgaires préjugés : crois-tu que j'ai eu le courage de lui dire, moi, que je souffrais du mépris que méritait son nom? car cet éclat a jeté un jour affreux sur mille choses que je n'avais pas comprises jusqu'à présent. Que de fois j'ai remarqué le regard dédaigneux dont on nous observait lorsque j'étais à son bras! Des hommes que j'ai vus venir ici évitaient de le saluer, lorsqu'ils nous rencontraient en public; et si quelques-uns veulent bien paraître de notre connaissance, ce sont ceux qui se font gloire d'être dans l'intimité de toutes les femmes équivoques, et encore ne sont-ils polis qu'envers moi, et traitent-ils mon mari avec une familiarité qu'il veut faire passer pour de la camaraderie, et qui n'est qu'une insulte.

Lia fut plus complaisante pour sa sœur que celle-ci ne l'avait été pour elle. Souffrit-elle véritablement de sa douleur, ou trouva-t-elle une consolation réelle dans un malheur plus cruel que le sien, je ne puis le dire ; mais le résultat de cette conversation fut que les deux sœurs se promirent de se voir plus souvent et de s'appuyer l'une sur l'autre.

IX

Quelques jours se passèrent ainsi. Des confidences générales on passa aux petites ; Lia raconta alors tous les petits torts accessoires de son mari, et Cornélie lui avoua que Burac qui, dans les premiers moments, l'avait pressée vivement de reprendre ses sorties, la laissait dans la retraite, comme s'il en avait appris ou deviné le motif. Cependant le thème de ces conversations commençait à s'épuiser lorsqu'il arriva chez chacune des deux sœurs un événement qui leur fournit de quoi se raconter.

Un matin que Varnier avait fièrement déjeuné sans s'apercevoir que sa femme n'avait touché à rien du tout, si ce n'est à son mouchoir avec lequel elle s'essuyait les yeux de la maniere la plus visiblement furtive, on vint annoncer à Varnier qu'une dame le demandait.

— Qui est-ce ? dit Lia à la domestique qui connaissait le très-petit nombre de femmes qui venaient quelquefois chez sa maîtresse.

— Je ne sais pas ; c'est une petite dame très-jolie, et c'est monsieur qu'elle a demandé.

L'intention de la fidèle servante n'eût pas été très-significative que le trouble de Varnier eût éclairé Lia ; mais, en personne qui sait se contenir, elle dit froidement à son mari :

— Eh bien! mon ami, allez recevoir cette dame, à moins que vous ne préfériez la faire entrer chez moi.

Varnier se leva mpétueusement à cette dernière proposition de sa femme, et renversa à la fois un verre et sa chaise; il en eût fait autant de sa servante, si elle ne se fût point rangée à temps, et il sortit en fermant la porte avec un empressement si suspect, que la servante regarda la maitresse d'un air qui voulait dire :

« Ceci est bien extraordinaire. »

Cette fille n'avait pas quitté la salle à manger que Lia entendit une voix piaillarde, aigre, canaille, et parlant d'un ton si élevé qu'il ne lui fallut pas s'approcher beaucoup de la porte pour entendre l'entrée suivante :

— Tiens! tiens! il a un chez soi, ce Varnier; quel air! quel ton! un salon! Rien que ça de meubles! Pourquoi donc que tu faisais la bégueule de ne pas vouloir donner ton adresse aux amies?

Cette délicieuse entrée était accompagnée par un pianissimo de chut... chut... que Varnier exécutait en dessous, mais qui fut dominé par la reprise de ce genre :

— Eh bien! qu'est-ce que tu as donc avec tes chut... astu peur qu'on te compromette?

— C'est un de mes amis qui est là, murmura Varnier.

— Eh bien; les amis ne sont pas des Turcs. Je viens te faire une scène de la part de Manda.

Le chut de Varnier redoubla comme une sorte de sifflement prolongé, et il parait qu'en désespoir de cause il crut devoir opposer une digue de première force aux débordements de confidences dont il était menacé, et il ajouta :

— Ce n'est pas un ami; c'est ma femme.

Pour comprendre la réponse de la personne qui parlait à Varnier, il faut savoir que ces demoiselles de l'Opéra et d'autres lieux ont trouvé bon de salir ce nom comme elles ont sali celui de fille, en appliquant la signification d'épouses à celles qui sont tout le contraire.

— Ta femme... Ah! c'est comme ça que tu trompes Manda! Ah! bien, tu es bien heureux qu'elle soit dans son lit, malade comme un pauvre chien, tandis que... Bon, je vas lui conter ça.

— Mais je vous dis, murmura Varnier en fureur, que

c'est ma femme, ma véritable femme; je suis marié.

A cette déclaration, il y eut un mot d'une nature incompréhensible pour tous ceux qui n'ont pas vu de près cette singulière corruption.

— Tu es marié! dit cette voix d'un ton également piaillard, alors tu n'es qu'une canaille de te conduire comme tu le fais, de venir manger ton argent à droite et à gauche.

Varnier voulut la calmer; mais la voix reprit :

— Il ne te manque plus que d'avoir des enfants et de les laisser mourir de faim. Adieu... bonjour.... Au plaisir de ne plus vous revoir.

Sur ce, la porte du salon s'ouvrit et se referma, puis celle de l'appartement, et Lia s'échappa pour se cacher dans sa chambre, où elle allait s'enfermer avec un nouveau trésor de douleur, lorsque Varnier parut. Il avait l'air sombre et soucieux d'un homme qui a des torts et qui veut les faire tomber sur ceux auxquels il fait du mal. Il regarda sa femme pour s'assurer si elle avait entendu la petite scène qui venait d'avoir lieu. Lia avait été trop vivement frappée et elle avait eu trop peu de temps pour se remettre; ses larmes coulerent cette fois avec abondance, et elle se détourna, moins pour les cacher que pour ne pas voir l'homme odieux qui les faisait couler. Celui-ci fit un tour ou deux dans la chambre en serrant les poings : puis il s'arrêta tout à coup et commença l'explication d'une façon fort extraordinaire :

— Lia, dit-il brusquement, c'est inutile de vous cacher plus longtemps la vérité... mais... mais...

Il hésita une minute en répétant ce *mais* et conclut en reprenant soudainement :

— Votre beau-père et vos beaux-frères sont des fripons.

— Monsieur! s'écria Lia en se reculant, qu'ont à faire ici M. Malabry et mes beaux-frères?

— Oui, répéta Varnier, qui avait enfin trouvé la voix pour faire une querelle et n'en pas subir, il faut que vous sachiez comment ça est arrivé.

Alors et sans ménagements, et avec la brutalité d'un homme pris en flagrant délit, il raconta à Lia les arrangements exigés par M. Malabry pour consentir aux mariages, la confiance qu'il avait eue pour Brugnon, et les pertes qui s'en étaient suivies.

— Et puis, ajouta-t-il d'un air maussade, quand on m'a eu réduit à la misère, il a bien fallu vous faire vivre, j'ai demandé de l'emploi à Burac, il m'en a refusé; je me suis fait chanteur : c'était ma dernière ressource, on m'y a poussé. Que ça vous contrarie, je le conçois; mais j'aime mieux ça que de faire le métier d'escroc de M. Burac et de M. Malabry.

Si cette manière d'envisager la chose avait été soumise à Lia avant la visite de cette voix glapissante qui avait fait retentir le salon de ses confidences, peut-être que madame Varnier l'eût acceptée en gémissant; mais ce n'était plus contre le parti pris par son mari qu'elle était irritée, c'était contre ce qui venait de lui être révélé; aussi répondit-elle avec dignité :

— Je savais ce que vous avez fait, monsieur, je le savais depuis longtemps; et vous devez me rendre cette justice, que je ne vous ai rien dit qui pût vous le faire soupçonner, rien qui ressemblât à un blâme quelconque. Je m'étonnais seulement du peu de confiance que vous aviez en moi; mais maintenant je me l'explique : ce n'était pas votre prétendu dévouement que vous vouliez me cacher, c'étaient de honteuses habitudes.

— C'était, lui dit Varnier, qui reprit assez heureusement son air langoureux d'autrefois, c'était la malheureuse nécessité où je suis de vivre avec des personnes de l'espèce de celle que vous venez d'entendre. C'est pourtant une cantatrice de premier ordre qui sort d'ici, et qui venait me rappeler qu'hier j'ai manqué un concert où j'avais promis de chanter pour un camarade malheureux.

Lia n'avait aucune idée des gens dont lui parlait son mari; elle était fort imbue de ces préjugés courants qui condamnent sans retour, surtout près des femmes, tout ce qui appartient au théâtre; mais l'échantillon qu'elle venait d'entendre était trop grossier pour qu'elle s'y trompât.

— Cette poissarde qui sort d'ici, une cantatrice! dit-elle à Varnier.

— Ah! ma chère, fit Varnier sans s'apercevoir qu'il se jugeait en voulant soutenir son mensonge, est-ce que la nature s'inquiète de la condition où vous êtes pour vous donner une belle voix ou un grand talent? Ah! dame, c'est un drôle de monde que celui des artistes, Lia, et c'est parce que j'ai compris combien il blesserait vos délicatesses que je n'ai pas voulu vous y mêler.

— Je vous remercie, monsieur; mais comme il paraît vous convenir beaucoup, je vous rappelle que l'on vous attend; mademoiselle Manda, ce me semble, ajouta Lia avec un accent de dégoût, quelque grande cantatrice aussi de l'espèce de celle qui sort d'ici.

Varnier demeura un moment indécis. Que de fois la vie tout entière d'un homme se décide complétement dans de pareilles circonstances! Varnier se sentit pris d'une velléité de retour à de bonnes façons vis-à-vis de Lia. Il pensa renoncer aux mœurs dont il avait été chercher l'exemple chez les personnages les plus infimes de la classe la plus subalterne du théâtre; du moment que Lia ne lui reprochait pas la résolution qu'il avait prise, sa tâche devenait plus aisée, ses études plus faciles, son but avoué honorable;... mais que diraient les demoiselles de l'endroit, s'il disparaissait! On l'accablerait de moqueries, et de quelles moqueries! lui le héros, le Napoléon, le maréchal de Saxe de ces capricieuses beautés. Ce fut sous cette dernière impression que Varnier répondit d'abord à sa femme.

— Vous avez raison, on m'attend, et j'y vais.

— Vous y allez? dit Lia avec une vivacité dans laquelle Varnier crut voir une menace.

— Oui, et j'irai tant que cela me plaira. Oui, j'irai... et je veux y aller...

Varnier se répétait ces mots comme un homme qui s'encourage à montrer de la volonté et qui n'est pas bien sûr de sa force. Si Lia l'eût compris ainsi, ou si, sans le comprendre, elle avait vu son devoir de femme dans une énergique protestation, peut-être Varnier n'eût-il pas osé pousser les choses plus loin; mais Lia se remit dans son rôle de résignation gémissante, et lui répondit d'une voix brisée:

— Allez, monsieur! allez!... Je saurai souffrir en silence.

Varnier eut encore à ce moment une bonne hésitation; mais Lia se retira et le laissa seul. Elle abandonna sa cause et elle ne put s'en prendre qu'à elle si elle la perdit plus tard; car, en ce moment, Varnier n'était qu'un gros sot, entraîné dans une suite de grossières aventures; mais il n'était pas encore l'homme complétement subjugué qui devient cruel jusqu'à la barbarie.

X

Quand cette scène fut finie, Lia n'eut rien de plus pressé que de courir chez sa sœur pour la lui raconter, sans se douter que, de son côté, Cornélie avait, ce jour-là même, reçu une visite qui, pour elle, avait été un événement. Cornélie, sous l'empire du premier sentiment de honte que lui avait inspiré son aventure de l'Opéra, s'était enfermée avec la résolution de ne plus se montrer au monde qui avait le droit de l'insulter. La compagnie de sa sœur Lia l'avait aidée dans cette résolution, et durant tout ce temps elle avait refusé sa porte en faisant dire qu'elle était malade. Mais les journées sont longues, et les misères de l'ennui pénètrent bien vite dans une existence aussi inoccupée que l'était celle de Cornélie, du moment qu'elle voulait en rayer la grande occupation de produire partout sa beauté.

Or, la veille de ce jour-là, il y avait eu une première représentation à l'Opéra, à l'Opéra où tous les regards la cherchaient lorsqu'elle paraissait; mais c'était à l'Opéra que l'insulte était venue l'atteindre; elle y avait renoncé. Cependant Cornélie n'éprouva pas la satisfaction que l'on dit accompagner ordinairement un sacrifice accompli avec courage. Bien au contraire, elle n'avait pas dormi de la nuit; le lendemain elle s'était levée de mauvaise humeur, et Burac, tout en s'informant avec un intérêt passionné de sa santé, ne lui avait pas parlé de sa retraite absolue, et n'avait rien dit pour l'engager à la faire cesser. Il était comme d'habitude retourné à ses affaires, et Cornélie était demeurée seule, commençant à se demander si elle devait se condamner toute sa vie à une telle abnégation d'elle-même, lorsqu'on lui remit une carte de la part d'un monsieur qui sollicitait l'honneur de la voir. Cette carte troubla vivement Cornélie; le nom qui s'y trouvait inscrit lui rappelait la fatale scène de l'Opéra. Il y avait enfin sur cette carte : « M. le marquis Jules de Villiers, de la part de madame la marquise de Villiers sa mère. »

— Qui vous a remis cela? dit-elle au domestique.

—M. le marquis de Villiers lui-même, madame. Il attend au salon.

Ce fut là une des circonstances où il faudrait à une femme de longues heures de réflexion pour savoir le parti qu'elle doit prendre. Etait-ce une ruse de M. de Villiers, ou bien la vieille marquise, sachant la vérité, avait-elle voulu donner à cette jeune femme, qui ne méritait pas l'insulte qu'elle avait reçue, un témoignage de bienveillance? Ah! tout cela demandait à être longuement médité; mais il fallait une réponse qu'attendait un domestique, là, présent, et à deux pas un homme du monde à qui on ne pouvait pas dire qu'on lui apprendrait ce qu'on avait décidé. L'espoir d'avoir rencontré un intérêt protecteur l'emporta sur la crainte que lui inspirait la jeunesse de l'ambassadeur, et Cornélie répondit :

Faites entrer M. de Villiers.

Durant le peu de temps qui s'écoula entre la sortie du domestique et l'entrée de M. de Villiers, Cornélie se repentit de l'ordre qu'elle venait de donner; un vague pressentiment lui dit qu'elle venait de faire une des actions les plus importantes de sa vie, et lorsque M. de Villiers parut, elle était si émue, le cœur lui battait avec tant de violence, qu'elle eut à peine la force de répondre au salut respectueux et presque solennel avec lequel il l'aborda. Sur un signe qu'elle lui fit, il s'assit en face d'elle, et lui dit avec un embarras qui pouvait naître de son émotion personnelle aussi bien que de l'émotion que sa visite avait causée :

— Madame, votre absence a été remarquée hier à l'Opéra.

— Remarquée! dit Cornélie en prenant une attitude réservée.

— Voici comment, madame, me répondit M. de Villiers d'une voix tremblante. Ma mère, en parcourant la salle des yeux, me dit :

« Mais voilà plusieurs jours, ce me semble, que la loge de cette jeune dame qui a été si lâchement insultée devant vous, est restée vide : Savez-vous ce qu'elle est devenue? — Je l'ignore tout à fait. — Mais une pareille scène peut tuer une femme, monsieur, dit ma mère sévèrement, et vous eussiez dû vous informer au moins si elle est rentrée chez elle sans accident, et si elle n'est pas malade. — J'ai craint, ma mère, qu'une pareille démarche de ma part ne parût à madame Burac une prétention déplacée à me croire le droit de m'occuper d'elle, parce que le hasard m'a rendu témoin d'une scène qui n'est honteuse que pour les misérables qui l'ont faite. — Madame Burac, m'a dit ma mère, vous savez qui elle est? — Je m'en suis informé et j'ai appris que c'était une des filles de M. de Mandres. »

M. de Mandres, madame, était fort estimé de mon père qui, sous la Restauration, a été premier président d'une des cours du royaume, et qui avait été le collègue de M. votre père. Ma mère, qui a aussi gardé de lui un excellent souvenir, m'a d'autant plus vivement reproché ma négligence et m'a ordonné de venir en son nom m'informer de votre santé.

Tout ce que venait de dire le jeune marquis de Villiers était exactement vrai; mais il avait négligé de dire que madame de Villiers avait terminé cette conversation par des réflexions et des restrictions différentes.

Mais, avait-elle dit après une sorte d'appel à sa mémoire, il me semble que la veuve de M. de Mandres a épousé une espèce d'aventurier; et puis je crois qu'il y a eu un éclat à propos d'une de ses filles. Avant d'aller la voir, tâchez de savoir ce que c'est que ce M. Burac; dans tous les cas, une visite de votre part ne peut être compromettante; c'est même une sorte de devoir après ce qui s'est passé. Allez-y, mais, tout bien considéré, ne me mêlez en rien dans cette visite.

Jules de Villiers n'avait pris de la conversation de sa mère que l'idée de se présenter en son nom, et d'en prendre le droit de faire une visite que sans cela il n'eût jamais osé faire de son chef.

Cornélie fut flattée dans sa vanité de cette attention d'une femme d'un si grand nom; mais il s'y mêla un douloureux retour sur la position où elle était tombée. Ce qui l'avait protégée près de madame de Villiers, c'était le nom de son père, ce nom honorable et modeste qui n'avait pas jeté un grand éclat, mais qui avait laissé de si fermes souvenirs.

— Vous remercierez madame votre mère pour moi, dit-elle à M. de Villiers ; j'ai été fort souffrante... je l'étais déjà depuis longtemps... c'est la seule raison qui m'a retenue chez moi.

Jules resta fort embarrassé. C'était un jeune homme de vingt-cinq ans à peine, que sa mère avait enlevé, dès l'âge de dix-huit ans, aux entraînements dangereux de la vie de Paris, et qu'elle avait fait voyager presque toujours depuis ce temps. Grâce aux relations qu'il avait eues hors de France avec des personnages politiques qui avaient confié à sa discrétion des paroles qu'il eût été imprudent d'écrire, Jules était un homme fort instruit de beaucoup de choses sérieuses, auxquelles les jeunes gens de son âge ne donnent pas une attention soutenue; mais il était fort ignorant de tout ce que ses amis savaient à merveille. L'habitude du monde où il vivait lui avait appris les façons extérieures des relations élégantes ; mais du moment que ces relations sortaient de l'indifférence courante des salons, il était embarrassé comme un écolier. Pour la première fois de sa vie, Jules se trouvait seul avec une femme, dans la vie intime de laquelle il avait pris place presque à son insu, mais dont l'admirable beauté l'avait depuis ce temps vivement préoccupé. Il sentait que, pour un autre que lui, cette position était un grand avantage ; mais avec son inexpérience des passions et la timidité chevaleresque de son cœur, cette position l'embarrassait, et, après la phrase de Cornélie, il fut sur le point de se lever et de s'en aller.

— Je redirai vos remerciements à ma mère, dit-il, et elle sera charmée d'apprendre que votre indisposition n'aura pas de suites.

Jules ne savait trop ce qu'il disait, et Cornélie l'écoutait à peine ; car il venait de lui passer une idée qu'elle embrassa avec une soudaine ardeur, ardeur qu'autorisait d'ailleurs le récit de M. de Villiers.

— Mais, lui dit-elle, je serais bien heureuse si madame la marquise de Villiers voulait me permettre d'aller moi-même lui présenter mes remerciements.

L'attaque était directe et demandait une réponse sérieuse. Jules n'était pas assez habile pour s'en tirer par une phrase qui ne répondît à rien, ou par une promesse d'obtenir cette faveur, promesse dont il eût retardé l'effet de jour en jour, jusqu'au moment où on n'aurait peut-être plus pensé à lui en demander la réalisation. Jules rougit et balbutia d'une voix mal assurée :

— Ce serait, madame, prendre une peine inutile..... Ma mère... reçoit fort peu... sa maison est triste...

Cornélie comprit la vérité; mais son orgueil se refusa à paraître l'avoir comprise, et elle dit à M. de Villiers :

— Je ne veux pas, monsieur, que ma reconnaissance soit importune à madame la marquise de Villiers; veuillez donc lui en porter l'expression bien sincère.

— Je le ferai, madame, dit Jules.

L'entretien semblait devoir s'arrêter là; mais M. de Villiers ne sortait pas; Cornélie ne pouvait le congédier, et devenait aussi embarrassée que lui. Enfin Jules parut prendre tout son courage à deux mains, et dit en tremblant :

— Me sera-t-il permis, madame, de venir m'informer encore de l'état de votre santé?

— Je suis tout à fait guérie, monsieur, lui répondit froidement Cornélie.

Puis elle ajouta d'un ton plus ironique :

— Et même en bonne santé, je reçois fort peu... ma maison est triste...

Jules la salua profondément et repartit d'un ton grave :

— Adieu donc, madame, je me retire en emportant d'ici le respect le plus profond pour votre personne.

Jules sortit; Burac entra presque aussitôt :

— Quel est donc, dit-il à sa femme, ce monsieur que j'ai rencontré en traversant l'antichambre?

— C'est M. de Villiers, lui dit Cornélie avec un accent ferme.

— M. de Villiers! répéta vivement Burac.

Il sembla qu'il allait continuer; mais il s'arrêta tout à coup; et, après un moment de silence contraint, il dit d'une voix calme :

— On dit beaucoup de bien de ce jeune homme.

Puis il prit un ton plus affectueux et expliqua à sa femme qu'une affaire d'une grande importance l'éloignerait pendant quelques jours de Paris.

— Et à ce sujet, continua-t-il, j'aurais un service d'*ami*

à vous demander. Je suis dans une position où la calomnie me poursuit sans repos ni sans trêve ; mon absence peut être très-diversement interprétée; mais je suis sûr qu'elle le serait d'une manière très-fâcheuse pour mon crédit, si vous vous condamniez à la retraite absolue où vous restez depuis huit jours.

Cornélie fit un mouvement. Burac prévint sa réponse.

— Ne me refusez pas, ajouta-t-il d'une voix presque soumise, je ne le mérite pas : mais ce n'est point parce que vos désirs ont toujours été pour moi une occasion de faire tout ce qui peut vous être agréable, c'est comme preuve d'amitié et de confiance que je vous le demande ; le ferez-vous ?

— Je le ferai, dit vivement Cornélie.

— Merci, lui dit Burac en lui tendant la main comme il eût fait à un homme.

— Et il sortit aussitôt, plus ému, plus troublé qu'il n'avait jamais paru devant Cornélie.

XI

Lorsque Lia et Cornélie se revirent après les scènes que nous venons de raconter, elles changèrent tout à fait de rôle. Lia arriva avec une indignation vraie, bien sentie, qu'elle exprima avec une vivacité sincère et sans ménagement. Cornélie, au contraire, mit une ostentation réservée dans ce qu'elle appelait un nouvel outrage. A l'entendre, M. de Villiers s'était cru autorisé, par l'éclat dont il avait été le témoin, à se présenter chez elle et à réclamer le prix d'une protection qu'elle eût trouvée chez le premier venu.

Cette présomption de M. de Villiers ne pouvait, disait Cornélie, lui avoir été inspirée que par la déconsidération dont Burac était frappé, et qui rejaillissait sur elle. Mais Cornélie ne disait point qu'elle avait deviné que M. de Villiers n'avait point les sentiments qu'elle lui attribuait; qu'il avait profité bien craintivement, non pas d'un avantage, mais d'un prétexte; que, pour la première fois de sa vie, un autre sentiment que la vanité s'était ému en elle à cet hommage si timide. Depuis huit jours Cornélie était triste, et toute femme qui pleure est bien près d'aimer.

Cornélie ne confia pas non plus à Lia la singulière réflexion de Burac à propos de M. de Villiers ; mais elle lui dit ce que son mari lui avait demandé, et, au grand étonnement de sa sœur, elle lui apprit qu'elle était résolue à faire ce sacrifice à Burac.

Lia recommençait à prêcher pour les douleurs résignées et solitaires, pour les dévouements ignorés. Cornélie la prit à ces derniers mots, et lui demanda comme dévouement pour elle de ne pas la laisser seule accomplir le cruel devoir qui lui était imposé. Lia y consentit avec un empressement qui peut-être eût amené un repentir de s'être imprudemment engagée ; mais Cornélie toucha une corde qui faillit lui attirer un refus apparent, mais qui lui assura véritablement le concours de sa sœur. Elle eut l'imprudence de dire à Lia qu'elle ne devait pas se laisser outrager silencieusement par son mari, comme elle le faisait, et qu'il serait d'autant plus honteux ou puni de ses basses relations, que sa femme se montrerait avec plus d'éclat.

A cette explication de son dévouement, Lia voulut se retirer immédiatement ; c'était la juger comme le vulgaire des femmes ; elle ne voulait plus accompagner Cornélie du moment que celle-ci pouvait croire qu'il entrât le moindre calcul personnel dans cette démarche.

Mais enfin Cornélie lui ayant demandé pardon de l'avoir méconnue à ce point, Lia déclara qu'elle tiendrait sa parole, et le rendez-vous fut pris pour le lendemain, car Burac quittait Paris le jour même.

La province a une multitude de préjugés contre la capitale. Entre autres niaiseries déclamatoires du dix-huitième siècle, la fameuse apostrophe de Rousseau, à propos de Paris (ville de boue et de fumée), est toujours de mode dans les graves entretiens des pères et des maris dont les femmes ou les enfants ont quelque désir de venir dans la grande ville.

Les dévotes, qui font de la politique en religion, l'appellent encore la moderne Babylone, et les incorruptibles ambitions déçues de quelques vieux libéraux la stigmatisent du nom d'infâme Lutèce. Ces dénominations renferment tout un monde de crimes, de vices, d'abominations, que les éloquents développent avec une rare abondance; mais à côté de ces préjugés furieux, il se trouve quelques préventions favorables qui ne sont pas beaucoup plus justes.

Ainsi, l'un des plus grands mérites de Paris, au dire de la province, c'est de mettre la vie de chacun à l'abri des investigations tracassières, des propos malveillants ; selon cette croyance, il peut arriver à un homme ou à une femme les aventures les plus inouïes sans que personne s'en occupe.

La province, si malheureuse de la médisance active des petites sociétés de ses petites villes, estime beaucoup Paris pour sa non-curiosité et sa discrétion. Hélas ! la province se trompe encore.

Je ne sais s'il en était autrefois ainsi, si, chacun vivant pour soi, se taisait sur les autres : ce qu'il y a de bien certain, c'est qu'il en est tout autrement aujourd'hui. On dirait que les moyens de circulation s'augmentent à la fois dans la rue et dans le monde, et que la médisance a ses omnibus.

Mais indépendamment des stations du salon d'où les nouvelles de tout genre partent pour arriver aux extrémités de la capitale, il y a dans Paris un centre immense où tout se sait et qui en dit plus à lui tout seul que toutes les gazettes réunies. Cet endroit, c'est l'Opéra. On s'imagine même à Paris que l'Opéra est un théâtre comme les autres, un peu plus grand, un peu plus cher, voilà tout. Ce n'est point cela. L'Opéra est un monde tout entier, l'Opéra est une affaire importante qui préoccupe le gouvernement, la haute finance et la diplomatie. Ce n'est pas une chose de rien que l'engagement ou le renvoi d'une danseuse ou d'une cantatrice à l'Opéra. La distribution des rôles d'un ouvrage nouveau n'y est pas une simple opération théâtrale. Malgré sa perspicacité, le directeur ne sait jamais tout ce qu'il peut soulever de passions et d'animosités en croyant n'être que juste. A tous ces pieds qui tricotent des pas sur les planches de l'Opéra, pendent des fils qui font agir de très-graves marionnettes; les unes à cheveux blancs, d'autres à barbe de lion, quelques-unes à plumes d'opposition.

Ce qui peut naître de tous ces conflits d'intérêts est plus grave qu'on ne pense; mais indépendamment de ce qui tient à l'administration théâtrale, il y a à l'Opéra les intérêts qui s'agitent dans la salle.

Quelque peu de rapport qu'il y ait en dehors de cette salle entre les divers locataires de ses nombreuses loges, il y a par le seul fait de leur réunion commune dans le même lieu, une connaissance assez particulière les uns des autres.

On ne peut pas dire qu'on voisine à l'Opéra comme on le fait dans ces vastes maisons du faubourg occupées par une centaine de petits ménages; mais on y sait volontiers ce que chacun fait chez soi. On s'en informe aux secondes, et on se le laisse raconter aux premières.

Il y a pour cet objet un certain nombre de facteurs faisant gratis le service de cette petite poste.

Ce sont des hommes qui touchent de près ou de loin à tout ce monde de gentilshommes quasi artistes ou d'artistes qui jouent au gentilhomme. Ceux-là sont rares et très-recherchés; mais le moyen de correspondance le plus usuel se fait par la voie de translation.

La plupart des hommes se connaissent à l'Opéra, les uns par leurs chevaux, les autres par leur opinion, d'autres par leurs intimités.

Les événements que cache le rideau sont apportés dans le foyer par les prêtres du temple; ils y circulent de groupe en groupe, puis ils vont se distribuer dans les loges, où chaque condition sociale a ses représentants et ses récipients; et une fois arrivés au caquetage féminin, ils se disséminent dans tout Paris par plus de canaux que n'en comptent l'administration des eaux et l'entreprise du gaz. De même, les événements du monde aboutissent à ce centre commun, et la médisance, qui d'abord allait de bas en haut, court alors de haut en bas, sans compter tous les embranchements de droite et de gauche ouverts à toutes les hauteurs.

Les plus petits scandales et les plus grands intérêts de l'époque subissent ce rapide va-et-vient, à quelque distance qu'ils se tiennent de ce lieu.

Mais ce qui n'est qu'un fait pour la plupart des événements, devient pour ainsi dire un droit lorsque l'événement a eu lieu dans la circonscription de l'Opéra. C'est une juridiction qu'il faut subir; et une femme qui a une loge à l'Opéra appartient incontestablement à la discussion, comme un député. Sa présence ou son absence, sa parure plus ou moins recherchée, ses regards plus ou moins occupés ou distraits, sa loge ouverte ou fermée, tout cela doit être expliqué et commenté.

Qu'est-ce donc, quand cette femme est l'héroïne d'une aventure si petite qu'elle soit, arrivée sur le territoire même de la république? Tout ce qu'elle a été, tout ce qu'elle est tout ce qu'elle sera est immédiatement découvert ou pronostiqué.

Or, l'aventure de Cornélie tenait à ce monde par ses extrémités les plus opposées : pour le menu du théâtre, Cornélie était connue comme la belle-sœur de Varnier, ténor en serre, à qui le directeur était obligé de faire des exhortations de père de famille sur les dangers que courait sa voix.

Pour le monde aristocratique, madame Burac avait été protégée par le beau et timide marquis de Villiers; pour la finance et les affaires elle était la femme de Burac, ce qui n'était pas une recommandation.

Elle arriva mal. Elle vint assez tard pour que déjà on eût remarqué que son absence continuait; et quoiqu'elle entrât sans bruit, elle eut le tort de paraître pendant un récitatif qui expliquait la pièce, ce qui faisait que personne n'écoutait et que l'on s'examinait de loge à loge. Un chuchotement rapide et un bruit léger comme celui des feux follets qui s'allument sur les marais, parcourut l'orchestre et les loges; car il n'y a que du parterre que se lèvent ces gros murmures qui tiennent du grondement des vagues, et le parterre n'est pas de l'Opéra, car il ne s'émeut guère que pour les acteurs et les pièces.

A ce frôlement de voix qui glissa dans toute la salle succéda un bombardement de lorgnettes qui se baissèrent presque aussitôt pour dire par-dessus l'épaule au courrier habituel de la loge : Elle n'est pas seule; quelle est cette femme qui l'accompagne? — Au « Je n'en sais rien, » qui fut la réponse presque universelle de tous ces messieurs, il y eut la même répartie : « C'est quelque pauvre fille qu'elle compromet; ou « C'est quelque femme qui n'a plus rien à perdre. » Il y eut même une loge, c'était une loge de femme qui passait pour redoutablement spirituelle, où il fut dit : « Où a-t-elle loué ce chaperon pour l'accompagner? » Ceci ne dura pas une seconde; après quoi le jeu des lorgnettes recommença, mais avec une direction moins unique et moins constante; les regards allaient de la loge de Cornélie à la loge de la marquise de Villiers où elle était avec son fils.

La vieille marquise s'aperçut du mouvement et se tourna vers son fils. Mais Jules s'était enfoncé dans le coin le plus obscur de la loge. Le premier il avait vu l'entrée de Cornélie et il s'était caché à ses yeux bien plus qu'à ceux du public.

Cornélie avait prévu cette manœuvre et elle la supportait bravement, les yeux fixés dans l'espace.

Cependant la scène, bien plus attentive à la salle que la salle ne l'est souvent à la scène, avait vu le mouvement, et à côté de la belle-sœur de son camarade elle avait distingué une autre femme. Fut-ce un instinct de cette impudique ironie qui règne dans les propos de ce pays, ou bien quelqu'un savait-il la vérité, mais le mot fut dit :

— C'est la femme de Varnier.

Et il courut de chœur en chœur avec la même rapidité électrique qui avait ébranlé la salle à propos de madame Burac.

L'acte s'acheva dans une attente pleine d'anxiété, et le foyer ne s'occupait guère que de Cornélie et de M. de Villiers, qui s'était, disait-on, assez maladroitement tenu dans le fond de sa loge pour afficher madame Burac, lorsqu'un des suzerains de la coulisse arriva avec l'explication demandée sur la complaisante compagne de la femme de M. Burac.

Cette complaisante compagne était la sœur de Cornélie, ce qui fit taire les commentaires grossiers ; mais cette sœur était la femme de Varnier, ce qui donnait naissance aux commentaires plaisants.

Lia éclipsa Cornélie, et les plus adonnés à la pratique des nymphes de l'Opéra déclarèrent que Varnier était un malotru de sacrifier une si jolie femme à des mœurs indignes d'un homme marié.

Cependant, selon son habitude, le ténor léger se trouvait au théâtre, et il s'y pavanait dans un autre foyer, lorsqu'une grêle de quolibets, partis d'une nuée de sylphides en maillot, le vint avertir de l'apparition de sa femme à l'Opéra.

Pourquoi Varnier se troubla-t-il à cette nouvelle? pourquoi

voulut-il en douter? pourquoi courut-il immédiatement au trou de la toile vérifier le fait? pourquoi fut-il curieux de le reconnaître vrai? C'est ce qui resterait inexplicable, si on voulait le chercher seulement dans les sentiments personnels de Varnier; car il n'y a rien d'étrange ni d'inconvenant dans ce qui se passait.

Mais si quelqu'un a entendu dans sa vie l'accent et la voix, et vu la grimace et le geste avec lesquels on vint dire au ténor :

« Eh! Varnier, ta femme est là-haut, » il comprendra la honte et la colère du malheureux.

C'est quelque chose d'âcre, d'insolent, de bas et de féroce qui l'amusait quand il en était l'objet, mais qui le fit frémir quand cela effleura sa femme; car Varnier était une nature brutale et qui se plaisait pour lui-même à ces formes grossières; mais ce n'était ni un esprit dépravé, ni un cœur corrompu.

Son premier mouvement fut d'en vouloir aux charmantes amies qui l'attaquaient ainsi; mais, comme il n'avait aucune chance de les faire taire, ni par menaces, ni par prières, ni par riposte, il en voulut à Lia de s'être ainsi exposée, et il allait monter près d'elle pour lui faire des remontrances à ce sujet, lorsqu'il fut abordé par M. de M..., son protecteur, auquel vinrent se joindre trois ou quatre jeunes gens qui avaient quelques prétentions au beau savoir-vivre d'autrefois.

Varnier, enveloppé dans ce petit groupe, fut bientôt calmé par les démonstrations d'un intérêt qui ressemblait à de l'amitié.

Varnier fut tiré comme par enchantement de la classe inférieure où il papillonnait obscurément parmi les tartans et les chapeaux de paille cousue, il fut presque élevé au rang des premiers sujets par les attentions flatteuses qu'on eut pour lui; il en fut ébloui, étourdi, et lorsque M. de M... lui demanda la faveur d'être présenté à sa femme, il ne se sentit pas la force de refuser, bien qu'il comprît vaguement qu'il faisait une sottise.

Cependant des groupes de jambes roses postés aux angles des coulisses murmuraient sourdement :

« Varnier pose; heïn! comme le comte de M... se manière

au sujet de l'épouse légitime! et mille autres propos d'un jargon inintelligible aux gens qui ne vivent pas dans ces contrées. Varnier devinait, mais il était entouré, enlevé, et comme il allait sortir du théâtre, pour aller dans la salle, il demeura confondu de son succès, lorsque madame Del..., qui avait enfin brisé les portes de l'Académie royale de musique pour y entrer triomphalement, l'arrêta familièrement; et, prenant son bras après une légère excuse à ces messieurs, lui dit tout bas :

— J'ai à vous parler sérieusement, Varnier; obligez-moi de venir me voir demain.

Varnier accepta avec joie; et tout à fait détourné de ses craintes par l'espérance qu'il conçut, il conduisit M. le comte de M... dans la loge de madame Burac et le présenta successivement à Cornélie et à Lia.

Cornélie trouva que son beau-frère agissait avec la familiarité d'un homme de mauvaise compagnie; mais M. de M... était un homme d'un grand nom et d'un âge auxquels les jeunes femmes ne supposent plus de prétentions.

La visite fut remarquée; et Jules de Villiers sortit de son coin pour se mettre en évidence.

Les plus experts trouvèrent cela une maladresse.

Comment ne comprenait-il pas, à la présence du mari, que cela ne pouvait regarder que madame Varnier?

On voyait bien que c'était un enfant qui commençait.

Or, l'enfant qui commençait avait été plus habile que tout le monde.

Cornélie avait remarqué que Jules s'était tenu caché tant qu'elle avait été seule, comme pour rompre cette ligne invisible qui allait d'une loge à l'autre, et que parcouraient mille regards curieux, et elle lui en avait su bon gré.

Pourquoi se départait-il tout à coup de cette retenue délicate? Il était donc fâché de la présence d'un autre homme : il était donc jaloux?

Il l'était en effet, et Cornélie avait deviné juste.

Quinze jours avant cette soirée, si une pareille chose fût arrivée et que Cornélie l'eût comprise, elle n'eût pas manqué d'écouter avec une coquetterie cruelle l'homme qui en eût ainsi tourmenté un autre; mais Cornélie pleurait depuis huit jours, et les gens malheureux sont aisément reconnaissants pour ceux qui paraissent les aimer de quelque façon que ce soit.

Elle ne voulut pas faire souffrir davantage celui qui souffrait pour elle, et peu à peu elle se détourna de la conversation qui s'était établie entre Lia et le comte, tandis que Varnier, tourmenté de l'idée de son rendez-vous avec madame Del..., avait abandonné la loge.

Cornélie n'était pas avec eux, avec qui était-elle donc ?

Avec Jules, sans doute, quoiqu'elle ne l'eût pas regardé. Mais elle sentait que lui la regardait, et cette sensation fut si vive et si prolongée, qu'elle en rougit et baissa les yeux comme si elle eût subi ce regard sur le sien.

Quant à Lia, dont le dévouement pour sa sœur avait été prêt à faillir lorsqu'elle avait vu l'émotion causée par leur entrée, elle était tout à fait charmée. M. de M... s'était mis à l'aise avec elle et l'avait mise également à l'aise en lui faisant toutes sortes d'éloge de son mari.

Cette espèce de conversation déplaît souvent aux femmes, mais elle ne les embarrasse pas, ce qui est un avantage supérieur.

Puis quand le mari fut épuisé, M. de M... s'occupa de Lia, et sur un mot, qu'elle avait étudié la musique,

Qu'elle pianotât les contredanses de Musard ou qu'elle comprît Meyerbeer, M. de M... savait que les prétentions devaient être les mêmes, et il assura effrontément à Lia que tout le monde était convaincu que les immenses progrès de Varnier étaient dus aux conseils pleins de goût de sa femme.

Nier rationnellement en disant la vérité, c'était apprendre à un étranger, bienveillant sans doute, mais à un étranger, le secret de son ménage, c'était dire qu'elle avait ignoré la résolution de son mari.

Lia ne pouvait, ne devait pas faire un tel aveu ; elle se défendit donc assez mollement contre les assertions de M. de M...

M. de M... était d'ailleurs un homme dont la sensible Lia n'avait pas encore d'idée. C'était une sorte de galanterie paternelle et de respect protecteur qui allaient à merveille aux cheveux gris et à la figure aristocratique et fine de M. de M...

Elle le trouva charmant ; et, lorsqu'il se retira, elle promit de revenir à l'Opéra pour son compte, non qu'une idée pareille à celle qui préoccupait Cornélie se fût glissée dans son cœur ; mais elle se voyait arrachée à cette atmosphère étroite ou grossière où elle vivait depuis son mariage, et ce soir-là elle sentait qu'elle avait vécu selon son âme et ses goûts.

Mais pendant que cela se passait entre Lia et M. de M..., le spectacle avait continué, et Cornélie désirait profiter du moment où l'attention générale serait distraite, pour sortir. D'ailleurs, elle voulait éviter de rencontrer personne dans les couloirs.

Cependant au moment de quitter sa loge, elle s'aperçut que M. de Villiers avait abandonné la sienne.

Cela pouvait avoir l'air d'une rencontre arrangée aux yeux de tous ; et si M. de Villiers avait eu l'intention de se placer sur son passage, Cornélie ne voulait pas se prêter à ce manége.

Cornélie se trompait grandement : ce n'était point sur son passage que Jules s'était placé ; c'était sur celui de M. de M... qu'il fit semblant d'aborder le plus indifféremment du monde.

M. de M... était un vieil ami de la marquise de Villiers, et savait son jeune homme sur le bout du doigt.

Il n'avait pas fait quatre tours dans le foyer que, sans que Jules lui eût dit un mot, le comte se doutait que son jeune ami était amoureux comme un niais.

Que voulait Jules cependant?

Il ne le savait pas lui-même, car il n'osait parler de Cornélie ; mais il lui semblait qu'il s'était rapproché d'elle, par cela seul qu'il causait avec une personne qui lui avait parlé.

M. de M..., que la passion qu'il venait de découvrir avait rendu plus sérieux, tira droit à Jules pour le forcer à riposter, et lui dit :

— J'ai cru vous trouver dans la loge de madame Burac.

— Moi ! je n'ai pas l'honneur de la connaître.

— Cette histoire de l'autre jour est pourtant vraie, puisque votre mère m'en a parlé.

— Ce n'est pas une raison pour que je me croie autorisé à me présenter dans sa loge.

— C'est possible, mais j'avais pensé que vous auriez été chez elle.

Jules voulut faire de l'indifférence et dit :

— J'y suis allé en effet : mais ç'a été une simple visite de convenance et qui n'aura pas de suite.

M. de M... toussa, et reprit d'un air sententieux :

— C'est une des plus belles personnes que je connaisse ; on la dit fort distinguée, et je ne comprends pas comment elle a pu tomber entre les mains de ce Burac.

Jules soupira et ne répondit pas.

— Après tout, c'est une bonne chance pour vous autres, messieurs les jeunes gens...

Jules rougit d'indignation.

— Ah ! c'est qu'elle est d'une beauté admirable...

Jules soupira encore.

— Mais ne faites pas attention à cela, mon cher Jules, et je vous en félicite, car... car...

L'air inquiet de Jules fit pitié à M. de M... et il se contenta de dire :

— Car elle est bien belle.

— Ce qui veut dire... fit Jules en souriant avec effort,

— Ce qui veut dire qu'on peut en devenir amoureux à en perdre la raison.

Jules soupira encore plus profondément, et quitta M. de M... pour rentrer dans la loge de sa mère.

Dès qu'il y parut, Cornélie et Lia sortirent, et M. de M..., qui était resté sur la porte entr'ouverte de la loge de la marquise, vit Jules pâlir, et dit à sa vieille amie :

— Serez-vous visible pour moi demain ? j'ai à vous parler d'affaires.

— Vous ? dit la marquise en riant.

— D'affaires très-graves, dit le comte en désignant Jules de l'œil.

— Je vous attendrai, répondit la marquise, qui se mit à observer son fils qu'elle n'avait jamais vu si préoccupé et si triste.

Les suites de cette soirée méritent d'être rapportées, comme on va le voir.

XII

Deux rendez-vous avaient été pris pour le lendemain de cette soirée importante : celui de Varnier et de madame Del...., et celui de M. de M... avec la marquise de Villiers. Je commencerai par celui-ci, A dix heures du matin, la marquise était déjà dans son salon, habillée, épinglée, coiffée ; elle avait déjà lu sa gazette, écrit deux ou trois lettres, et expédié les affaires de la maison. A aucune époque de sa vie elle ne s'était départie de cette régularité matinale, et prétendait lui devoir la bonne santé dont elle jouissait. Ce qui n'avait d'abord été qu'une habitude personnelle était devenu une manie, et après les libéraux et les voltairiens, ce que la marquise méprisait le plus au monde, c'étaient les gens qui se levaient tard. Elle doutait d'une femme qui restait couchée jusqu'à midi, et niait toute capacité à un homme qui dormait plus de cinq heures. Les amis de la marquise s'étaient pliés à ses manières, et ils se faisaient un devoir de venir la visiter de bonne heure. M. de M... arriva donc vers dix heures, et on l'introduisit dans le vieux salon boisé où la marquise se tenait depuis dix ans à la même place.

A côté d'une croisée, et derrière un métier de tapisserie, la vieille dame était assise sur une chaise, et il fallait que M. de M... fût bien avant dans les prédilections de la marquise pour qu'elle ne prît pas un air sec et pincé lorsqu'il se jeta négligemment dans une bergère. Du reste, ce meuble n'existait chez la marquise que parce qu'il était de mode à l'époque où fut établi l'ameublement en point des Gobelins, qui garnissait son salon, et que celui qu'elle brodait était destiné à remplacer lors du mariage de son fils. Quant à tout ce confortable inventé depuis quinze ans, elle l'avait véritablement en horreur. Jamais divans à coussins de plumes ou coussins rembourrés et élastiques n'étaient entrés chez elle ; et, un jour qu'elle était malade, son intendant s'étant avisé de faire apporter un fauteuil à la Voltaire chez elle, madame de Villiers eut besoin de se rappeler la durée, la fidélité de ses services pour ne pas le chasser.

A part ce ridicule, la marquise était une femme à la portée de toutes les idées, et qui, si elle ne les admettait pas toutes, les comprenait, et permettait qu'on les discutât et qu'on ne fût pas de son avis.

Lorsque M. de M... se fut plus commodément établi dans sa bergère, qui lui semblait très-incommode, tandis que madame de Villiers le plaignait de ce misérable sybaritisme, l'entretien suivant s'établit.

Mais pour l'intelligence très-complète des intentions de ce dialogue, il est bon de dire qu'il y avait entre M. de M... et la marquise un vieil amour et une vieille rancune qui s'étaient fondus dans une amitié sérieuse pour tout ce qui était des affaires et des services, mais qui se réveillaient quelquefois lorsqu'il s'agissait de parler des choses du cœur.

Lorsque autrefois elle avait dû épouser M. de M...., elle l'aimait véritablement, et il en était de même très-épris. Mais c'était un homme de plaisir, et la fiancée apprit avec autant d'indignation que de désespoir, que non-seulement elle n'était pas son premier amour, mais qu'elle n'était pas le seul, et qu'il ne s'était pas tout à fait détaché d'une intrigue éclatante avec l'une des plus célèbres comédiennes de ce temps-là. A cette nouvelle, elle rompit avec M. de M...., et épousa le marquis de Villiers, qu'elle détesta toute sa vie, et à qui elle fut invariablement fidèle. Ceci expliquera sans doute la conduite de madame de Villiers envers son fils, et sa façon d'être vis-à-vis de M. de M...

— Eh bien! dit la marquise, de quelles importantes affaires avez-vous à me parler?

— J'ai à vous parler de votre fils.

— Que lui arrive-t-il donc?

— Il est amoureux!

— C'est un malheur qui est permis aux hommes, dit la marquise sèchement.

M. de M... sourit à cette phrase qui lui rappelait ses anciens torts, mais il se contenta de répondre :

— Mais il est dangereusement amoureux.

La marquise releva la tête et regarda M. de M... presque d'un air menaçant.

— Votre exemple porte-t-il déjà ses fruits?

— Non, c'est votre règle de conduite vis-à-vis de Jules.

— C'est une impertinence que vous me dites et que vous allez essayer de me prouver, s'il vous plaît.

Le ton froid, mais familier, dont la marquise prononça ces paroles atténua toute la force du mot dont elle s'était servie, et M. de M... sembla l'accepter comme une expression qui avait cours entre lui et la marquise à un autre titre que celui qu'elle a d'ordinaire.

— C'est toujours la même chose, dit le comte, et je n'espère pas vous prouver que j'ai raison aujourd'hui plus qu'il y a sept ou huit ans; seulement, ce que j'ai désapprouvé alors, je viens vous le demander maintenant : il faut que Jules quitte Paris.

La froideur systématique de madame de Villiers fut désarçonnée par cette proposition, elle repoussa son métier, et se tournant tout à fait vers M. de M..., elle reprit :

— Mais enfin qu'y a-t-il? qu'est-il arrivé?

— Il n'est rien arrivé ; mais il arrivera quelque chose de très-grave, si vous n'y mettez un obstacle très-rapide.

— Prenez-vous plaisir à me tourmenter? Faites-moi la grâce de vous expliquer!

— C'est que j'ai peur que vous ne me compreniez pas.

— Alors il était inutile de venir. Parlez-vous sérieusement?

— Très-sérieusement. Mais il faut me laisser dire.

— Parlez... parlez..., reprit la marquise avec impatience.

— Vous savez ce que je vous ai toujours dit : il faut que jeunesse se passe ; voilà que vous haussez les épaules et que vous battez le parquet du pied.

— C'est que vous pourriez bien m'épargner vos modernes axiomes de mauvaises mœurs.

— Celui-ci est de l'ancien régime, repartit le comte en riant.

— Il n'en est pas meilleur. Est-ce que nous avons une jeunesse, nous autres femmes, jeunesse à passer, comme vous l'entendez ? point du tout, et nous n'en mourons pas. Je n'admets pas le principe.

— Mais votre fils l'admettra. Il l'admettra, vous dis-je; toute votre logique ne l'emportera pas sur une opinion passée en force d'usage. Un homme peut avoir des aventures qui ne portent point atteinte à sa considération.

— Vous le savez mieux qu'un autre, fit la marquise ; mais

de ce qu'il peut-être impunément un mauvais sujet, il ne s'ensuit pas nécessairement qu'il doive l'être.

— C'est toujours votre erreur ; vous raisonnez dans le vide.

— Plait-il ? fit la marquise d'un air courroucé.

— Je maintiens l'expression ; lancez un corps dans le vide, abstraction faite de toutes les résistances et de toutes les attractions, et il ira éternellement et d'un mouvement égal. Quand je dis que vous raisonnez dans le vide, je veux dire que vous ne tenez aucun compte, ni des passions, ni des idées reçues.

— Je tiens tellement compte des passions, que je ne me suis point étonnée de ce que mon fils soit amoureux.

— Sans doute ; mais vous tenez si peu compte des idées reçues, que vous ne croyez pas qu'il s'adonnera sans remords à la passion qui peut le perdre.

— Mais enfin, dit vivement la marquise à qui son alarme maternelle faisait oublier son esprit de discussion, quelle est cette passion ?

— Eh bien ! ma chère amie, Jules est amoureux fou de madame Burac.

La marquise parut terrifiée. Elle regarda M. de M..., qui la considérait d'un air railleur et triomphant, qui changea sa stupéfaction en colère, sans lui fournir quelque épigramme en réponse à la mine impertinente de son ancien amant. Alors elle eut envie de nier pour prendre sa belle, pendant que le comte lui donnerait des preuves de la vérité de son assertion ; mais, par une manœuvre que lui inspira le sourire provoquant du comte, elle fit volte-face complète, tourna le dos à ses propres opinions, et répondit, après un assez long silence :

— Eh bien ! que voulez-vous que j'y fasse ! Après tout, cette madame Burac est une fort belle personne, d'une bonne éducation, d'un esprit distingué (la marquise en disait plus qu'elle ne croyait) ; et puisque, selon vos principes, il faut que jeunesse se passe, Jules pouvait plus mal choisir.

Le ton mordant et sec de la voix n'aurait pas averti le comte de toute la violence que se faisait madame de Villiers pour parler ainsi, que le feu de son œil, le pincement serré de ses lèvres le lui eussent appris.

— Vous comprenez donc que Jules, dit-il en ricanant, puisse

avoir une liaison avant le fabuleux mariage que vous avez mis en nourrice il y a douze ans, qui est maintenant à faire son éducation au Sacré-Cœur, et qui ne sera pas adulte avant quatre ans?

— Madame Burac, reprit madame de Villiers, est une femme assez bien placée pour que je puisse fermer les yeux sans avoir l'air d'y mettre trop de bonne volonté.

— Admirable! fit le comte, pour sauver l'honneur de votre drapeau, mais vous voilà réduite à venir à mes principes.

— Jamais! s'écria la marquise avec véhémence dans un premier mouvement d'indignation. Puis elle reprit avec un léger dédain de femme et non pas de marquise : Puisqu'il faut que ce malheur arrive, ce sera du moins un malheur de bonne compagnie.

— C'est pour cela, dit le comte, que ce sera un malheur, et un très-grave malheur; prenez-y garde.

— Cherchez-vous à m'épouvanter à plaisir? Que signifient ces airs obscurs et lamentables que vous prenez pour me parler?

— Ecoutez, reprit le comte, je ne veux point vous développer ma théorie sur les distractions des hommes, théorie qui vous ferait pousser des cris de réprobation; mais, très-sérieusement parlant, voici ce qui est et ce qui sera :

Vous aimez votre fils, marquise, et je sais quelles raisons vous avez de tenir à ce que le mariage projeté s'accomplisse; eh bien! si la passion de Jules pour madame Burac n'est pas traversée et renversée par une autre, toutes vos espérances sont détruites.

Votre délicatesse de femme, votre orgueil de mère, quelques ressentiments fort justes, ajouta le comte en baissant les yeux, vous font regarder avec dégoût ces fantaisies qui s'adressent à des femmes que l'on quitte comme on les prend. Je ne veux pas combattre vos sentiments à ce sujet, et, comme vous, j'aimerais assez voir Jules adresser ses premiers hommages à une femme d'un monde plus élégant. Mais cela ne vaudrait mieux qu'autant que cette femme aurait un peu de ce qui vous déplaît tant chez les autres, c'est-à-dire qu'elle serait assez compromise par les prédécesseurs de Jules pour admettre facilement l'idée de lui donner un successeur. Il y en a quelques-unes; mais vous avez appris à Jules à les regarder avec un mépris qui exclut l'idée de l'amour. C'est ce qui a fait que ce pauvre enfant, car c'est un enfant, s'est senti tout bouleversé d'amour au premier contact qu'il a eu avec une femme dont il ne se défiait pas. Madame Burac est admirablement belle, vous le savez; mais ce que vous ne savez pas, quoique vous l'ayez dit, c'est qu'elle est d'une éducation qui peut satisfaire aux plus délicates exigences de l'esprit de Jules; indépendamment de cela, madame Burac a une grande opinion d'elle-même, disposition excessivement redoutable; elle est très-malheureuse, circonstance non moins alarmante...

— Je vous écoute, mon cher comte, mais en vérité je ne vous comprends pas, dit sérieusement madame de Villiers.

— Vous allez me comprendre, reprit le comte, madame Burac sait que votre fils l'aime; il le lui a dit dans la visite qu'il lui a faite, ou elle l'a deviné. Madame Burac est flattée de cet amour. J'ai dit que madame Burac était malheureuse : le malheur rend faible, elle succombera. Je vous ai dit qu'elle avait une grande opinion d'elle-même; donc, lorsqu'après des combats sincères, elle fera à Jules un monstre de sa victoire, et ce ne sera pas sans apparence de raison, Jules se croira à tout jamais responsable d'un avenir qui s'est confié à lui.

Tout ceci ne serait rien, et toutes les femmes qui commencent en prétendent autant; mais ce que vous ne savez pas, c'est que la position de madame Burac peut fournir une application très-prochaine à cette immense responsabilité. Madame Burac appartient à un mari qui peut trouver favorable, ou que la nécessité peut forcer de faire un scandale pour abandonner sa femme, et dès lors vous voyez à quels engagements se croira lié le cœur chevaleresque de Jules. Me comprenez-vous?... Ne froncez pas le sourcil, ne vous reposez pas sur l'emploi d'une autorité qu'il a respectée jusqu'à ce jour; par cela même qu'il obéira aujourd'hui, demain encore, il la méconnaîtra complétement le jour où il aura su s'en affranchir. Il faut que Jules parte.

La marquise était atterrée; son visage trahissait à la fois une vive colère et une vraie douleur. Enfin elle finit par dire au comte d'une voix où une heure avant on n'eût pu soupçonner tant d'émotion :

— J'ai vécu sept ans séparée de mon fils pour le faire échapper aux basses séductions qui avaient déjà perdu tant de jeunes gens comme lui, et il faut que je m'en sépare encore!

Elle s'arrêta, car elle était prête à pleurer; et comme elle n'eût voulu pour rien au monde montrer une telle faiblesse devant le comte, elle s'en tira par une pointe de colère et continua :

— Il faut que je m'en sépare, parce qu'une femme que je ne connais pas, une impertinente beauté de je ne sais quel monde, se prendra de caprice pour mon fils!

Les larmes percèrent, malgré la colère, tandis que le comte disait doucement avec un petit geste de la main :

— Chut!... chut!... chut! cette impertinente beauté ne veut rien, elle n'a rien entrepris;... je prévois des dangers qu'elle ignore aussi bien que Jules...

— Eh bien! dit la marquise, je les lui montrerai et il les évitera.

Le comte se mit à rire de bon cœur, et repartit d'un ton que sa gaîté seule empêchait d'être impertinent :

— C'est comme si vous disiez à un enfant qui n'a pas déjeuné : « Tiens, mon bon ami, voilà un pot de confitures qui te ferait du mal; tu n'en mangeras pas. »

— Ah! fit la marquise en haussant les épaules avec impatience.

— C'est comme ça, dit le comte; il faut que Jules parte....

La marquise redevint triste.

— Ou qu'il aime une autre femme, ajouta M. de M.... en regardant la marquise du même air triomphant qu'il avait déjà montré.

— Vous vous jouez de moi, reprit madame de Villiers, sérieusement blessée.

— Non,... non,... non,... lui dit le comte en balançant la tête comme pour mieux affirmer ses dénégations.

— Mais puisque vous dites qu'il est amoureux de madame Burac, dit la marquise avec impatience.

— Jules est plus amoureux généralement parlant, qu'il ne l'est de madame Burac en particulier, dit le comte.

— C'est une rude tâche que de vous comprendre.

— Eh bien! puisque vous voulez que je vous le dise, si vous voulez que l'enfant qui n'a pas déjeuné ne mange pas de confitures, mettez à leur place des macarons, ou...

— Ou?... fit la marquise avec un mouvement de tête superbe et en regardant le comte du bas en haut.

— Ou des brioches, fit le comte en répondant par un malicieux sourire à ce fier regard, ou du pain bis...

— Il suffit, reprit la marquise, je vous comprends enfin. C'est entre nous une lutte qui date de longtemps; vous m'avez trop souvent annoncé ma défaite pour que je ne croie pas que vous vouliez assurer votre triomphe par la perte même de mon fils.

A cette rude apostrophe, le comte perdit l'impassibilité dont il avait fait preuve : il se leva vivement, et, se posant comme un homme prêt à saluer pour sortir, il répondit gravement, mais d'un ton ému :

— Marquise, je passe pour un homme d'honneur parmi mes amis, et pour un ami dévoué parmi les gens d'honneur. Votre supposition est une accusation qui touche à cet honneur et à ce dévouement. J'ai voulu vous le prouver; vous y voyez une trahison; je n'y puis rien faire; mais je vais me retirer, et, sans doute, vous obliger.

— J'ai eu tort... j'ai eu tort, reprit la marquise en lui tendant la main, mais sans le regarder, préoccupée qu'elle était de la pensée et comme bien sûre qu'il en fallait moins à M. de M... pour être ramené.

Il prit cette main et la garda dans les siennes; une larme coula des yeux de madame de Villiers, et le comte reprit avec un accent affectueux :

— Vous ne voulez pas qu'il parte?

— Je l'ai trop longtemps éloigné de moi.

— Eh bien, laissez-le-moi.

— Oui... mais... fit la marquise à moitié vaincue.

Le comte baisa la main de la marquise, et lui dit :

— Je vous réponds de lui...

Puis il quitta le salon au moment où madame de Villiers allait rétracter cette espèce d'engagement, et se fit immédiatement annoncer chez Jules de Villiers. Mais avant de dire ce qui arriva de cette visite, nous devons raconter ce qui s'était passé entre madame Del... et l'auguste tenor.

QUATRIÈME PARTIE

I

Il était près de trois heures lorsque Varnier se présenta chez Madame Del... ; elle se levait et prenait une tasse de chocolat.

On vit traverser à Varnier un salon bourré de tapis, de coussins, de divans : rideaux de soie cérise aux carreaux ; sur ces petits rideaux, stores magnifiquement peints ; sur les stores, rideaux de velours ; portières avec franges, câbles de soie, agrafes ciselées, et puis de tous côtés tables, statuettes, bronzes, cristaux, coupes, filigranes, raretés de toute sorte ; après le salon, la chambre à coucher tendue de soie jonquille avec un lit gothique à colonnes de satin noir ; et, ici, toilette à la Louis XV, glaces de Venise, siége à ras de terre, sultane mystique, cassolettes montées d'or ; bijoux épandus de tous côtés, causeuses, dos-à-dos, véritable appartement truffé de meubles. Enfin le boudoir, un divan, voilà tout. Et sur ce divan, madame Del... enveloppée d'une robe de chambre, à manches larges comme celles d'un homme, ouverte de même et qui permettait de voir ses pieds, qu'elle n'avait eu le temps de chausser que d'une paire de pantoufles turques sans talons.

Varnier se crut transporté dans un de ces réduits que l'imagination des Occidentaux prête si gratuitement aux harems de l'Orient. Il attacha ses gros yeux sur la houri qui était devant lui ; et comme madame Del... lui dit de ce ton familier qui eût dû le faire descendre de ce paradis sublime :

— Eh bien ! Varnier, que faites-vous à l'Opéra ?

Il répondit avec extase :

— Je voudrais débuter par le rôle de Mahomet.

Madame Del... ne comprit pas du tout l'allusion, et lui dit :

— Comment, vous, tenor, par un rôle de basse-taille ?

— Ce n'est pas comme ça que je l'entends, répondit Varnier ; et sans autre préambule, il lui expliqua comment il l'entendait.

Madame Del..., l'écouta sans lui répondre, non qu'elle fût embarrassée ou fâchée de la déclaration, mais probablement pour recueillir ses idées ; lorsque Varnier eut épuisé toute sa rhétorique, elle sonna, et pendant qu'une femme de chambre enlevait la petite table où avait été servi le chocolat, elle dit à Varnier :

— Eh bien ! mon cher ami, non... non, quant à présent du moins.

— Quoi ! je puis espérer qu'un jour ?... dit sentimentalement Varnier.

— Voyons, voyons, dit madame Del... nous avons à parler de choses bien autrement importantes. Je puis vous être très-utile ; voulez-vous me servir ?

— Trop heureux ! reprit Varnier en *œilladant* de nouveau.

— Vous faites la bête, mon cher, dit madame Del... : encore une fois, voyons, voulez-vous être bon camarade pour moi, je le serai pour vous ?

Varnier hésita encore ; il éprouvait beaucoup de peine à quitter son rôle langoureux. Enfin, il s'y décida et redevint presque butor en voulant changer de ton.

— Eh bien ! dit-il, que me voulez-vous ?

— Au train dont vont les choses, vous ne ferez rien à l'Opéra.

Tous les ouvrages à jouer d'ici à deux ans sont distribués, quoiqu'ils ne soient pas faits.

— On vous fera débuter dans des rôles secondaires.

—C'est possible, dit Varnier de l'air d'un homme pour qui ce n'est pas un grand souci.

— Êtes-vous capable, d'ici à deux mois, de chanter les *Huguenots*, la *Juive, Robert-le-Diable ?*

— J'étudie, reprit Varnier, et ça ne me semble pas si difficile.

— Vous ne faites rien, lui dit madame Del... en haussant les épaules, que perdre votre temps fort bêtement ! Je sais que vous ne travaillez point. Eh bien ! voulez-vous travailler sérieusement ?

— J'ai le temps, fit Varnier.

— Voulez-vous, reprit madame Del... avec impatience, apprendre les rôles dont je viens de vous parler.

Si vous le voulez, ajouta-t-elle en le regardant comme elle savait regarder, je me charge de vous les enseigner.

— Vous ! s'écria Varnier.

— Moi, reprit madame Del... qui voulut éviter une nouvelle explosion de sentiments ; mais il faut une résolution ferme.

— Et où cela me mènera-t-il? fit amoureusement Varnier.

— D'abord où je veux, dit madame Del..., et peut-être où vous voulez, ajouta-t-elle en riant.

— Si je pouvais croire, reprit Varnier d'une voix émue.

— Vous pouvez croire, fit madame Del... en s'inclinant. Mais ce n'est pas de cela qu'il s'agit aujourd'hui ; voulez-vous faire ce que je vous dis?

— Oui, dit Varnier, je le veux.

— Eh bien! mon cher ami, dans six mois, s'écria madame Del... avec un accent particulièrement dur et d'assez mauvais ton, dans six mois votre chef d'emploi sera enfoncé!

Varnier, tout paresseux qu'il était, ne voyait pas sans envie l'importance et surtout les appointements de celui qu'il devait suppléer ; il dressa l'oreille à cette exclamation :

— Et comment cela serait-il si, comme vous le dites, tous les ouvrages nouveaux sont distribués?

— Dans trois mois, dit madame Del... tout bas, j'ai un congé de deux mois que je vais exploiter à Londres et à Bruxelles ; il n'y a pas dans ces deux villes de ténor qui me convienne; à cette époque je vous obtiendrai un congé de l'administration , et nous partirons ensemble.

Varnier ouvrit de grands yeux ardents.

— Je vous promets un succès foudroyant, reprit madame Del.... Vous ne savez pas une note de musique, mais je sais que vous répétez bien ce qu'on vous apprend bien. Ce sera un peu pénible, mais vingt grands chanteurs ne chantent pas autrement; le public de Londres et de Bruxelles n'y verra rien. Votre voix est toute neuve, on vous portera aux nues, vous aurez été méconnu par la direction de Paris, les journaux ne manqueront pas de le mettre, vu que je le leur dirai, et vous reviendrez ici en triomphateur. Nos amis exigeront vos débuts, et comme vous aurez passé vos premières terreurs sur des théâtres étrangers, vous aurez ici autant de succès que là-bas. Faites dix recettes, et les compositeurs feront les tours les plus infâmes pour lâcher yotre chef d'emploi et vous prendre à sa place. Ce sera alors votre affaire; mais pour cela il faut vouloir.

—Et je veux de toute ma force, dit Varnier qui voyait deux buts également séduisants au bout de cette proposition.

— Eh bien! lui dit madame Del... tous les jours qui ne sont pas d'opéra, venez ici à huit heures du matin.

— Vous vous levez à trois heures, lui dit Varnier.

— Je ne me lève à trois heures que quand...

Madame Del... s'arrêta tout court et reprit avec un incroyable regard :

— J'ai passé la nuit au bal.

Puis, comme si tout se mêlait dans cette tête ardente, elle reprit sévèrement :

—Mais il faut de la discrétion, car on serait capable de vous refuser votre congé au moment nécessaire, si on savait ce que nous méditons. Il faudrait aussi avoir un répétiteur.

— J'ai le professeur du Conservatoire.

— Non, non, il faut vis-à-vis de lui avoir l'air de paresser, à l'ordinaire. Mais dites-moi donc, votre femme, ce me semble, est musicienne?

— Très-bonne musicienne.

— Eh bien! mon cher ami, il faut qu'elle vous fasse répéter pour la note seulement.

Varnier fit la grimace.

— Oui, mais nous ne sommes pas très-bien.

— Elle profitera de vos succès; il est juste qu'elle y contribue.

Et il raconta à madame Del... la scène qui s'était passée.

— Votre femme avait raison. Mais vous serez un maladroit si vous ne profitez pas de ceci pour vous rapatrier avec elle. Les femmes, les femmes épouses, veux-je dire, aiment assez qu'on ait besoin d'elles.

— Et quand elle saura qu'elle prend toute cette peine pour me faire partir avec vous pour l'Angleterre, et parce que j'espère qu'après avoir fait tout ce que vous voulez...

Madame Del...., qui avait jadis étudié la tragédie, avait quelquefois la manie de faire des citations, et elle répondit d'un ton déclamatoire :

Je ne sais pas prévoir le malheur de si loin.

Puis elle ajouta de sa voix naturelle :

— Mais il est inutile d'en parler à votre femme, tout Paris le saurait dans huit jours.

— Et pourquoi? fit Varnier.

Une voix comme celle que les dramaturges mettent dans la coulisse sembla répondre providentiellement à la question de Varnier, la femme de chambre annonça M. le comte de M...

— Le comte de M...? fit madame Del... étonnée; est-il seul?

— Non, madame, il est avec le plus beau jeune homme que j'aie vu de ma vie, répondit la femme de chambre.

— Quelque ténor en herbe, dit madame Del..., en regardant Varnier d'un air provoquant.

— Oh! non, madame, ce n'est pas un ténor, fit la servante en toisant Varnier d'un air de dédain.

Varnier prit un air jaloux.

— A demain pour notre première leçon, lui dit madame Del... sans y prendre garde.

Sortez par là, lui dit-elle en lui montrant une porte cachée dans les plis de la tenture et en le conduisant par un couloir aboutissant à un escalier dérobé.

— A demain, fit Varnier avec un air de menace qui fit dire à madame Del..., lorsqu'elle eut fermé la porte :

— L'imbécile!

Puis elle revint rapidement et dit à sa femme de chambre :

— Quel est ce jeune homme?

— Le marquis de Villiers, madame, répondit la femme de chambre triomphalement. Je l'ai reconnu, mais je n'ai pas voulu le dire devant M. Varnier, à cause de son histoire avec la sœur de madame Varnier...

— Et la sœur de Géorgina! dit madame Del... avec une rage cruelle; puis elle serra les poings en murmurant :

— Oh! toutes ces femmes! et elle reprit : — Prie ces messieurs d'attendre cinq minutes, et viens m'habiller.

— Hai! madame, fit la chambrière en haussant les épaules.

— Ils ont attendu trop longtemps pour que je puisse avoir l'air d'être prise à l'improviste.

— J'ai dit que vous étiez couchée.

— Et si j'avais fait sortir Varnier devant eux?

— Est-ce que je n'étais pas là?

— Amène-les donc.

La femme de chambre sortit, et, au moment où M. de M... entra dans la chambre, elle accourut du fond de sa chambre comme si elle quittait son lit, et en s'enveloppant d'un air affairé et en disant :

— Bonjour, mon ami; que vous êtes aimable...

Elle recula tout à coup en se serrant plus étroitement dans les plis de sa robe, et dit d'une voix étonnée en montrant Jules :

— Mais monsieur?...

Le marquis de Villiers, répondit M. de M..., que l'air fâché de madame Del... ne troubla pas du tout.

— Monsieur, fit-elle avec une révérence cérémonieuse en s'adressant à Jules.

— Ne vous fâchez pas de mon indiscrétion, dit le comte d'un air galant, j'ai à vous entretenir d'une affaire qui ne vous ennuiera pas longtemps.

— Veuillez passer, messieurs, reprit madame Del... très-cérémonieusement en leur montrant la porte de son boudoir.

Et tout aussitôt elle tira une sonnette qui n'appelait personne, mais qui voulait dire : Je n'y suis pas.

Après l'explication qui avait eu lieu entre le comte et la marquise, on devine aisément le but de M. de M..., en amenant Jules chez madame Del...; mais il faut dire avant sous quel prétexte il avait attiré Jules dans cette visite.

II

M. de M... savait trop bien la façon de voir du jeune marquis pour lui offrir une présentation à madame Del... comme une chose qui pût lui plaire, et que tout autre homme désirerait à sa place ; il n'avait aucune raison à lui donner pour l'attirer volontairement chez elle ; il lui fit un devoir d'y aller.

Il entra donc chez Jules avec un plan formé de la veille ; il le trouva se promenant à grands pas dans son appartement, l'air sombre, l'œil en feu, la figure pâle.

Rien n'est gracieux comme les premiers étonnements d'un cœur de dix-huit ans, lorsqu'il sent pour la première fois s'agiter en lui un vague instinct d'une nouvelle existence. Comme l'oiseau dont le bec, faible encore, frappe à sa coque et finit par la briser, il s'agite et se heurte obscurément dans l'enveloppe de son enfance et la brise comme lui. Mais l'oiseau, ébloui de la lumière qui l'inonde tout à coup, se replie avec crainte, serre son aile humide, et voudrait retourner sous sa cuirasse ; mais bientôt cette lumière qui apporte avec elle la chaleur et la vie le pénètre doucement, il lui ouvre timidement les yeux, lui présente son aile, la salue de son premier cri, s'arrache tout à fait à sa coquille, s'essaie au bord du nid, bégaie sa joie, et peu à peu, trébuchant et voletant, il s'aventure, s'élance avec effroi, et, tout étourdi de cet air qui le soutient, il vole, et attardé, mais peureux, il rentre enfin au nid maternel pour s'y réchauffer.

De même le jeune cœur, qui est clos à son heure, a tous ces doux effrois, tous ces éblouissements heureux, tous ces efforts tremblants, toutes ces audaces craintives, tous ces égarements innocents et repentants. Mais l'homme à qui la passion vient quand la force virile du corps et de la pensée ont complété leur développement, est semblable à l'oiseau qui s'est échappé de sa cage où il a grandi ; il tente son premier vol d'une aile mal habile, mais puissante, se heurtant en aveugle aux obstacles qu'il rencontre, se blessant aux épines des buissons où il pose, mais ivre d'une vie trop attendue, et ne revenant jamais à la prison d'où il s'est échappé.

Tel était Jules ; et M. de M... trouva qu'il était temps de donner à cet essor une direction avant qu'il ne fût hors d'atteinte de toute influence. Mais, comme je l'ai dit, il se garda bien de laisser soupçonner ce dessein à un homme qui discutait déjà en lui-même s'il n'avait pas été ridiculement esclave de tout ce qui l'entourait.

— Mon cher Jules, lui dit-il, je viens vous demander un service.

— De quoi s'agit-il? répondit Jules.

— D'une ennuyeuse visite à faire, pour laquelle j'ai besoin d'un second.

— D'un second! fit Jules vivement, en se méprenant sur le sens de ce mot.

— Oh! fit le comte en riant, il n'y aura pas duel. Je ne suis plus assez jeune pour un pareil adversaire, quoique je.... Mais avec mes cheveux gris, je fais le jeune homme, vis-à-vis de vous, qui êtes un homme grave, avec vos vingt-cinq ans; et d'ailleurs il s'agit d'une chose sérieuse au fond.

Vous êtes comme moi commissaire du banquet qui doit être donné au profit des inondés; nous avons besoin de madame Del...

— Je croyais que c'était une affaire arrangée.

— Je le croyais aussi; mais le comte de C... a été de fort mauvais goût depuis sa rupture avec madame Del... Il a manœuvré, je ne sais pourquoi, de manière à ce qu'elle ne fût plus des concerts de toutes les maisons où il a accès.

Il a fait de cela une vengeance de cœur, et c'est tout simplement une vilenie; car enfin madame Del... n'est pas une femme qu'il pût attaquer dans sa considération; c'était donc dans sa fortune qu'il la punissait, en l'empêchant de profiter des occasions où elle pouvait tirer profit de son talent.

Aujourd'hui madame Del... s'en venge en refusant de chanter à notre concert; mais il suffira d'une visite pour la déterminer; on m'en a chargé, et je vous ai choisi pour m'accompagner.

— Je ne comprends pas bien comment cette visite peut la déterminer si elle a déjà refusé, dit Jules.

— Je puis vous l'assurer.

— Mais comment?

— Ceci est le secret d'un monde auquel vous n'entendez rien, et qu'il faudrait des commentaires de vingt-quatre heures pour vous faire comprendre. Seulement, tout ce que je peux vous dire, c'est que je ne vous aurais pas choisi si vous n'étiez pas le marquis de Villiers, c'est-à-dire le nom le plus éminent de notre commission.

— Il s'agit donc, dit Jules en riant, d'une ambassade de la noblesse à madame Del...

— Absolument, comme vous le dites, nous allons remettre

les clefs de nos salons à madame Del... qui nous octroiera son pardon.

Jules sourit d'un air distrait, et répondit : « C'est singulier. »

Le comte le pria ensuite de l'accompagner immédiatement à une vente de tableaux pour l'édifier sur l'authenticité d'un Murillo qu'il voulait acheter. Jules s'y prêta avec plaisir.

Le but de M. de M... n'était autre que d'éloigner Jules de chez sa mère, à qui il eût pu parler très-indifféremment de la visite qu'il devait faire, et qui peut-être s'en fût alarmée, et l'eût détourné de la faire.

Enfin le hasard ou plutôt les secrètes dispositions de Jules firent de cette circonstance un auxiliaire puissant aux projets de M. de M...

En parcourant la galerie où étaient exposés les tableaux qu'on allait vendre, le comte remarqua pour la première fois que Jules ne les considérait pas de ce regard froid, quoique passionné, de l'artiste qui ne voit dans un tableau que l'œuvre, qui s'impressionne de sa pensée et s'éprend de sa forme, mais dans un sentiment complétement séparé de ses sentiments intimes.

Tout au contraire, Jules, moins attentif à des toiles d'une valeur supérieure, s'arrêta assez longtemps devant une Érigone et un Bacchus, qui n'avaient d'autre mérite qne la hardiesse avec laquelle le Rosso a abordé certains sujets. Puis, après avoir longtemps laissé errer ses regards sur cette figure où se mêlaient toutes les ivresses, il s'arrêta plus longtemps encore devant une tête de moine dont les traits desséchés attestaient la dureté de la lutte, tandis que ses yeux, vivement illuminés d'une extase calme, annonçaient la plénitude de sa victoire.

Jules s'arrêta si longtemps dans la contemplation de cette figure, que M. de M.... comprit que la peinture seule n'absorbait pas à ce point son attention. Il se faisait en ce moment un triste monologue dans le cœur de Jules, et il se demandait si mieux ne valait pas vouer sa vie à une telle abnégation que de la livrer à des plaisirs qui la feraient rougir, ou à des passions qui le feraient trembler comme les lui représentaient cette Érigone pantelante et ce Bacchus amoureux.

Une telle pensée n'était point du tout favorable aux entreprises de M. de M,.., et il arracha Jules à cette image pour attirer son attention sur un autre sujet quel qu'il fût. Le hasard le servit, ou plutôt il profita de cette disposition de Jules à s'appliquer par la réflexion le sujet des tableaux qu'il parcourait.

Ils s'arrêtèrent tous deux devant une toile de Daniel, de Volterre, représentant une Lucrèce qui se poignarde.

La supériorité de l'œuvre était si grande, que le premier moment d'attention ne fut que pour l'admiration; mais Jules, par un mouvement involontaire, se recula et jeta successivement son regard sur l'Érigone, le moine et la Lucrèce.

Le comte devina sa pensée et lui dit tout à coup :

— J'aime le Bacchus, j'admire le moine, mais je méprise le Tarquin.

Jules le regarda d'un air étonné; puis il répliqua en reportant les yeux sur le tableau et en haussant les épaules :

—Bah! elle ne se poignarda que parce qu'elle n'aimait pas.

Le comte fut à son tour fort étonné de la réponse qui lui était faite, et repartit :

— Je ne défends pas Lucrèce; je trouve seulement que Tarquin était un malotru.

— Parce qu'il n'était pas aimé? dit Jules froidement.

Peste! se dit le marquis, il me semble que le scrupule a bien vite délogé de cet esprit si rigide et si candide il y a un mois; et il lui dit, toujours du même air indifférent :

— Si toute la question est d'être aimé, cet Egiste qui assassine Agamemnon est un charmant jouvenceau.

Sur le plus petit jeune homme de vingt ans avancé à la mode de notre époque, ces banalités eussent glissé comme si l'on eût parlé de la pluie ou du soleil; mais Jules écoutait souvent plus profondément qu'on ne parlait, et cette réflexion, jetée fort indifféremment, pénétra jusqu'à ses plus secrètes pensées; il la recueillit et s'éloigna brusquement de la Lucrèce et de la Clytemnestre; et, comme s'il cherchait une distraction quelconque à ses pensées, il dit à M. de M... :

— Quand allons-nous chez madame Del...?

Il eût tout aussi bien dit :

— Quand allons-nous au Bois ou à la Chambre des pairs, s'ils avaient dû s'y rendre.

Le comte le comprit ainsi, et se garda bien de prêter un sens à son impatience, et répondit négligemment :

— Eh bien ! tout à l'heure... ou tout de suite ; car vous avez peut-être quelque chose à faire, et je désire vous débarrasser de l'ennui de cette visite.

— Tout est donc ennui, dit Jules, comme s'il était fâché de perdre l'espoir que cette visite pourrait le distraire.

Ils partirent et furent introduits, comme on l'a vu, dans le boudoir de madame Del...

Le comte était à ce moment fort alarmé de la nouvelle disposition d'esprit de Jules ; comme tous les cœurs inquiets et indécis, il s'était pris d'humeur contre tout ce dont M. de M... lui parlait ; et, durant les quelques instants qu'il avait attendu dans le salon de madame Del..., il avait tout critiqué, non pas avec le sérieux d'un novice qui s'indigne d'un luxe acheté au prix où l'avait acheté madame Del..., mais avec le dédain d'un homme qui raille un étalage d'un goût équivoque.

Le sévère et modeste Jules alla jusqu'à dire qu'on avait mis du rouge aux croisées et des tournures aux rideaux...

L'étrange réception de madame Del.... le rendit encore plus morose et plus glacé, et M. de M... crut avoir fait une démarche tout à fait inutile.

Il n'avait eu garde de prévenir madame Del... de sa visite, se fiant mieux aux pensées de séduction qui lui viendraient *proprio motu*, qu'à celles qu'il pourrait lui suggérer.

III

Ils étaient assis tous trois dans le boudoir, elle sur son divan ; M. de M... expliqua le motif de leur ambassade ; madame Del... écouta fort sérieusement, les yeux fixés sur le comte, et sans grimaces, sans récriminations, sans prétexter ni fatigue, ni empêchements, elle répondit :

— Je chanterai, messieurs.

Et ce « messieurs » fut accompagné d'une inclination qu'elle répartit également entre Jules et M. de M...

Celui-ci, s'attendant à ces minauderies habituelles qu'il avait entendu raconter, trouva cette simple acceptation faite de bonne grâce.

Cependant il semblait que l'on n'eût plus rien à faire chez madame Del..., et Jules était presqu'à moitié levé pour se retirer, lorsque M. de M...., qui désirait prolonger la visite, dit :

— Et que chanterez-vous ?

— Mais, ce que vous voudrez.

— Chanterez-vous seule ?

— Vous en déciderez. Je suis tout à votre disposition.

Ces deux réponses furent faites du même ton que la première, sans la prétention même d'en faire valoir l'humilité.

Jules trouva cette façon d'être parfaite. M. de M... traita intérieurement madame Del... de mijaurée, se demandant par quel sot caprice cette femme s'avisait d'être simple, naturelle et convenable, lorsqu'il l'aurait voulue tout autre.

— C'est trop de bonne grâce, lui dit-il avec une politesse pincée et d'un ton sec.

Elle leva sur lui de grands yeux étonnés, et un fin sourire parut sur ses lèvres et s'épanouit tout à coup ; puis elle s'écria d'une voix franche, haute et joyeuse :

— Eh bien ! oui, je chanterai ; je chanterai pour vous qui avez eté mon ami en toutes circonstances ; pour monsieur, ajouta-t-elle en se tournant gaîment vers Jules, à qui l'on a donné la peine de venir chez moi ; je chanterai, parce qu'après tout je n'ai jamais manqué de faire l'aumône de ma voix à qui me l'a demandée ; mais je chanterai, rancune tenante contre vos belles dames.

M. de M... respira : madame Del... se tourna encore vers Jules, et ajouta, avec des mines de chatte en colère :

— Je vous demande pardon, monsieur, de parler ainsi devant vous ; mais M. de M... sait bien que j'ai des raisons d'être furieuse, et qu'il m'est bién difficile de ne pas dire tout haut ce que je pense.

— Mais parlez, mon enfant, parlez, lui dit M. de M... ; parlez... Jules est discret... je le connais.

— Mais moi, je connais M. de Villiers, de réputation du moins, comme un homme bien occupé de choses très-graves, et mes petits ressentiments lui sembleraient sans doute fort ridicules. C'est vrai : j'ai été blessée, ajouta-t-elle d'un ton pénétré, très-blessée de mon exclusion de tous les concerts de vos salons. Je ne dois pas l'attribuer à mon peu de talent, je suppose ; car, de bon compte, je n'ai pas pu être jalouse, comme artiste, des cantatrices de raccroc qu'on a produites en grande pompe. C'est donc à moi qu'on a voulu faire une leçon. Pourquoi? pourquoi? C'est une insulte grossière sans raison.

M. de M.... fit un petit signe de doute, et madame Del...., qui semblait complétement oublier la présence de Jules, continua vivement :

— Mais je me trompe, on avait une raison. Ces dames se sont donc faites les chevalières de M. de C... ?

— Peut-être, fit le comte de M... qui donnait la réplique sans trop savoir si madame Del... avait un projet en parlant ainsi, ou bien si elle ne faisait que dire, sans se soucier du résultat, ce qu'elle avait sur le cœur.

A ce *peut-être*, madame Del... laissa échapper un sourire de dédain, et repartit :

— En ce cas, c'est impitoyable. Je m'attendais à toutes les petitesses de M. de C ;... mais je n'aurais pas cru qu'elles trouvassent des complaisants.

— Il dit que vous lui avez joué un tour, fit le comte, mais un tour!...

L'orgueil de dépravation de madame Del... sourit à cette accusation; puis elle reprit gaîment ?

— Il m'en a joué un plus cruel : c'est d'être amoureux de moi.

— Il me semble, dit M. de M... du même ton de gaîté, que vous auriez pu n'en pas être dupe.

— Ah! reprit madame Del... d'un air triste, vous êtes tous les mêmes, railleurs et méchants. Le tour que j'ai joué à M. de C... est tout simplement d'avoir prévenu une infamie.

— Oui, oui, je sais, quand il prétendait séduire (vous savez ce qu'il entend par séduire) cette jolie personne... Comment la nommait-on? Mademoiselle de Mandres, je crois?...

M. de Villiers, qui jusque là avait écouté sans trop comprendre, s'écria vivement :

— Quoi ! mademoiselle de Mandres!...

— Oui, reprit madame Del.... mademoiselle de Mandres, la sœur de cette belle madame Burac, qui a fait tant de sensation hier à l'Opéra. Eh bien ! monsieur, ajouta madame Del... en s'adressant à Jules, pour avoir voulu sauver une enfant des entreprises honteuses de M. de C.... il m'a attaquée dans ma profession, dans ma fortune; car enfin, reprit-elle en s'animant, c'est ma fortune : et vos belles dames, fit-elle en jetant le mot à M. de M... par un mouvement de la tête, se sont mises du parti de M. de C...

Elle s'arrêta, prit soudainement un air triste et désolé en disant :

— C'est mal! c'est mal!...

Puis, comme si tous ses sentiments n'allaient que par sauts et par bonds, elle s'écria avec une violente amertume en regardant bien en face M. de M... comme si Jules n'était pas là :

— Et l'on se plaint de nous! et l'on nous accuse, et l'on nous punit, et dans l'intérêt de qui? d'un homme, vous le savez, vous, ajouta-t-elle à voix basse, qui a perdu tant de pauvres filles innocentes. Mais vos belles amies tenaient donc bien à sa galanterie caduque, qu'elles aient pris fait et cause pour lui? Oh! tenez, il y a des heures de révolte en moi où je voudrais connaître un de leurs plus beaux jeunes gens, le plus beau et le plus noble, le plus fier de tous ceux qui sont l'espérance de votre parti, et si je le connaissais, je voudrais qu'il m'aimât... et il m'aimerait, si je le voulais!

Sa voix s'émut, et elle reprit avec un accent de fierté au fond duquel il semblait y avoir des larmes de rage :

— Je suis belle après tout, et je joue assez bien la comédie pour que, si je le tenais une fois devant moi, je pusse lui faire croire qu'il m'a émue; et la vanité d'un homme se plaît à cet hommage aussi bien que celle d'une femme; elle s'y laisse prendre, et souvent elle succombe. Ce serait peut-être une fantaisie d'un moment.... et qu'on voudrait oublier le lendemain.

Madame Del... serra les dents et continua d'une voix haletante :

— Mais il ne l'oublierait pas!

Elle jeta un fauve regard autour d'elle, et dit avec un sourire presque farouche ;

— C'est ici l'antre de la lionne, comme vous m'appelez ; eh bien! je défie le plus dédaigneux, le plus froid de ces beaux, d'y mettre le pied et d'en sortir aussi froid, aussi dédaigneux, aussi entier qu'il y est entré; je le défie de s'en aller sans avoir tout à la fois peur et désir d'y revenir... Oh! voyez-vous... j'ai besoin de me venger, et je ne sais comment je m'y prendrai... mais je réussirai. Il reviendrait! il serait à moi! il m'appartiendrait! Je l'entourerais de tels soins qu'il ne pourrait s'y arracher, qu'il ne pourrait s'en détacher lui-même tout en sentant sa folie et son esclavage. Je voudrais enfin...

A ce moment, et comme si dans l'animation de sa parole elle semblait chercher autour d'elle l'expression qui lui manquait, elle regarda Jules ; deux ou trois sentiments bien différents brillèrent sur cette physionomie passionnée, puis tout à coup elle recula avec effroi : sa respiration parut suspendue... elle baissa ses paupières sur ses yeux, comme si elle descendait un voile sur son cœur, et reprit d'une voix rieuse et tremblante :

— Vous ne pensez pas un mot de tout cela, j'espère?

— A sa place, je voudrais y croire, dit M. de M... en riant, et devenir la victime.

— Oh! fit madame Del..., parodiant la mine de M. de M..., ne faites pas de la galanterie à ailes de pigeon, ou je vous répondrai du même ton, que je n'accepterais pas le combat contre un si redoutable ennemi, si même il daignait me le présenter; dirais-je en baissant les yeux : à quoi monsieur pourrait répondre, s'il était aussi berger que vous l'êtes : « Avec madame, on est vaincu avant de combattre. »

Mais monsieur a toute autre chose à faire que de dire ou d'écouter des choses qui ne sont bonnes que pour une folle comme moi et un... séducteur comme vous. Ainsi donc, messieurs, je chanterai, et je vous prie de croire, monsieur de Villiers, que je chanterai sans rancune ; je menace beaucoup, mais je ne suis pas si méchante que je le dis.

Elle prit tout à coup un ton d'enfant et ajouta :

— Je ne suis pas très-brave, car tout à l'heure, quand je laissais parler mes folles idées, et que j'ai rencontré vos yeux sur les miens, vous m'avez fait peur.

— Moi! madame? dit Villiers...

— Et tenez, dit-elle en appuyant sa main sur son cœur, j'en ai été si saisie, que je crois que cela dure encore.... Mais vous ne me punirez pas de ma présomption.

— Et comment pourrais-je vous en punir?

Madame Del... le regarda avec une assurance étrange. Ses yeux semblèrent plonger dans ceux de Jules, et elle lui dit avec le sourire le plus provoquant :

— Ah! vous le savez fort bien, monsieur.

Jules répondit comme un véritable innocent :

— Je vous jure que je serai discret, madame.

A cette réponse, madame Del... se mordit le bout du doigt en riant intérieurement, et dit d'un ton équivoque :

— Il y a en ce monde des choses plus difficiles qu'on ne croit.

Elle salua le comte et Jules d'un air ravi.

Mais tandis que celui-ci sortait tout à fait de l'appartement, le comte et madame Del... échangèrent rapidement les mots suivants :

— Oui, dit le comte, ce sera d'autant plus difficile qu'il est amoureux.

— De madame Burac, je le sais.

— Ce serait admirable de triompher de cet amour.

— Vous croyez? fit madame Del...

— Vous seule en êtes capable.

— Est-ce pour cela que vous me l'avez amené?

— Ah! fit le comte en souriant de manière à ne pas nier.

Le visage de madame Del... prit une expression de hauteur, et elle salua froidement le comte; et dès qu'elle fut seule, elle écrivit le billet suivant et l'envoya chez M. de Villiers :

« Monsieur,

» Si le hasard ne m'avait donné l'occasion de vous con-
» naître, je n'aurais pas cru avoir le droit de vous confier un
» secret qui vous intéresse personnellement.

» Ce matin, si M. de M... n'eût été présent, je vous l'eusse
» confié.

» Quoique, par une intrigue que je méprise, je me trouve
» mêlée à ce secret, c'est vous surtout qu'il intéresse, et je
» dois vous le dire.

» Venez ce soir, à dix heures, chez moi, je vous en prie. »

Madame Del... hésita à écrire les derniers mots, puis enfin elle murmura :

« Sans cela il serait capable de ne pas venir ; » et elle écrivit en *postcriptum :*

« Il s'agit de madame Burac. »

Il est bien difficile d'expliquer dans quel état se trouvait Jules en sortant de chez madame Del.,. Il n'y avait chez lui qu'un étourdissement confus de ce qu'il venait d'entendre.

A vrai dire, cette femme n'avait agi sur lui d'aucune façon ; ni sa beauté, ni l'étrangeté de son langage ne l'avaient ému ; mais elle l'avait bouleversé dans ce qu'il croyait savoir des choses du monde.

La liberté avec laquelle madame Del... jugeait les autres et elle-même, la franchise de ses récriminations contre M. de C..., récriminations où elle parlait de ses rapports avec cet homme comme de la chose la plus simple ; sa menace de se venger par une séduction, comme un homme se vengerait par un duel ; explications, et menaces dites à M. de M... et écoutées par lui avec une aisance qui attestait qu'il n'y avait rien que de très-usuel dans ces façons d'être et de vivre ; le soin avec lequel madame Del... avait, pour ainsi dire, séparé Jules de la conversation, comme s'il était connu qu'il ne pouvait comprendre rien de ces choses si facilement comprises par un autre ; tout cela enfin semblait faire croire à Jules qu'il y avait une vie qu'il ignorait, et dans laquelle il cherchait à regarder.

Puis alors il se rappelait cette espèce de terreur qui s'était si vivement montrée, et avec laquelle madame Del... avait essayé de jouer ; et, quelque modeste que fût Jules, il se demandait si elle n'avait pas semblé reconnaître soudainement en lui le type qu'elle promettait à sa vengeance.

Rien de cela ne lui plaisait, ne le tenait ; mais il en était tourmenté, inquiet ; il eût voulu voir, savoir ; et, rentré chez lui, il regrettait que madame Del... ne l'eût pas autorisé à retourner chez elle, lorsqu'il reçut le petit billet que nous venons de dire.

Cependant si ce n'eût été le dernier mot de ce billet, il n'eût peut-être pas répondu à cette invitation ; mais ce nom de madame Burac lui apprit qu'il marchait en aveugle parmi des intrigues qui s'occupaient de lui lorsqu'il croyait être tout à fait étranger à l'attention de tout le monde.

Il voulut sortir de cette incertitude, et le soir même il se rendit chez madame Del...

IV

Lorsque Jules arriva chez madame Del... il était partagé entre le désir d'apprendre ce qui pouvait avoir été dit de lui et de madame Burac, et l'obligation de se l'entendre raconter par madame Del...

Comme tous les hommes enfants qui commencent l'amour, il éprouvait une appréhension pudique à l'idée de voir soulever le voile qui couvrait sa mystérieuse passion, il lui semblait surtout qu'il allait la prostituer en permettant à une femme comme madame Del... de soulever ce voile. Mais la curiosité fut plus vive que le respect de ses propres sentiments, et Jules entra, bien résolu à tout écouter et même à s'enquérir de tout. Il retrouva madame Del... à peu près comme il l'avait quittée, retirée dans le boudoir où il l'avait vue le matin.

Si Jules avait pu avoir quelques soupçons passagers que madame Del... voulût réaliser contre lui la menace qu'elle avait faite le matin, l'aspect de madame Del... l'eût rassuré, et elle le rassura, en effet. C'est qu'en toutes choses les hommes tout à fait sans expérience se font des idées fausses de ce qui peut les menacer,

Dans les livres, dans la peinture, dans la tradition, dans je ne sais quoi enfin, il y a pour chaque vice un masque de convention qui sert d'enseigne à la corruption qu'il doit cacher.

L'hypocrite est toujours maigre, louche, jaune, horrible ; le flatteur, souple, souriant, emmiellé ; l'orgueilleux, superbe, cambré, bouffi, personnel. Les niais vont de l'avant, avec ces renseignements, qu'ils croient très certains, et ils tombent dans la première embuscade qu'on leur tend. D'après cette façon de voir, la coquetterie (de celle que pouvait avoir madame Del...) avait pour Jules une forme, un aspect qu'il devait reconnaître du premier coup. C'était un soin de parure, une étude de pose, un arrangement d'accessoires dont Jules se faisait un fort élégant tableau, et contre lequel il était parfaitement armé.

Ce ne fut donc pas sans quelque étonnement qu'il trouva madame Del... écrivant devant une petite table, très-simplement assise, très-négligemment vêtue, et l'air franchement soucieux et irrité. L'accueil qu'il reçut était celui qu'on eût presque fait à un directeur qui vient causer d'affaires, et ni la voix ni le regard n'avaient cette langueur affectée qui passe pour une imitation habile de la passion. Madame Del... eût au besoin employé ces vulgaires procédés vis-à-vis d'un Varnier; mais en face de Jules, pour ce qu'elle voulait, il fallait des moyens d'une bien autre supériorité. Je ne prétends pas les juger, je les raconte. A peine Jules fut-il assis en face de madame Del.., qu'elle plia le billet qu'elle écrivait, sonna, le remit à sa femme de chambre en lui disant tout haut :

— Pour M. de M... Vous lui ferez dire que j'attends la réponse demain matin.

Elle congédia la camériste d'un geste brusque, et se tournant vers Jules, elle appuya son coude sur la table, la tête sur sa main, et considéra le marquis d'un air de moquerie colère et impatiente; puis tout à coup elle lui dit d'un ton sardonique :

— Savez-vous, monsieur de Villiers, pourquoi on vous a amené ici ce matin?

— Le but de la visite que j'ai eu l'honneur de vous faire, madame, vous a été expliqué par M. de M...

— Ah! fit madame Del... d'un ton d'approbation railleuse; puis elle reprit :

— Eh bien! pas du tout, monsieur le marquis, on vous a amené ici ce matin pour être amoureux de moi.

Joseph, quand Putiphar lui prit le pan de son manteau, ne fut pas plus stupéfait que Jules à cette déclaration; le pauvre jeune homme jeta un regard tout autour de lui, et répondit d'un air qu'il fit brutal pour cacher sa peur :

— Que voulez-vous dire, madame?

— Oh! mon Dieu, monsieur, réprit madame Del..., vous n'êtes pas dans une caverne de voleurs, et je crois en vérité que vous y seriez plus à l'aise avec trente poignards dirigés sur votre poitrine, que vous ne l'êtes ici. Mais rassurez-vous, monsieur; vous êtes jeune, brave, spirituel, vous avez un grand nom, une grande fortune, tout cela peut et doit séduire une femme..... de..... mon espèce..... Mais, comme je suis fort capricieuse, cela ne m'a pas encore séduite, et vous êtes ici sous la sauvegarde de mon indifférence et surtout de votre bonne foi.

— J'avoue, madame, reprit Jules avec une froideur et une dignité réelle cette fois, que je ne puis comprendre ni pourquoi ni dans quel but vous me parlez ainsi.

— Pourquoi? Je vais vous le dire... Dans quel but? Vous le saurez bientôt.

Madame Del... prit un temps, s'accouda sur ses genoux de manière à mettre Jules sous le feu de son regard, et lui dit en tournant la tête d'une façon pleine de mutinerie :

— Vous êtes amoureux de madame Burac.

— Madame, s'écria Jules en se reculant d'un air indigné, je respecte madame Burac, et, je vous en prie, que son nom ne soit pas prononcé entre nous!

— Vous faites l'enfant, ou vous l'êtes plus que je ne le pensais, monsieur de Villiers.

— Madame! reprit Jules de la voix la plus solennelle.

— Si vous n'êtes pas venu ici pour que je vous parle d'elle, dit madame Del... avec les mêmes mines moqueuses, pourquoi êtes-vous venu?

Jules se mordit les lèvres, et dans son dépit, il fit un mouvement pour se retirer; madame Del... ne lui en donna pas le temps, et reprit :

— Y êtes-vous venu pour réaliser les projets de M. de M... contre votre amour?

— Veuillez vous expliquer plus clairement, madame, dit sèchement Jules, car j'avoue que je suis trop enfant, en certaines intrigues, pour vous comprendre à demi-mot.

— Je le crois, fit madame Del... en lui riant franchement au nez; mais si vous voulez que je m'explique plus clairement, il ne faut pas bondir et vous sauver au premier mot comme un chamois dans la montagne.

— Je vous écoute, madame.

— Tenez tout ce que je vais vous dire pour parfaitement

exact, et au besoin consultez M. de M... ; c'est un homme qui a la vanité d'être vrai, et, une fois découvert dans la petite marche ténébreuse de cette petite intrigue, il vous avouera très-naïvement ses projets.

Je reviens à mon point de départ.

Vous aimez madame Burac, vous l'aimez d'un amour sérieux comme vous, d'un amour très-vif comme elle le mérite. Or, monsieur, cet amour a fait peur à M. de M...

Madame Del... prit encore son temps, et reprit de son air le plus humble, le plus grave :

— Je ne parle pas de personnes plus intéressées que lui qu'il a dû alarmer ; je ne mêlerai pas à cet entretien un nom que, malgré tout ce que vous pouvez croire de mal sur mon compte, je respecte trop, pour ne pas comprendre votre juste susceptibilité s'il était prononcé entre nous. Je ne parlerai donc que de M. de M...

Jules fit un signe d'assentiment très-réservé encore, mais déjà plus bienveillant, et madame Del... continua d'un air décidément grave :

— Vous êtes bien jeune, monsieur, et vous avez peut-être encore plus d'inexpérience de vous-même que du monde. Les craintes de M. de M... à votre sujet vous semblent ridicules, et elles sont justes.

Jules fit un mouvement. Madame Del... reprit vivement, mais avec un ton suppliant et amical :

— Permettez-moi de vous expliquer ma pensée ou plutôt celle de M. de M..., et soyez assuré que j'y mettrai toute la réserve que mérite un sujet si délicat. Tenez, en ce moment, je suis une vieille femme fort désintéressée dans la question, et qui vous raconte votre histoire, ou, si vous l'aimez mieux, qui vous dit votre bonne aventure.

En parlant ainsi, madame Del... montra son plus doux sourire, ses regards les plus caressants, et continua d'une voix coquettement accentuée :

— Oui, les craintes de M. de M... sont justes. Vous aimez pour la première fois de votre vie, et vous aimez une femme d'une beauté si charmante, d'une grâce et d'une distinction si parfaites, que cet amour ne s'en ira pas comme le frivole désir qu'on oublie dès qu'il est satisfait, ou bien dès qu'il rencontre un obstacle sérieux. Vous l'aimez, et elle le sait; oui, elle le sait, et elle en est fière.

— Madame!... fit Jules en baissant les yeux avec embarras.

— C'est la vieille femme qui vous parle. Oui, monsieur de Villiers, elle le sait. Les femmes les plus réservées, les plus innocentes, ont une admirable clairvoyance pour deviner l'amour qu'elles inspirent : elle le sait et elle en est fière. Je vous l'ai dit avec humeur tout à l'heure, je vous le répète de bon aloi maintenant; mais vous êtes jeune, beau, d'un caractère respecté, d'une naissance, d'un nom, d'une fortune qui vous mettent dans le très-petit nombre de ces hommes comme les femmes les rêvent et comme elles ne les rencontrent jamais. Jugez donc quand elles les rencontrent!

— Je suis un homme d'honneur, madame, et madame Burac, à supposer qu'elle ait gardé mon souvenir, respecte trop ses devoirs...

— C'est là, dit madame Del..., qu'est le danger pour tous deux. Madame Burac résisterait, je n'en doute pas, aux entreprises les plus adroites d'un homme en qui elle ne reconnaîtrait pas ce caractère noble qui vous distingue. Vous-même, monsieur de Villiers, vous seriez peut-être plus fort qu'un autre contre les séductions d'une coquette de profession; mais quand deux personnes qui s'estiment ce qu'elles valent, se prennent d'amour l'une pour l'autre, et entre vous et madame Burac vous en êtes là, elles s'abandonnent en toute confiance aux charmes de cette passion innocente et qui ne doit jamais devenir coupable; elles la laissent pénétrer sans combat dans leur âme, dont elle devient bientôt la pensée constante, la vie, le bonheur, l'espérance; puis un jour, par un de ces enchantements que vous ne pouvez prévoir, contre lequel aucune force ne défend, elle et vous, tous deux, parce que vous aurez l'un pour l'autre la foi la plus sainte dans votre honneur, vous oublierez toutes vos résolutions, tous vos devoirs; vous les oublierez, vous dis-je! Vous en êtes au début de votre amour, et cependant vous ne pourriez regarder madame Burac sans être troublé, vous ne passeriez pas près d'elle sans que votre cœur ne tressaillît, vous ne toucheriez pas sa main sans frémir d'émotion. Ah! tenez, ne vous fiez pas à votre force; l'amour est le maître absolu, terrible, impitoyable, qui égare toute raison, fait taire tout remords et perd toute vertu.

Pendant que madame Del... parlait ainsi, Jules la regardait d'un œil avide; elle mimait si admirablement par son geste, son regard, les émotions qu'elle rêvait pour un autre, qu'il y cherchait pour ainsi le simulacre de cet amour dont on lui parlait. Madame Del..., comme si son récit eût agité en elle des souvenirs dont elle ne voulait plus, posa sa main sur son cœur, poussa un long soupir et reprit modestement :

— Voilà, monsieur, ce que M. de M... sait comme moi, et parce qu'il vous connaît, il sait que ce sera une passion grave et sérieuse, et qui peut-être occupera toute votre vie. Vous savez, vous, monsieur, à quel point un tel engagement peut contrarier votre famille. Eh bien! monsieur, comprenez-vous maintenant pourquoi on vous a amené ici ?

— Oh! madame, pouvez-vous croire?...

— Qu'on m'ait crue capable de vous inspirer une autre passion, dit malicieusement Mme Del...

— Ce n'est pas cela que je veux dire, reprit Jules, fort embarrassé d'expliquer sa pensée. Il hésita et finit par ajouter, en voulant essayer de répondre par une galanterie à la bonne grâce de madame Del... : M. de M... n'eût pas voulu me sauver d'un danger fort incertain en m'exposant à un péril plus grave.

— Vous répondez mal à ma franchise, monsieur, dit madame Del... tristement. Puis elle reprit amèrement :

— On aime sans danger des femmes comme nous : c'est l'opinion de M. de M..., et en vérité, ce n'est pas cette opinion qui me blesse. Il a raison pour vous, monsieur, mais il a eu tort pour moi.

Un soupir profond et une larme furtive accompagnèrent ces derniers mots. Jules regardait madame Del... avec une curiosité prononcée. Elle n'avait parlé que d'une autre, et cependant à ce moment c'était elle seule qui l'occupait; il se demandait quel était le vrai cœur, la vraie pensée de cette femme qui se jugeait si humblement; ce soupir et cette larme le touchèrent, mais il ne comprit pas le sens de ces mots, ou il fit semblant de ne pas le comprendre, et il répéta doucement d'un air surpris :

— Il a eu tort pour vous.

Madame Del... leva sur Jules des yeux qui le couvrirent d'un regard douloureux et tendre.

— Vous ne comprenez pas cela, monsieur ; eh bien ! c'est que vous avez alors pour moi plus de mépris que M. de M... lui-même.

— Moi, madame ? fit Jules.

— Oui, vous. M. de M... a été cruel en sachant ce qu'il faisait ; vous l'êtes plus que lui sans le vouloir,

— Veuillez vous expliquer, madame, dit Jules. Je vous avoue que tout ce que vous venez de me dire de moi, de vous, est si étrange, que je ne sais plus du tout où j'en suis : mais ce que je ne voudrais pas, ce serait de vous avoir blessée.

Madame Del... se remit à regarder Jules ; un sourire fin et bienveillant anima un peu sa physionomie, et elle répondit avec une douce gaîté :

— Ah ! que vous êtes enfant, monsieur de Villiers !

— Vous croyez ! lui dit-il en souriant à son tour.

— Vous me demandez de vous expliquer pourquoi vous êtes plus cruel pour moi que M. de M... ; mais vous auriez peur si je vous le disais.

— C'est donc bien redoutable ?

— Oh ! oui, reprit madame Del... avec un accent de passion profonde.

Puis tout à coup elle s'écria en se levant :

— Ah ! je ne sais ce que je dis. J'étais furieuse quand vous êtes entré, je devrais l'être encore ; car enfin, reprit-elle en s'asseyant près de Jules, M. de M... s'est moqué de moi autant que de vous ; il nous rend ridicules tous les deux ; car nous sommes fort ridicules.

— Vraiment ?

— Comprenez-vous la scène plaisante que nous venons de jouer l'un et l'autre ? Moi qui vous raconte gravement comme quoi vous aimez une femme qui vaut mieux que moi, comment on veut vous distraire de cette passion à mes dépens, et qui vous avoue ingénument que ce n'est pas cela qui m'a blessée, qui m'a fait peur !

— Mais qu'est-ce donc ? reprit Jules plus animé.

— Ce que c'est, enfant, lui dit madame Del... avec une indéfinissable sourire de coquetterie et de gaîté, c'est que je vous aimerais comme une folle si je vous aimais; c'est que vous êtes pour moi ce que vous êtes pour un autre : beau, noble, bon, naïf; c'est que j'ai aussi ma vanité qui se couronnerait de votre amour, ne fût-il qu'un caprice; c'est que, dit-elle avec le même sourire, mais agaçant, j'ai aussi mon cœur qui s'en repentirait sans doute, mais qui ne résisterait pas au bonheur de s'être senti aimé par vous, ne fût-ce qu'un moment, qu'une heure, au risque d'en pleurer longtemps, toujours peut-être; et voilà pourquoi M. de M... a été cruel envers moi qu'il en sait très-capable, voilà pourquoi vous êtes plus cruel que lui, vous qui ne soupçonnez pas que cela puisse m'arriver.

— Est-ce que si je vous aimais vous m'aimeriez? s'écria vivement Jules en essayant de faire aussi de cette coquetterie passionnée.

— Non... non, répondit vivement madame Del..., non, Jules, non!

Puis elle reprit avec les mines les plus agaçantes:

— Mais je suis heureuse, heureuse de vous voir près de moi, un peu tremblant, un peu étonné, tout confus; vous me plaisez ainsi. Je suis fière, c'est vrai, d'avoir ému votre froideur, et, maintenant que vous me regardez comme si vous m'aimiez, il est temps d'en finir, car cela finirait mal.

Cela ne pouvait pas finir autrement; en voici la preuve :

— Qu'écriviez-vous donc hier soir à M. de M... quand je suis arrivé? disait Jules à madame Del....

— Je le priais d'aller rassurer madame de Villiers sur votre absence.

— J'ai été une grande dupe.

— Vous n'êtes pas galant.

Jules devint triste, et madame Del... lui dit ironiquement:

— Est-ce que vous pensez à madame Burac?

— Ah! je vous en supplie, que ce nom ne soit jamais prononcé entre nous.

— Vous avez raison, je ne dois pas plus vous parler d'elle qu'elle ne vous parlera de moi.

— Cela lui sera facile, car je ne la reverrai jamais.

— Vous n'oserez peut-être plus y retourner.

— Eh bien! non, je ne l'oserai plus.

— Eh bien! tant mieux, reprit fièrement madame Del...,

car elle vous aime, et de quelque façon que je vous aie arraché à cette femme que je hais, je suis contente de l'avoir fait.

— C'était donc une vengeance?

Madame Del... reprit ses mines agaçantes, et repartit :

— Oui, d'abord... puis elle s'arrêta, devint soucieuse et ajouta vivement :

— Tenez, monsieur de Villiers, ne nous revoyons plus... J'arrange toujours d'admirables piéges où je finis par me prendre. Je me crois plus habile que je ne le suis ; hier j'ai fait de la coquetterie, parce que je vous aimais, je veux faire maintenant de l'impertinence, parce que je vous aime ; Jules, je vous en prie, ne retournez pas chez madame Burac, car elle vous aime, je le sais, on me l'a dit, elle vous aime! Jules, je ne vous demande qu'une chose : le jour où vous serez retourné chez elle, dites-le-moi, et nous ne nous reverrons jamais.

Jules sortit par la porte dérobée qui avait déjà servi à Varnier.

Un moment après on introduisit M. de M... Il s'avança sur la pointe du pied, et d'un air très-sérieux :

— Est-ce vrai? dit-il à voix basse.

Madame Del... le mena par la main près d'une fenêtre, et écartant le rideau du bout de son doigt, lui montra Jules qui traversait la cour de la maison.

— Il est donc sauvé, s'écria-t-il joyeusement en se retournant vers madame Del... La haine et la rage étaient empreintes sur son visage, et elle lui répondit d'un ton bas et menaçant :

— Il est perdu.

— Perdu ! s'écria M. de M...

— Ah ! reprit-elle en se relevant de toute sa hauteur, vous et votre monde vous m'avez insultée : je me suis vengée!

— Mais, ma chère enfant... dit M. de M...

— Assez de votre amitié, fit madame Del... vous pouvez dire à vos dames que je chanterai au concert des inondés.

Madame Del... fit un mouvement pour se retirer ; mais M. de M... l'arrêta et lui dit d'un ton alarmé :

— Un moment, s'il vous plaît, qu'est-ce que tout cela veut dire ?

Madame Del... le regarda en câlinant, et finit par lui rire au nez. M. de M... reprit :

— C'est que vous jouez admirablement la tragédie.

— C'est que, dit madame Del..., vous êtes aussi.... aussi naïf que lui.

— Sérieusement, qu'en pensez-vous?

Madame Del... réfléchit longtemps et répliqua :

— Sérieusement, je ne sais pas encore.

Elle disait vrai, car dans cette nature fantasque et dépravée, la passion vraie et le cynisme du vice se heurtaient sans cesse. Elle s'y livrait avec une égale fureur. Cruelle, basse et patiente pour perdre quelqu'un, elle pouvait tout donner pour le sauver. Elle haïssait dans Lia et madame Burac les sœurs de Géorgina, et avait rêvé de les perdre, l'une par son mari, l'autre par son amour. Ce qu'elle avait dit à M. de M... avait été un de ces mouvements de féroce vanité du mal auquel elle ne résistait pas. Son retour subit était un acte de prudence, car elle ne tenait pas encore la victoire, sa dernière réponse un doute réel sur ce qu'elle déciderait. L'abandon de Victor Benoît était si magnifiquement vengé par M. de Villiers, que c'était bien la peine de s'en parer à ses yeux, tandis qu'il se cachait honteusement avec la pauvre fille qu'il avait perdue sans le vouloir, et madame Del... était à peu près résolue à lui donner le spectacle de ce nouveau triomphe, lorsque la présence de Varnier vint tourner tout cela du côté de la haine et de la vengeance. Il apprit à madame Del... la fuite de Victor Benoît pour l'Angleterre et le dévouement de Géorgina. L'esprit de vengeance était si altéré chez cette femme, qu'elle dit à Varnier, qui ne soupçonna pas un moment le péril qu'il venait de provoquer :

— Mais vous avez une autre belle-sœur que Géorgina et madame Burac?

— Oui, Sophie.

— Quelle femme est-ce?

Varnier lui parla bêtement de la bêtise de Sophie.

— Mais son mari, que fait-il ?

Varnier lui fit le récit de ses rapports d'intérêts avec lui.

— Ah ! fit madame Del..., c'est un homme qui entend les affaires, à ce que je vois.

Varnier se récria, mais madame Del... lui dit du plus grand sang-froid ;

— Faites-moi l'amitié de me le présenter; j'ai quelques fonds que je veux employer, et je ne serai pas fâchée de charger M. Brugnon de ce soin.

— Vaut autant les jeter par la fenêtre.

— Ah! fit madame Del..., je prendrai mes précautions.

Ce mot renfermait la perte de la malheureuse Sophie.

Madame Del... fit causer Varnier sur Brugnon, et détermina Varnier à faire cette démarche en lui faisant entrevoir la possibilité de rattraper une partie de ce que son beau-frère lui avait escroqué.

V

Brugnon se montra très-surpris de l'invitation que lui transmit Varnier de la part de madame Del..., et il fut sur le point de n'y pas répondre, quoique Varnier parlât avec enthousiasme d'une excellente affaire et d'un placement de fonds. Brugnon connaissait à fond cette vieille rouerie d'emprunteur qui réussit presque toujours vis-à-vis des avares et des gens gênés.

« Dans un mois ou deux, leur dit-on, je reçois 60,000 fr. que je compte placer chez vous; en attendant, prêtez-moi 2,000 écus. »

Brugnon avait déjà été pris de cette manière par le journaliste qu'admirait Sophie, et cependant, après bien des réflexions et des hésitations, il se rendit chez madame Del.., tout en soupçonnant qu'elle voulait le duper.

Ceci paraît incroyable, mais ceci s'explique comme la rage du joueur, bien averti qu'il est en face d'un escroc, qui est maître des cartes qu'il manie, et qui continue de jouer avec lui. Cela s'explique par l'aveuglement féroce de la passion; c'est-à-dire que cela ne s'explique pas; cela est, voilà tout.

Armé de défiance, cuirassé d'avarice et de rapacité, Brugnon arriva chez madame Del...

Le métier auquel il se livrait, et qui tenait du prêteur sur gages et du spéculateur, n'avait pas seulement éteint en lui toute sensibilité d'homme et toute probité, elle avait effacé toute dignité et jusqu'à ce dernier respect qu'on a encore pour son habit, quand on ne l'a plus pour soi-même.

Il y a des choses que certaines gens n'oseraient faire, parce qu'ils sont vêtus avec une élégance qui n'admet pas d'ignobles relations; mais Brugnon n'en était même plus là.

Ainsi, en arrivant dans la maison de madame Del...., il pénétra chez le concierge, qui lui répondit que cette dame était chez elle.

— Un mot, dit Brugnon : quel est le prix de l'appartement de madame Del...

— Trois mille francs, dit le concierge sans trop réfléchir.

— Et l'appartement est sous son nom?

— Sans doute; mais pourquoi monsieur me demande-t-il?...

Brugnon prit un air d'autorité mystérieuse :

— Si je le demande, c'est que j'en ai le droit. On n'a jamais exercé de poursuites contre elle?

— Jamais, fit le concierge en se demandant si cet homme louche et noir était un huissier ou un agent de police.

— C'est bien, fit Brugnon, je monte chez elle.

Lorsqu'il fut introduit dans l'appartement, et pendant les quelques minutes qu'il attendit, il se fit dans l'esprit de Brugnon un inventaire rapide et une estimation approximative de la valeur du mobilier qu'il avait sous les yeux, et il était fixé sur la somme qu'il pouvait prêter lorsqu'il fut introduit auprès de madame Del...

Il la salua d'un air glacé, et grâce à la disposition équivoque de ses yeux, il put avoir l'air de la regarder pendant qu'elle lui parlait, tandis qu'il était occupé à continuer son inventaire.

Malheureusement il n'avait pas la capacité d'entendre et de calculer à la fois, de façon que lorsque madame Del... eut fini, il n'avait saisi que quelques mots, et particulièrement le montant des sommes en question.

— Vous m'avez comprise, n'est-ce pas, monsieur? lui dit madame Del...., qui ne s'était pas aperçue du manége et de la distraction de Brugnon.

— Oui, madame, fit celui-ci avec l'imperturbable assurance d'un usurier qui, ne recevant jamais que la même demande, a toujours à la bouche la même réponse ; mais l'affaire est impossible.

— Impossible ! s'écria madame Del... en le considérant avec un véritable étonnement.

— Oui, madame, dit insolemment Brugnon. Sans doute ce mobilier est magnifique ; mais je ne sais pas s'il est payé, et vous m'avez parlé, je crois, d'une somme de 20,000 fr..... Vous n'y avez pas pensé... Si deux ou trois mille francs peuvent vous être agréables....

Madame Del... fronça les sourcils, et allait faire jeter maître Brugnon à la porte ; mais sa haine la retint ; elle comprit Brugnon, et, sachant, par expérience peut-être, tout ce qu'il y a à la fois de basse servilité et d'impudence dans cette race d'hommes, elle lui répliqua :

— Obligez-moi de m'écouter en me regardant en face, si vous pouvez.

— Madame ! fit Brugnon.

— Je n'emprunte pas, monsieur Brugnon, je prête.

Brugnon loucha à plein œil.

Ces 20,000 francs dont je vous ai parlé, les voici... Les voyez-vous ? fit-elle en les lui montrant et en les lui faisant flairer.

— Sans doute, madame, fit Brugnon qui les suivait d'un regard effaré dans toutes les sinuosités aériennes par où les faisait passer la gesticulation impatiente de madame Del...

— Mais que voulez-vous que j'en fasse ?

— Mais je vous l'ai expliqué pendant cinq minutes.

— Pardon ! mille pardons ! j'ai mal entendu ; j'ai mal compris...

— Je recommence donc : Je désire faire valoir cet argent à votre manière et par vos mains.

Brugnon, un moment étonné, avisa qu'il fallait prendre une autre position, et répliqua en se dandinant :

— J'ai plus de capitaux que je n'en veux ; on m'en offre tous les jours à deux pour cent.

— Par mois ! dit madame Del...

Brugnon fit la grimace.

— Vous voulez plaisanter, madame !

— Mais comme vous prêtez à cinq pour cent par an, vous y gagnerez encore beaucoup.

— C'est une calomnie! dit Brugnon.

— Je n'y vois point de mal, dit madame Del... naïvement.

Puis elle reprit :

— Comme je vous le dis, voici d'abord 20.000 francs, dans un mois vingt autres mille, dans deux mois autant, jusqu'à cent mille francs que je puis mettre à votre disposition.

L'expression du visage de Brugnon devint effrayante. Il devait ressembler à l'ogre du Petit-Poucet lorsqu'il sent la chair fraiche.

Madame Del... vit que la bête cervière était excitée à point, et elle vit qu'elle pourrait le mener à toute bride où elle voudrait, et par le chemin qu'elle voudrait.

— Je suis flatté de la confiance que vous avez en moi, madame, dit Brugnon, et quand je saurai les conditions...

— Moitié dans les opérations que vous ferez.

— C'est beaucoup, s'écria Brugnon en pensant à ce qu'il serait obligé de partager. C'est juste cependant, reprit-il aussitôt, en réfléchissant qu'il pourrait ne rien donner du tout.

— Et lorsque vous m'aurez fait ce premier versement... dit-il en allongeant les yeux vers les billets de banque.

— Il sera fait, repartit madame Del..., aussitôt que vous m'aurez donné une garantie.

Ce mot de garantie avait sans doute pour Brugnon un sens terrible, car il recula en l'entendant. Il en jugeait sans doute la portée à l'usage qu'il en faisait lui-même.

— Une garantie, madame! s'écria-t-il; une garantie dans des affaires d'association, de compte à demi... On voit bien, ajouta-t-il en ricanant, que vous n'entendez que bien peu de chose aux affaires.

— C'est pour cela que je veux une garantie, dit madame Del... très-froidement. J'en trouverai ailleurs, j'en ai déjà trouvé.

— Mais, dit Brugnon qui vit les billets de banque prendre la direction d'un pupitre, quelle autre garantie un banquier peut-il avoir que sa signature?

— Vous voyez qu'en voilà déjà une, dit madame Del... en souriant.

— Mais cela va sans dire, reprit Brugnon; mais si elle n'est pas suffisante, je n'entends pas en donner d'autres.

— Eh bien! fit madame Del..., ce n'est pas même celle-là que je veux. Tenez, monsieur Brugnon, je fais mes affaires à ma façon et je ne m'en suis pas encore mal trouvée. Vous autres hommes, vous dites toujours que nous n'y entendons rien, parce que nous y mêlons des sentiments que vous en excluez toujours. Voulez-vous, monsieur Brugnon, que je vous dise ce que je pense de vous?

— Volontiers, dit Brugnon.

— Eh bien! je ne sais pas jusqu'où vous poussez le scrupule en certaines choses; mais je connais votre délicatesse excessive sur ce qui regarde les sentiments respectables de la famille.

Brugnon crut qu'il rêvait.

— Vous êtes entreprenant, imprudent même en affaires, et vous risquez les capitaux des autres comme vous faites des vôtres, et c'est tout simple; mais dès qu'il s'agit de la fortune d'une personne que vous aimez, vous changez pour ainsi dire de caractère, et vous vous sacrifieriez plutôt que de la compromettre.

Brugnon écoutait sans comprendre. Madame Del... reprit d'un air flatteur :

— C'est là une qualité que les hommes estiment peut-être fort peu, mais qui m'a décidée, moi femme, à m'adresser à vous. Ainsi, je ne vous demande pas même votre signature; donnez-moi celle de madame Brugnon, et je serai tranquille.

— La signature de ma femme! s'écria Brugnon.

— Oui, fit madame Del... sa signature. Quand un homme engage sa femme, c'est qu'il est sûr de ne pas la compromettre. Je me fie à ce sentiment d'honneur; j'y crois plus qu'à une hypothèque, et je vous demande cette seule garantie.

Brugnon calcula-t-il tout d'un coup l'étendue de l'infamie qu'il ferait, ou bien céda-t-il au désir d'avoir cet argent qu'on lui montrait, avec la résolution d'en faire un honnête emploi, et ne voulut-il que satisfaire un caprice de femme? Le fait est qu'il accepta les conditions de madame Del..., et que le lendemain il apporta quatre lettres de change de

5,000 francs chacune, acceptées par madame Brugnon, légalement autorisée par son mari.

Madame Del... lui remit les 20,000 francs en échange des obligations, et à ce moment madame Del... respira avec satisfaction comme un mécanicien qui vient d'assurer la dernière pièce de la machine qui doit faire sa fortune.

Puisque j'ai parlé de machine, je continue la comparaison, et je dis que, lorsqu'on a vu monter en détail tous les rouages d'une mécanique, ses balanciers, ses contre-poids, ses régulateurs, on s'imagine souvent que l'action qui va résulter sera aussi compliquée que les moyens, tandis que le plus souvent cela n'aboutit qu'à une roue qui tourne, à un bélier qui frappe à quelque chose de fort simple en apparence.

Si même il s'agit d'une montre, l'œil attaché sur le cadran où l'aiguille semble immobile, apprécie à peine le résultat de tant de ressorts cachés, et ce n'est qu'après les heures écoulées qu'il s'en rend compte.

De même celui qui, sachant tout ce qu'avait fait madame Del... en vingt-quatre heures, eût cru que dès le lendemain tout cela devait avoir des résultats sensibles et immédiats, se serait grandement trompé. Mais à quinze jours, à un mois de distance, il aurait reconnu que l'aiguille avait marché de son mouvement imperceptible, mais continu.

Trois hommes marquaient les heures de ce cadran fantastique, où se montrait l'action secrète de madame Del... Et si l'on veut savoir où le ressort auquel ils étaient attachés les avait conduits, on le saura aisément en écoutant les doléances des trois sœurs, un mois à peu près avant l'époque où Géorgina revint en France.

Lia, la tendre et sensible Lia, était chez elle, en face de M. de M... Des larmes coulaient de ses yeux : son attitude était celle d'un profond désespoir, et de cruels soupirs s'échappaient de temps en temps de sa poitrine. M. de M... la considérait avec un air d'intérêt très-vif, qui, cependant, ne semblait pas être excité par la douleur de la jeune femme.

Il paraissait cependant très-embarrassé de rompre le silence qui régnait entre eux, lorsque Lia, que sa douleur suffoqua, se mit à dire avec un redoublement de larmes :

— Non, cette résolution de mon mari ne s'accomplira pas ;

un tel abandon est impossible ; ils ne sont pas encore partis, madame Del... chante encore ce soir.

— Sans doute ; mais elle part immédiatement après le spectacle, et retrouvera M. Varnier au Havre, où il ne la précédera que de quelques heures, puisqu'il n'est parti qu'aujourd'hui même.

Eh bien ! dit Lia, je veux partir à l'instant même ; je serai avant elle au Havre.

— Ou à Boulogne, ou à Dieppe, ajouta froidement M. de M..., car je ne puis vous dire exactement le lieu du rendez-vous.

— Mais on peut le savoir à la police, dit Lia ; le passeport qu'a pris M. Varnier doit porter le lieu de sa destination.

— Sans doute pour l'Angleterre ; mais par quelle route est-il parti ?

— On peut le savoir en s'informant à toutes les voitures publiques.

M. de M... se mordit les lèvres, et fut forcé de répondre que c'était une chose faisable, quoique bien incertaine.

— Eh bien ! je le saurai dans une heure, dit Lia, et dans deux heures je serai en route.

— Seule ? lui M. de M...

— Seule, monsieur ; mon malheur me protégera.

— Croyez-moi, madame, c'est une tentative inutile : l'amour, amour inexplicable sans doute, l'amour de M. Varnier pour madame Del..., sa vanité d'artiste qui attend d'immenses succès à Londres, l'ont déterminé à faire ce voyage, et rien ne l'arrêtera.

— Je le tenterai du moins, reprit Lia avec obstination. Je me suis laissé vaincre sans combattre ; j'avais cru que la résignation la plus humble, le silence et l'aspect de mes souffrances ramèneraient M. Varnier à de meilleurs sentiments, il n'en a pas été ainsi : je tenterai un autre moyen. Oui, monsieur, j'en suis persuadée maintenant : si j'avais réclamé avec énergie, si j'avais fait valoir mes droits, si je l'avais menacé de révéler tout haut son indigne conduite à mon égard, mon mari n'eût pas osé arriver à ce qu'il fait aujourd'hui.

— Vous avez parfaitement raison, madame ; si vous aviez fait tout cela lorsqu'il avait encore quelque souci de sa dignité, quelque respect pour ses devoirs, quelque amour pour vous, peut-être eussiez-vous réussi ; mais aujourd'hui vous ne ferez que vous exposer à des refus dont la brutalité sera une douleur de plus.

— Mais, monsieur, dit Lia véritablement exaspérée, cette femme n'est point encore partie : je puis la dénoncer à la police ; dire qu'elle s'enfuit avec mon mari, qu'elle me l'enlève, qu'elle le perd.

— Non, madame, répliqua doucereusement M. de M..., votre mari est parti seul avec un congé en règle de l'administration de l'Opéra ; il est libre d'aller l'exploiter en Angleterre ; madame Del... est absolument dans la même position, et lorsque nous dirions que cela se fait d'un commun accord, on n'a le droit que d'y voir l'association de deux artistes qui se réunissent pour s'aider mutuellement dans une affaire d'art et d'intérêt.

— Vous avez raison à votre tour, monsieur, dit Lia ; et puisque rien ne peut me protéger que moi-même, je ne m'abandonnerai pas lâchement, et si, comme vous me l'avez dit tant de fois, vous êtes mon ami, vous m'aiderez à me sauver.

Il paraît que M. de M... ne s'attendait pas à tant de résolution et d'énergie de la part de la plaintive Lia.

Probablement il avait calculé que la sensible et douce colombe exhalerait toute sa douleur en gémissements, et qu'après avoir vainement appelé son infidèle ramier, elle se laisserait endormir dans le nid doré qu'il lui avait préparé.

Cependant, en homme habile, il voulut se prêter à cette fantaisie de désespoir, et se mit à sa disposition pour tout ce qu'elle avait résolu. Ce parti une fois pris, il pensa le faire tourner à son profit.

L'essentiel était d'empêcher que Lia ne partît à temps pour atteindre son mari avant qu'il eût quitté la France.

Par un sentiment singulier qui tient sans doute à cet instinct de force que chacun se sent lorsqu'il est dans sa maison ou sur le sol de son pays, Lia comprenait que, si elle trouvait son mari au Havre, elle pourrait l'arrêter ; mais il lui semblait irrévocablement perdu dès qu'il aurait quitté la France, et elle n'eût pas osé le poursuivre sur une terre étrangère.

La tactique de M. de M... fut bien simple. Ce ne fut qu'au dernier des vingt bureaux de voitures publiques qu'ils visitèrent ensemble qu'on découvrit la trace; il était parti pour Boulogne. M. de M.... joua la comédie jusqu'au bout : il fit amener une calèche chez Lia, il assista à quelques préparatifs de départ rapidement faits, puis on envoya chercher des chevaux de poste. Mais on ne délivre pas à Paris des chevaux de poste sans passeport.

— Le passeport, s'écria M. de M... au désespoir, nous avons oublié le passeport! et il est six heures, et les bureaux de la police sont fermés!

Lia voulut partir sans passeport, M. de M... lui démontra que c'était impossible; mais elle trouvait un moyen de s'en passer, c'était de se faire conduire à Saint-Denis par les chevaux de M. de M..., et de continuer sa route.

La tentative pouvait réussir, et Lia semblait décidée à braver tous les dangers dont la menaçait M. de M.... même une arrestation par la gendarmerie, lorsqu'il proposa de se procurer le passeport nécessaire.

— Je connais, lui dit-il, la personne chargée de ce soin : c'est un homme qui me comprendra mieux qu'un autre, car ce n'est pas seulement un administrateur, c'est encore un homme que son talent a mêlé à la vie des artistes. Qui sait! il connaît peut-être mieux que moi tout le fil de cette intrigue : et quand je lui aurai dit dans quel but il faut qu'il facilite ce départ précipité, je ne doute pas qu'il ne trouve un moyen de vous procurer ce cruel passeport, si difficile que cela puisse être.

En disant cela, M. de M... n'avait d'autre but que de gagner du temps, assez de temps pour rendre le départ impossible ou inutile; mais la réponse de Lia lui montra que, malgré toute son habitude des femmes, il n'avait pas encore compris le sens réel de cette douleur éclatante et active.

— Oui, lui dit Lia, racontez-lui mon désespoir, et dites-lui le dernier effort que je veux tenter. Eh bien! si je ne réussis pas, on saura au moins que je n'ai pas prêté les mains par ma faiblesse à l'indigne triomphe de cette femme.

A ces paroles, M. de M... sortit, et tout en roulant dans sa voiture et en se faisant conduire à l'Opéra, il se disait :

« Ah! ah! c'est pour cela que vous voulez, ma toute belle, une bonne petite esclandre, quelque chose qui se raconte dans Paris, et qui, au besoin, puisse se mettre dans les journaux. Mais vous avez raison, vraiment : cela sera une auréole ravissante pour votre figure d'ange résigné. Il y a de quoi vous mettre à la modè comme l'eût fait la plus complète rouerie. Se faire lionne par le malheur, c'est de bon goût, c'est neuf et je vous y aiderai de toute mon âme. »

Après ce monologue, M. de M... tomba dans une profonde rêverie ; l'idée grandissait à mesure qu'il y attachait ses regards ; elle prenait tout à fait une allure de roman et d'aventure excentrique. Probablement ce développement si rapide avait été heureux ; car, lorsqu'il arriva à l'Opéra, son visage rayonnait.

Quelques instants avant d'arriver, il écrivit quelques mots au crayon, et les donna à son domestique, en lui disant :

— Il faut que ce billet soit remis à l'instant même à madame Del...

Puis il monta tranquillement dans la salle. L'heure de la représentation était venue, les musiciens étaient à leur poste, lorsque M. de M..., qui s'était posté au coin de l'orchestre, vit un garçon de théâtre venir glisser un mot à l'oreille du chef, qui se leva d'un air inquiet et quitta sa place.

Il paraît que M. de M... n'avait pas besoin d'en voir plus ; car il chercha immédiatement la personne à qui il avait affaire, et obtint d'elle ce qu'il avait promis à Lia.

Cependant tout cela avait demandé un certain temps, et M. de M...., du foyer où il attendait le passeport promis et qu'on devait lui rapporter, écoutait les trépignements du public qui s'impatientait, puis au moment même où on lui remettait le passeport, la toile se levait, et le régisseur, avec cet habit noir qui est toujours un signe de deuil pour le public, vint avertir que madame Del... avait été saisie d'une si violente indisposition qu'on avait été forcé de la transporter chez elle.

Aussitôt M. de M... courut chez Lia avec le triomphant passeport ; les chevaux de poste furent commandés, et, pour qu'il n'y eût pas le moindre retard, il voulut y aller lui-même.

Lorsqu'il entra, un commis se disputait avec un domestique et lui disait :

— Mais cela ne se peut pas, vous dis-je ; madame Del... a fait demander ses chevaux pour minuit ; le service est commandé. Vous ne savez ce que vous dites ; d'ailleurs, madame Del... chante ce soir à l'Opéra ; c'est de l'Opéra que la voiture doit partir.

Et sans attendre la réponse du domestique, il s'adressa à M. de M... et lui dit :

— Que désire monsieur?

— Des chevaux immédiatement à cette adresse, dit le comte en remettant le passeport.

— On va les envoyer.

Et l'ordre fut aussitôt donné.

— Mais vous voyez bien, dit le domestique, que vous avez des chevaux tout prêts, puisque vous en donnez à monsieur. Pourquoi m'en refusez-vous?

— Parce qu'il est impossible, dit le commis avec colère, que vous ne soyez pas un imbécile ; parce que madame Del... ne peut en avoir besoin à cette heure, puisqu'à cette heure elle est en scène.

— Ce garçon peut cependant avoir raison, fit M. de M..., car la représentation de ce soir n'a pas lieu.

Le commis ouvrit de grands yeux, et le domestique s'écria d'un air triomphant :

— Vous voyez bien, monsieur, que je ne suis pas un imbécile.

— Eh bien ! on vous donnera des chevaux, fit le commis avec humeur, comme tout homme qui a tort. Attendez.

— Un mot, fit M. de M... au commis ; je suis le comte de M...

— J'ai l'honneur de connaître monsieur le comte.

— Dans une demi-heure des chevaux aussi à mon hôtel.

Ceci fut dit avec un de ces grands airs qui en imposent aux sots ; et tandis que M. de M... se retirait, le commis se décida à envoyer des chevaux à madame Del...

Une fois ces précautions prises, M. de M... mit un empressement singulier au départ de madame Varnier. Il tenait à ce qu'elle quittât Paris avant madame Del... et il y réussit. Il aplanit toutes les difficultés, toutes ; mais Lia était une pauvre petite femme fort inexpérimentée des choses matérielles de la vie. Elle ignorait l'art de faire voler les postillons sur les grandes routes, et au moment où elle quittait la cinquième poste, elle entendit s'arrêter une voiture d'où partait une voix bien connue qui criait :

— Est-ce ça?

Puis une voix d'homme qui avait couru en courrier et qui l'avait devancée lui répondit :

— Oui, madame, c'est une calèche qui appartient à M. de M...

— Attelez! attelez! cria la voix; et tandis que Lia, épouvantée, anéantie d'avoir reconnu la voix de madame Del...., se demandait si elle n'était pas en droit de poignarder cette femme sur place, les chevaux préparés d'avance étaient déjà attelés, et la voiture passait devant elle au galop fougueux des coursiers et au bruit retentissant du fouet des postillons.

La colère donna à Lia l'énergie qu'elle n'avait pas eue jusque là, et à son tour elle cria et promit de l'or pour atteindre cette voiture qui ne pouvait être loin. Sa voiture courut aussi vite que celle de madame Del... durant cette poste; mais à la seconde, où madame Del... avait passé avant elle, les plus brillantes promesses ne purent tirer du postillon le galop le plus modéré; et pour comble de disgrâce, à une lieue de la poste, une des soupentes de la voiture se détacha de son cric, et il fallut perdre une heure pour la remettre en état : encore gagna-t-on l'autre poste au pas. Une fois là, il fallut faire venir le charron; le charron décida qu'il fallait quatre heures au moins pour réparer le dommage; et Lia, éperdue, désolée, ne doutant pas que ce ne fût un guet-apens de madame Del.... alla s'enfermer dans une chambre d'auberge pour y pleurer à son aise.

Elle n'y était pas depuis une demi-heure que la femme de chambre qui l'accompagnait lui vint apprendre avec une grande surprise que M. de M.... arrivait à l'instant même. Il fit une entrée magnifique.

— Je m'en doutais! s'écria-t-il. A peine étiez-vous partie que je suis allé à l'Opéra; j'ai appris que la représentation n'avait pas eu lieu. Je suis monté au théâtre; madame Del... était chez elle; j'y ai couru : elle partait à l'instant.

J'ai redouté les projets de cette femme qui sans doute avait été avertie je ne sais comment (il ne savait comment!) que vous deviez partir, et je suis venu pour vous protéger, pour vous secourir.

Lia changea de larmes, et pleura de reconnaissance.

— Venez, lui dit le comte, venez ; je suis maintenant avec vous... Nous l'atteindrons, je vous le jure.

Lia prit son air le plus désolé, et répondit :

— C'est inutile, monsieur, dit-elle ; je ne veux pas m'abaisser à lutter plus longtemps contre une femme qui n'a pas craint d'attenter à ma vie ; car cette voiture pouvait se briser et me tuer. Je retourne à Paris ; mais le monde saura ce qu'elle est, ce qu'elle a fait.

— Il le saura, dit M. de M..., je m'en charge.

Il fallut bien que Lia remontât dans la voiture qui avait amené M. de M... ; la femme de chambre fut laissée pour ramener la calèche.

Que dit-il durant cette longue route pour calmer la douleur de Lia, je l'ignore ; mais à son arrivée chez elle, Lia était encore agitée, incertaine, inquiète : elle hésitait, elle avait peur ; mais elle ne pleurait plus.

Pour rappeler la comparaison que j'ai employée pour caractériser la marche de la ténébreuse intrigue qu'avait ourdie madame Del... contre les trois sœurs, je dirai à mon lecteur :

« Tu sais quelle était l'heure de Lia. Maintenant je vais te dire où en était Sophie. »

Le matin même de ce jour qui ramenait Lia à Paris, on annonçait à Sophie la visite d'un monsieur, qui, malgré l'heure peu avancée de la matinée, s'obstinait à vouloir entrer.

Sophie ne faisait guère ni la grande dame, ni la jolie femme, quoiqu'elle eût pu avoir de justes prétentions à ce dernier emploi ; elle trouva donc ce monsieur étonnant, mais pas trop impertinent : elle ne se désola pas surtout de ce qu'elle était surprise avant d'être en tenue complète de réception.

VI

D'ailleurs, depuis deux ou trois jours que Brugnon était parti pour une petite maison de campagne qu'il avait louée, et dans laquelle il avait fait porter la plus grande partie de son mobilier, Sophie s'ennuyait à périr d'être toute seule ! et une visite, quelle qu'elle soit, fait passer un bout de journée.

Elle donna l'ordre au vieux débris de servante (en style usuel : femme de ménage) que l'avarice de son mari lui avait permis, de faire entrer le visiteur, et tout aussitôt Sophie vit s'avancer un homme d'une trentaine d'années, blond, frais, un peu joufflu de visage, et d'ailleurs bien tenu, ganté, chaussé avec un soin extrême, souriant de manière à faire une charmante fossette dans chacune de ses joues.

— Désolé de vous déranger, madame, dit-il en montrant des dents charmantes ; mais l'affaire qui m'amène est fort pressée, et je vois, dit-il en jetant un regard minaudier autour de lui, que nous sommes arrivés un peu tard.

Mais, reprit-il en minaudant de plus en plus et en se tournant vers Sophie, qu'importe que la cage soit dégarnie lorsque nous avons le bonheur de tenir la fauvette ?

Sophie suivait d'un œil surpris la pantomime curieuse de ce monsieur, et finit par dire :

— De quelle affaire venez-vous me parler ?

— Voici, madame, reprit le monsieur en lui remettant une carte glacée qu'il tira d'un gracieux portefeuille ambré, et qu'il présenta avec le même doux sourire et un demi-salut plein de grâce.

Sophie lut : « M. Chérubin Fedamour, huissier. »

— Huissier ! reprit Sophie en fronçant le sourcil et en regardant ce monsieur avec un double étonnement, l'un de recevoir sa visite, l'autre de voir un huissier ainsi fabriqué. Huissier ! dit-elle une seconde fois.

— C'est comme ça qu'on nous appelle encore, fit le charmant jeune homme en haussant les épaules d'un air dédaigneux.

Ah ! nous n'avons pas été compris dans le progrès : la langue s'est trouvée pauvre à notre endroit : les apothicaires sont devenus pharmaciens, les procureurs, avoués ; nous sommes restés huissiers. Qu'y puis-je faire ? Rien... si ce n'est mon devoir.

Et puisque vous voilà instruite du but de ma visite, je vais faire monter ces messieurs.

Il sortit et rentra.

— Mais, s'écria vivement Sophie, je ne sais pas davantage ce que vous voulez !

— Mais nous venons d'abord pour saisir.

— Qu'est-ce que cela veut dire? s'écria Sophie. Saisir quoi ?

— Vos meubles, madame, ou plutôt ce que monsieur votre mari a jugé à propos de ne pas enlever.

— Mais mon mari est à la campagne, monsieur, je vais lui écrire, il reviendra sur-le-champ... Tout ce que vous dites est impossible ; d'ailleurs, cela ne peut me regarder.

— Mais, madame, cela vous regarde si bien, que cela ne regarde que vous.

Il jeta la main par-dessus son épaule, et sans se retourner il dit à l'un des hommes qui le suivaient :

— Fantaisie ! donnez-moi le dossier de madame. Voyez... les lettres de change signées par vous, assignation, jugement par défaut, commandement, tout vous a été signifié.

— Je n'ai rien reçu de tout cela, monsieur.

— C'est possible, madame, reprit le don Cherubino de Fedamour, toujours souriant, votre mari a eu sans doute la délicate attention de supprimer toutes ces pièces, mais elles ont été régulièrement signifiées... Je suis en règle.

— Mais je vous demande un délai d'un jour, de quelques heures, pour faire prévenir mon mari.

— Pardon, madame, mais je ne puis vous accorder ce délai. Je n'en ai pas le pouvoir. Le jugement est exécutoire nonobstant opposition, et ce que je vois me prouve que la précaution était sage.

— Mais, monsieur, s'écria Sophie éperdue, j'ai signé ces billets sans les regarder !

— Lettres de change, madame, lettres de change qui entraînent la contrainte par corps.

— Que voulez-vous dire? s'écria Sophie en reculant, comme si elle se fût trouvée en face d'un voleur armé.

— Je veux dire que si vous ne payez pas, ce que vous ferez de la meilleure grâce du monde, mon client ou plutôt ma cliente est décidée à user des moyens que la loi lui donne.

— Et le moyen, monsieur ?

— C'est la prison.

— La prison! s'écria Sophie dont la tête se perdait. Mais où est donc mon mari?

Appelez mon mari, le propriétaire, le portier, quelqu'un, un homme qui mette ce misérable à la porte!

La teinte rosée des joues de M. Chérubin passa au violet funèbre de la rose appelée *tombeau de Napoléon*, et il reprit avec la même voix mielleuse :

— Oui, madame, la prison, les Madelonnettes; c'est une honte pour notre gouvernement de confondre ainsi le vice et le malheur; mais je vous l'ai déjà dit, notre partie n'est pas en progrès.

— Ah! dit Sophie, prenez tout, mais sortez; monsieur, sortez!

— Deux minutes de patience, madame; ce qu'on nous a laissé à faire ici n'est pas bien long. D'ailleurs je ne prends rien, je saisis.

A peine ces braves gens furent-ils partis, que Sophie, qui ne pouvait se rendre compte de ce qui arrivait, se rendit à Arpajon pour trouver son mari dans la charmante petite maison qu'ils avaient été visiter ensemble, qu'il disait avoir louée, et pour laquelle il avait, deux jours avant, expédié son mobilier.

La charmante petite maison était à sa place; mais on n'y avait plus entendu parler de M. Brugnon, on n'avait vu aucune sorte de mobilier.

En rentrant à Paris, comme elle passait devant la maison de Lia, elle s'y arrêta et apprit qu'elle venait de partir en poste. Cet incident lui inspira une frayeur plus grande; elle s'imagina un moment que toute sa famille avait quitté Paris; qu'on l'avait laissée seule, en butte aux persécutions de la justice. (Elle appelait ainsi les poursuites des créanciers.)

Elle courut chez Cornélie; Cornélie était malade, et ne voulait recevoir personne; sa mère avait tenté vainement de pénétrer jusqu'à elle.

L'infortunée Sophie n'eut pas le courage d'aller l'affliger d'un nouveau malheur; car déjà madame Malabry en était à l'état où je la trouvai lorsque j'allai la voir.

Elle rentra alors dans sa maison, où on lui remit une lettre de M. Chérubin Fedamour, que je possède en original, et que je transcris textuellement pour l'édification de la société :

« Madame,

» Trop désenchanté des sentiments intimes par les cruels
» devoirs d'un état mal vu dans le monde, mais qui a aussi
» sa noblesse méconnue, j'ai cru ce matin que votre dou-
» leur n'était qu'un vain simulacre ; mais ce soir, mieux in-
» formé, je sais que vous êtes une victime, comme il y en a
» tant, de l'astuce mêlée à la mauvaise foi, et je tiens à vous
» prouver que la seconde partie de ma première phrase
» n'est pas une vanité.

» Oui, madame, je suis sensible, et quand il s'agit d'une
» femme, je puis dire comme Voltaire :

Je sais tout ce qu'on doit de respect et d'honneur
A son sexe, à son âge, et surtout au malheur.

» Ce n'était pas plus dans la position de Brutus que dans la
» mienne d'être galant ; mais les cœurs élevés ont des se-
» crets profonds qui ne se révèlent que dans l'occasion. Cette
» occasion, vous me l'offrez, et je la saisis ; oui, madame, je
» la saisis pour vous dire que votre mari n'est qu'un vil
» escroc qui vient de prendre la fuite vers un pays qui est
» le refuge ordinaire de ses pareils. Il est en Belgique ! je
» n'ajoute pas un mot de plus. Oui, madame, il est en Bel-
» gique, jouissant des fruits des nombreuses dupes qu'il a
» faites, dont vous êtes assurément la plus innocente et la
» plus malheureuse. C'est ce tableau de vos douleurs, ma-
» dame, qui m'a touché, et c'est dans ce sentiment que vous
» m'inspirez que je vous préviens que je viens de recevoir
» l'ordre de remettre les pièces de votre affaire au garde du
» commerce. Je n'ai point encore exécuté cet ordre, et je
» suis disposé à le suspendre et à vous accorder un délai de
» trois jours pour vous prouver que je ne suis point étran-
» ger aux sentiments que vous êtes faite pour inspirer à tout
» cœur bien placé. Je me rendrai chez vous demain, char-
» mante dame, pour nous entendre à ce sujet. Ne manquez
» pas de vous y trouver, sans cela je serais contraint à agir
» rigoureusement : ce qui serait contre l'espérance et les dé-
» sirs de celui qui est votre serviteur, et qui voudrait avoir
» un autre titre.

» CHÉRUBIN FEDAMOUR. »

Sophie réfléchit longtemps sur cette singulière épître, et quoique la nouvelle qu'elle lui apportait fût foudroyante, elle ne tomba point en convulsions de désespoir. Une satisfaction non équivoque d'être débarrassée de son époux combattit victorieusement l'image des dangers auxquels devait l'exposer cette fuite. D'ailleurs, elle avait trois jours pour y échapper, et pour un esprit de l'étendue de celui de Sophie, trois jours étaient un avenir qui suffisait à pourvoir à tout. Burac, Varnier, et au besoin Malabry, devaient la sauver.

C'était une affaire d'honneur et de famille; son cœur n'admettait pas qu'il pût s'élever un doute à ce sujet; son esprit ne prévoyait pas un obstacle. Ce qui la faisait réfléchir, c'était le style de la lettre. Le titre seul de celui qui l'avait écrite l'offusquait; mais la tournure de l'épître lui paraissait de bon goût, et il est très-certain qu'après l'avoir lue trois fois, elle se regarda dans son miroir. Je ne prétends rien inférer de cette circonstance; je raconte les faits, et, pour ne pas sortir de ce rôle d'historien fidèle, je dois dire maintenant pourquoi Cornélie s'était enfermée chez elle et avait refusé de revoir sa mère et sa sœur.

Dans ce même jour, vers quatre heures, un jeune homme dont je ne t'ai pas fait exactement le portrait, mais que, d'après ce que je t'en ai raconté, tu as dû te représenter comme une figure grave, simple, belle, d'une tournure distinguée et précise, d'une tenue réservée et froide, M. Jules de Villiers enfin, sortait de chez madame Burac.

Ce jour-là, trois mois après ce que je t'en ai dit, la tête penchée de côté, le nez au vent, l'allure déterminée, il marchait bruyamment en donnant vigoureusement du talon de ses bottes éperonnées sur l'asphalte du trottoir. Il regardait tous ceux qui passaient près de lui en mordillant les bouts de sa moustache, et d'un air qui semblait leur dire :

« Si quelqu'un trouve cela mauvais, je lui apprendrai à vivre. »

Il allait ainsi, le regard provoquant et le sourcil froncé, lorsqu'il fut arrêté par un autre individu qui avait avec lui un air de société, en prenant ce mot dans le sens qu'on donne à l'expression, — avoir un air de parenté.

Ces deux messieurs n'étaient point du même sang, mais ils étaient assurément du même monde.

— Où allez-vous donc? dit le nouveau-venu en arrêtant Jules.

— Je vais là-bas, répondit Jules.

— Il n'y a personne.

— A quatre heures?

— Il n'y a que les boursiers qui font leur ignoble bouillotte à cent sous la fiche.

— Eh bien! voulez-vous monter? je vous propose un wisth à deux morts, à cinq cents francs la fiche et cent louis de pari.

— Non; mais demain, si vous voulez.

— Pourquoi pas aujourd'hui?

— Parce que...

La manière dont ce *parce que* fut prononcé lui prêta un sens formel, à ce qu'il paraît, car Jules affecta un air de curiosité dédaigneuse et reprit :

— Qui ça?

Un clignement d'yeux suffit à la réponse, et Jules continua :

— Au fait, elle est jolie; mais j'aurais cru que c'était...

Autre clignement d'yeux de la part de Jules, également bien compris par son ami qui lui répondit :

— On ne va pas sur vos brisées.

— Moi! s'écria Jules, pas plus elle que personne.

L'interlocuteur regarda Jules, qui semblait rouge d'une colère intérieure, plongea son regard dans la direction de la rue que celui-ci venait de parcourir, et dit à voix basse :

— Là aussi des scènes.

— Ah! fit Jules, bien pis qu'ailleurs! Les attaques de nerfs, les évanouissements; j'ai enfin entendu aujourd'hui le dernier cri romantique de la vertu : « Ah! monsieur, vous m'avez perdue! »

Le jeune homme qui causait avec Jules prit tout à coup un air sérieux, et lui dit :

— Jules, vous n'êtes pas juste pour madame Buràc.

— Laissez-moi donc tranquille! fit Jules en haussant les épaules.

— Croyez-moi, Villiers, madame Del... vous fera faire quelque mauvaise action contre cette pauvre femme.

— Et à quel propos me dites-vous ça? dit Jules avec hauteur.

— A propos de votre scène d'hier avec le petit G..., à qui vous avez défendu de remettre les pieds chez madame Burac.

— Si je le fais, c'est que j'en ai le droit.

— C'est un droit à la façon de madame Del...

— Plaît-il?

— Si les assiduités de G... vous déplaisaient, il y avait mille moyens de lui faire une querelle sur rien, sur ses chevaux ou sa cravate; mais ces manifestes publics de jalousie n'aboutissent qu'à perdre une femme.

— Bah! fit Jules.

— Et madame Del... veut perdre madame Burac; car c'est elle qui vous a dit que G..... allait souvent chez elle, et que vous n'oseriez pas le lui défendre.

— Eh bien! je l'ai osé.

— Elle en était sûre, et elle a eu ce qu'elle voulait; c'est-à-dire que devant vingt témoins vous avez défendu à un homme du monde d'aller chez une femme qui n'est pas la vôtre. Qu'en doit-on conclure et qu'en dira-t-on?

— Tout ce qu'on voudra, fit Jules avec humeur. Si madame Burac n'était pas si coquette, cela ne serait pas arrivé; et quant à madame Del..., ce qu'elle peut me dire m'est fort indifférent.

— Ah! Villiers, je m'étais arraché à l'empire de cette femme longtemps avant que vous l'ayez connue; elle n'était pas encore ce qu'elle est devenue, et déjà elle m'avait fait peur.

— Diable! fit Jules en ricanant.

— J'admets la galanterie, continua le jeune homme; je comprends même que certaines femmes la poussent jusqu'au cynisme; mais le vice méchant, le vice sans passion, le vice qui s'attache à tout et qui corrompt tout, c'est hideux!

— Le « sans passion » est bien trouvé pour madame Del..., fit Jules en ricanant.

Le jeune homme prit un air de profond mépris et repartit :

— Sèche, froide, corrompue, c'est la démoralisation vivante; je n'en veux d'autre preuve que ce qu'elle a fait des deux frères B....

— Ces deux misérables!

— Charmants enfants, bien fous, bien gais, très-turbulents, et prenant de la vie à toutes mains lorsqu'ils ont commencé, et dont la basse effronterie vous fait peur à présent; eh bien! ce sont les élèves de madame Del...

Jules réfléchit comme un homme épouvanté de cette leçon qui lui montrait d'où il était parti, où il était arrivé, et jusqu'où il pouvait aller; mais il semble qu'elle venait trop tard, car il répondit en s'en allant:

— Bah! c'étaient des imbéciles!

Après ces paroles, il s'éloigna.

Cette petite rencontre est le prologue nécessaire de la scène qui va suivre, et m'épargnera un récit exactement circonstancié de ce qui s'était passé dans cet intervalle de trois mois.

A l'instant où Jules était sorti de chez Cornélie, celle-ci, par un de ces mouvements violents qui ramènent le cœur et la pensée vers le ciel, parce que tout appui leur manque sur la terre, s'était jetée à genoux et s'était écriée dans une sorte de délire :

— Mon Dieu! mon Dieu! prenez pitié de moi!

Comme elle poussait ce cri de détresse, Burac était entré; et telle était la violence de sa douleur, qu'elle n'avait pas cherché à se relever et à cacher le désordre où elle était. Burac s'arrêta un moment devant elle.

— Ce marquis de Villiers est un infâme, lui dit-il avec un accent irrité.

Cornélie le regarda comme si la conscience de sa position vis-à-vis de son mari lui revenait à l'esprit; il lui tendit la main et lui dit avec douceur :

— Relevez-vous, Cornélie, je sais tout ce qui s'est passé. J'ai entendu tout ce qui vient de se dire.

Cornélie se leva plus forte, quoique sans arrogance; on eût dit que sa faute, comparaissant devant la justice légitime de son mari, lui semblait moins honteuse, qu'exposée, comme elle venait de l'être, au mépris insultant de son complice.

— Punissez-moi donc, puisque vous savez la vérité, lui dit-elle en réprimant ses larmes.

— Vous avez trop à me pardonner, lui dit Burac, pour que je me croie le droit d'être sévère envers vous.

Cornélie crut ne pas le comprendre, mais il continua comme s'il parlait à lui-même, et il ajouta :

— Mais quant à ce misérable, il me paiera sa lâcheté de son sang.

La surprise et le doute qui parurent sur le visage de Cornélie avertirent Burac qu'elle cherchait en vain le sens de ses paroles ; il la fit asseoir, et restant debout, tantôt marchant vivement, tantôt s'arrêtant devant elle, il reprit :

— Ce n'est pas cela que vous attendiez, ce n'est pas ainsi qu'un mari agit d'ordinaire ; mais je vous le répète, Cornélie, je suis juste, je ne suis pas de ceux qui prennent d'autant plus avantage des torts des autres, qu'ils en ont beaucoup à faire oublier. Je sais, Cornélie, que si vous aviez trouvé dans notre union ce qu'une femme est en droit d'attendre de son mari, la considération, surtout lorsque, comme vous, elle lui a apporté la fortune et une bonne réputation de jeune fille, vous ne seriez pas où vous en êtes. Cependant, croyez-moi, Cornélie, je ne vous ai pas trompée ; j'ai cru pouvoir vous donner tout ce que je vous avais promis. Mais j'ai eu du malheur...

Cornélie baissa les yeux, elle éprouvait l'indulgence de son mari d'une façon si inattendue, qu'il ne lui était pas permis de répondre que son premier malheur était son manque de bonne foi. Burac comprit ce silence et ajouta sans en être affecté :

— Ce rigorisme de probité ne me blesse pas, et quoiqu'il m'ait perdu à vos yeux, jamais je n'y aurais porté atteinte, s'il ne vous eût perdue aussi, en vous détournant de moi et en vous rendant accessible, par le malheur, aux poursuites d'un homme à qui j'avais cru du cœur : c'est ma faute, mais je vous le jure, Cornélie, et à l'heure où je vous parle, je n'ai ni envie ni besoin de me justifier, il n'y a pas à Paris dix fortunes qui n'aient été commencées ou poussées par des spéculations plus mensongères que les miennes. Toute la fortune de mon père a été engloutie dans une société par actions, dont le chef a été récompensé par le titre de baron, des progrès qu'il a fait faire à l'industrie. Seulement, il jouait dans l'ombre et sous la sauvegarde du silence des journaux.

Aujourd'hui, tout ce qui se fait s'écrit et se lit. J'ai constaté la puissance de la duplicité comme moyen de succès, mais j'ai oublié que ce qui élève peut détruire. Grâce à cette force qui tue quand elle ne sert pas, la plainte d'un seul est devenue la plainte de tous, et ce qu'un seul n'eût pas osé faire, ou ce que j'eusse arrêté s'il l'avait osé, ils le font d'un commun accord, et je suis dénoncé et poursuivi devant les tribunaux.

Cornélie fit un signe d'effroi.

— Rassurez-vous, lui dit Burac froidement, les délais nécessaires à l'appel de la cause me donneront le temps de tout finir. Déjà votre dot est à l'abri de toutes poursuites.

— Prenez-la, monsieur, prenez-la si elle peut vous sauver.

Burac sourit avec dédain et répliqua :

— Elle pourrait me sauver, que je ne la prendrais pas.

Une expression amère et sinistre passa sur son visage, et il ajouta avec un accent de sarcasme :

— Non, je ne volerai pas une pauvre femme ; votre dot, plus que votre dot, une fortune est à l'abri de... tout ce qui peut m'arriver.

— Ah ! maintenant, monsieur, que m'importe la fortune ? fit Cornélie ; hélas ! la pauvreté et le malheur sont quelquefois une protection contre le mépris.

— Erreur, ma pauvre enfant, fit Burac (et on ne saurait dire ce qu'il y avait de singulièrement élevé dans cet homme mièvre et étiolé parlant à cette grande et belle femme qui le dépassait de la tête), erreur, reprit-il ; la pauvreté et le malheur ne protégent que la vieillesse et l'infirmité ; vous resterez trop belle pour ne pas être enviée ; vous serez riche, vous dis-je, et vous ne serez pas déshonorée.

Cornélie courba la tête, Burac reprit avec un accent de rage :

— Non, vous ne le serez pas. Je ne vous demande que huit jours de courage ; quant au mépris de M. de Villiers, il s'est chargé de vous l'inspirer. Je vous ai trop oubliée et il est temps que je me souvienne de vous. Ce soir, demain, tous les jours nous sortirons ensemble.

— Mais que prétendez-vous faire de moi ?

— Vous donner la dernière chose que je puisse encore vous conquérir : le doute du monde.

— Comment cela?

— Vous le verrez, dit Burac; mais souvenez-vous que c'est une épreuve terrible, qu'il faut porter le front haut, le regard assuré, et ne pâlir ni ne rougir devant personne. Vous le ferez, et quand j'aurai fait ce que je dois, je suis sûr que vous, au moins, vous penserez que je n'étais pas l'être méprisable et odieux qu'on a voulu faire de moi. Demain, je viendrai vous prendre pour sortir avec vous. Adieu; jusque là soyez calme et prenez courage.

Burac sortit et laissa Cornélie si confondue de ce qu'elle venait d'entendre, qu'un moment elle crut avoir fait un rêve, et s'enferma avec le désespoir que lui causait l'infamie de Jules et l'anxiété que lui donnait l'étrange conduite de Burac.

VII

Telle était la position des trois sœurs lors du départ de madame Del...; et le retour de Géorgina en France huit jours après l'arrivée de cette femme en Angleterre, doit suffisamment dire que là, comme à Paris, son influence avait brisé le faible lien qui attachait Victor Benoît à cette malheureuse fille. Toi qui habites Paris, as-tu jamais vu madame Del...; ou plutôt, toi qui as fait les *Mémoires du Diable*, crois-tu aux démons, au génie du vice, à quelque chose enfin d'une dépravation si profonde qu'on est tenté de lui attribuer une origine surnaturelle? O grand faiseur de romans, investigateur, prétendu habile, du cœur féminin, veux-tu que je t'épouvante, que je te fasse honte, que je te surprenne, que je te renverse en te révélant le misérable secret de toutes ces intrigues, de toutes ces infamies!

Tu t'imagines peut-être que c'est grâce à la jalousie que ces quatre femmes ont été perdues, et qu'elles ont payé de leur ruine ou de leur réputation l'amour de Victor Benoît pour Géorgina. Erreur, mon cher ami! un mot, un seul mot, amena cette haine féroce.

Un jour que, dans une discussion assez vive entre madame Del..., celle-ci le raillait sur son assiduité chez madame Malabry, Victor défendit les quatre sœurs de son mieux; mais il n'était pas de force à lutter contre cet esprit de sarcasmes effronté qui dépouillait ces quatre enfants de toutes leurs charmantes apparences de beauté et de bonne grâce, et les ridiculisait. Alors, dans un mouvement d'humeur de se sentir si rudement battu, Victor s'écria :

— Elles seront tout ce que vous voudrez, en fin de compte, ce sont d'honnêtes femmes.

Madame Del... voulut railler encore sur ce point; mais Victor, soit conviction, soit envie de prendre sa revanche contre madame Del.... fut inabordable de ce côté.

Le terrible « ce sont d'honnêtes femmes » revenait à tout propos, assaisonné d'allusions assez directes et d'une vérité sanglante.

Ce mot resta comme un trait empoisonné dans le cœur de madame Del..., et y fit naître une haine farouche et implacable. Cette espèce de haine, qu'à son degré le plus faible on appelle envie, est surtout le partage des impuissants; alors il arrive que souvent elle n'est que ridicule dans sa méchanceté; mais lorsque cette haine a pour auxiliaire un esprit ardent, un caractère opiniâtre, et que son impuissance n'est pas native, mais est le résultat d'égarements et de vices personnels, elle arrive aux derniers degrés de férocité. Tu me comprendrais mieux, si, après cette discussion que Victor oublia trop aisément, tu avais pu voir madame Del... frémissant de rage, répéter incessamment le mot fatal :

« Ce sont d'honnêtes femmes! »

En effet, elle pouvait être plus belle, plus célèbre, plus spirituelle : elle avait, elle pouvait avoir tous les avantages possibles de la fortune et de la renommée sur ces quatre jeunes filles, mais elle ne pouvait plus être une honnête femme. C'est alors qu'exaspérée de ne pouvoir arriver à cette place où Victor les avait placées, madame Del... résolut de les en faire descendre. Oui, mon cher ami, tous ces efforts, toutes ces combinaisons, toutes ces saletés, c'était une lutte contre l'honnêteté. Ce n'était pas de la passion, c'était cette immoralité qui croit s'absoudre en agrandissant autour de soi le cercle des coupables.

Mais je pense que c'est assez philosopher et je reviens à mon récit.

Voilà tout ce que j'appris de la position des sœurs de Géorgina au moment du départ de madame Del..., soit par madame Malabry, soit par les amis auxquels je m'adressai. De ce moment à celui de notre arrivée, il n'était survenu aucun changement important. La pauvre Sophie avait échappé aux déclarations plus explicites de M. Chérubin Fedamour par le même moyen qu'à ses poursuites timbrées, en se cachant dans un petit appartement que Burac lui avait loué hors de Paris. Lia se défendait de la protection de M. de M... en femme résolue. Peut-être le malheur de Cornélie l'avait-il sauvée plus que sa propre force. Cependant, pour l'une et pour l'autre, la misère arrivait à grands pas, et d'aucun côté il ne se présentait d'espérances certaines.

Burac, violemment attaqué de toutes parts, avait perdu tout crédit, et par une singulière contradiction avec le caractère qu'il avait montré jusque là, il demeurait immobile et laissait le champ libre à ses ennemis.

Peut-être ce silence eût-il arrêté l'acharnement qui poursuivait Burac, si on avait pu le prendre pour une résignation modeste; mais s'il laissait sans réponse toutes les assertions dont on l'accablait, jamais il n'avait paru les braver avec plus d'impudeur. Autrefois Burac, sans cesse occupé d'affaires, vivait pour ainsi dire à côté du luxe de sa maison, et n'en prenait pas sa part. On le voyait rarement dans son salon, presque jamais dans les loges de sa femme, et tandis qu'elle promenait ses riches voitures au bois, il courait Paris dans un méchant cabriolet de louage. Tout cela était changé depuis quelque temps : il affectait de ne pas quitter Cornélie, et semblait prendre à son tour possession d'un luxe dont il lui avait jusque là abandonné la jouissance exclusive.

Du reste, il n'y avait pas eu d'autre explication entre Burac et Cornélie, et celle-ci le suivait sans savoir quel dénoûment aurait cette comédie.

Ce dénoûment arriva deux jours après mon arrivée à Paris; et comme je fus témoin de la manière dont il se passa, tu me permettras de te le raconter avec toutes ses circonstances.

Le caractère de Burac est resté pour moi un problème insoluble. Victime personnellement du manque de probité de cet homme, l'ayant bien des fois entendu prêcher des maximes de conduite qui me révoltaient, je ne puis me défendre pour lui de cette faiblesse qui cherche une excuse à des fautes qui la révoltent chez un autre.

C'est que véritablement Burac était, je crois, une bonne nature, qui ne devait sa dépravation qu'à des accidents qui ne dépendaient pas de lui.

Maigre, chétif, faible en apparence, il avait une activité et une vigueur qu'il avait poussées jusqu'à des excès qui eussent épouvanté les hommes les plus robustes. Ainsi jadis, Burac jouait, travaillait, montait à cheval, ne refusait aucun appel à une folie, quelle qu'elle fût, et avec cela il se passait de sommeil, toujours prêt, toujours soutenu par un désir jaloux de réhabiliter, pour ainsi dire, l'exiguïté de sa personne. Plus tard, il porta cette disposition de son esprit dans ses espérances d'amour, dans ses rêves d'ambition. Esprit froid, clairvoyant et habile, il avait mesuré toute la valeur de Géorgina, et, par une faiblesse inhérente à sa taille, il avait préféré la belle et grande Cornélie ; capable de faire une honnête fortune par son intelligence et surtout par le peu de besoins personnels qu'il avait, il avait abordé en aveugle les affaires colossales et les entreprises gigantesques. Je vais peut-être te dire une bêtise, mais je suis convaincu que, si cet homme avait eu à vingt ans une taille de cinq pieds cinq pouces, il eût été un tout autre homme, moralement parlant.

Quoi qu'il en soit, voici ce qui arriva, comme je te l'ai dit, deux jours après mon arrivée ; tu en porteras le jugement que tu voudras.

J'étais allé chez Burac que je n'avais pas trouvé ; je ne savais encore que la position apparente qu'il avait adoptée vis-à-vis de sa femme après l'infamie de M. de Villiers. L'on me dit qu'il était sorti, et comme je semblais fort désireux de le rencontrer, on m'apprit que je le trouverais très-probablement à l'Opéra, dont il ne manquait pas une représentation.

J'y allai, et véritablement il était dans sa loge. Mon apparition, qui fut un véritable embarras pour Cornélie, sembla faire le plus grand plaisir à Burac, et il me dit d'un ton dont je ne pensai pas à suspecter la sincérité :

— En vérité, monsieur Morland, vous êtes l'homme du monde que je désirais le plus rencontrer avant...

Il s'arrêta sur ce mot, et reprit en souriant :

— Quelle bonne nouvelle nous apportez-vous de la Normandie ?

— Des nouvelles qui vous intéresseront, j'en suis sûr, lui dis-je. Puis j'ajoutai tout bas : Mais que je ne voudrais communiquer qu'à vous seul, surtout en un pareil endroit.

Burac me regarda d'un air mécontent, et répondit tout haut :

— Ce sont des nouvelles du Calvados, n'est-ce pas ? Ah ! ce n'est ni le temps ni le lieu pour en parler.

— Vous vous trompez, lui dis-je ; il ne s'agit pas d'affaires commerciales, il s'agit d'affaires de famille.

Je ne puis te dire l'éclair qui jaillit des yeux de Burac ; son regard sillonna la salle entière, et passa de sa femme à M. de Villiers, qu'on m'avait montré à moitié couché dans une avant-scène. Il reporta son regard sur moi, et je lui montrai que je l'avais compris, en secouant la tête pour lui dire : — Ce n'est pas cela.

— Venez donc, me dit-il en se levant vivement et en quittant la loge.

Il paraissait violemment agité, et je ne me souciais pas des confidences qu'il pourrait me faire, je les voulus prévenir, et le premier mot que je lui dis fut :

— Géorgina est à Paris.

— Elle aussi ! me répond-il avec un accent de tristesse.

Je lui demandai le sens de cette exclamation, et c'est lui qui commença à m'initier aux mystères de la conduite de madame Del... ; mais il ne me dit pas un mot de Cornélie. Nous étions dans le foyer, et Burac me parlait avec vivacité, quoiqu'à voix basse, lorsque nous nous trouvâmes en face de Jules. Celui-ci se dandinait au milieu d'un groupe de jeunes gens, et comme M. Burac s'était, pour ainsi dire, exalté par le récit qu'il m'avait fait des menées de madame Del..., il ne put retenir un mouvement manifeste de fureur à l'aspect de Jules. Celui-ci le toisa insolemment, et comme Burac le regardait avec une fixité non moins insultante, Jules se détourna vers ceux avec qui il causait, et leur dit assez haut :

— Voyez donc comme ce petit monsieur fait le fier parce qu'il m'a repris sa femme.

Je regardai Burac : un éclair de joie sauvage brilla dans ses yeux, mais il fut remplacé à l'instant même par un calme inexplicable ; il s'approcha de Jules avec une affectation de politesse à laquelle l'autre ne se méprit pas, et lui dit d'une voix douce :

— Que disiez-vous de ma femme, monsieur de Villiers?

Quelques signes imperceptibles de ses amis avertirent Jules de se contenir ; mais il prenait la bravade pour le courage et l'insolence pour la dignité, et il répéta littéralement sa phrase.

Burac n'en parut pas ému, et ce calme devint effrayant pour Jules lui-même, qui se recula comme pour prévenir toute injure personnelle. Burac dit simplement :

— Mais pour que je vous l'aie reprise, il faut qu'elle vous ait appartenu.

Jules rougit ; mais poussé par cette basse et lâche vanité de soutenir ce qu'on a avancé, vanité que l'on prend pour du courage, il répondit avec la triste violence d'un homme qui a honte de ce qu'il dit, mais qui est poussé par un mauvais sentiment à le dire :

— C'est une chose dont tout le monde peut vous informer.

Burac garda sa terrible impassibilité, et tandis que tous les regards s'attachaient sur lui avec effroi, tant on comprenait qu'il devait y avoir de force et de parti pris dans celui qui entendait de pareilles choses sans éclater, il reprit :

— C'est vrai, j'ai entendu dire que vous vous en étiez vanté, mais je n'ai pu y croire. Cela ne tient pas, je vous prie d'en être persuadé, à l'estime que j'ai de moi-même, mais à celle que j'ai de l'humanité. Je comprends qu'un homme se fasse un jeu de l'honneur d'une femme, qu'il la recherche, qu'il l'obtienne, et que sa vanité l'emporte assez sur les sentiments les plus vulgaires en pareilles circonstances, et qui lui ordonnent la discrétion ; mais j'avoue que je n'ai jamais pu croire qu'un homme qui a un nom qui n'est pas encore sali tout à fait, osât se vanter d'une chose qui n'est pas, et se targuât des faveurs d'une femme qui n'a pu se débarrasser de ses poursuites qu'en le faisant jeter à la porte comme un laquais ivre.

Te figures-tu la colère, la rage de Jules à cette apostrophe faite d'un ton sec, froid et affirmé par un regard qui semblait percer Villiers jusqu'au cœur. Jules perdit toute présence d'esprit et cria d'une voix tonnante :

— Misérable fripon, je vous châtierai !...

— Des dédains de madame Burac ; ce serait trop injuste.

— Au fait, dit Jules qui se remit un peu, ce serait faire tort aux tribunaux, que de vous enlever à la justice.

— Vous voyez, monsieur, que je ne fuis pas plus devant leur colère. Je puis être un fripon, c'est ce qui se jugera bientôt; mais il manque un nom à ce que vous êtes. Vos propos sur une femme que vous avez crue sans défense, n'ont pas même la dignité d'une calomnie ; c'est, comme je vous le disais, le délit d'un laquais qu'on a chassé.

— Misérable! reprit Jules en menaçant Burac, qui le domina de son regard de fer. A ce moment Burac aperçut un homme à cheveux blancs, que je reconnus pour le vieil abolitioniste dont il avait exploité la philanthropie : il alla droit à lui et lui dit à haute voix :

— De tous ceux qui sont présents ici, monsieur, vous avez plus qu'un autre le droit d'être mon ennemi. J'ai de grands torts envers vous, je les avoue tout haut et je vous en demande pardon ; mais fussé-je le fripon qu'on dit que je suis, vous savez, vous, monsieur, qu'il n'est pas de mon humeur d'être un mari complaisant.

Burac s'arrêta et se retournant vers ceux qui écoutaient cette triste scène, il ajouta :

— Mais aurais-je été assez misérable pour le devenir, que je n'aurais pas pu profiter de cette position; ce monsieur a tout simplement menti. J'ai écouté, épié, surveillé, passé les nuits et les jours, car je n'ai pas l'habitude de jouer le rôle de dupe, et j'ai vu, entendu cet homme menacer ma femme de la déshonorer si elle ne se déshonorait pas. Il a tenu parole.

Jules, suffoqué de rage, ne put que balbutier ces mots :

— A demain.

— A demain, répondit Burac avec une satisfaction évidente.

Dès que nous fûmes seuls dans un couloir, Burac me dit :

— M'accompagnerez-vous demain ?

— Oui, lui dis-je en lui prenant la main et en la lui serrant ; de tout mon cœur.

— Maintenant, me dit-il, il s'agit de faire sortir ma femme ; ce misérable est capable de se poster sur son passage et de l'insulter.

— Il ne l'osera pas..., et s'il l'ose, il en subira la peine ; faites-la sortir, je me charge du reste.

Il se fit dans quelques loges un grand mouvement auquel je ne pris pas garde. Je cherchai M. de Villiers, et je l'aperçus presque aussitôt planté au coin d'un couloir par lequel devait nécessairement passer madame Burac. Il était pâle et ne répondait que par monosyllabes brusques aux représentations de quelques-uns de ses amis qui voulaient le détourner du projet insensé qu'il avait formé. J'allai droit à lui.

— Monsieur, lui dis-je, je m'appelle Félix Morland, et je suis marchand de bestiaux.

— Ah ! bon ; après ?

— Je puis assommer un bœuf plus gros que vous d'un coup de poing : une femme va passer ; si vous dites un mot et si vous faites un geste qui montre l'intention de l'insulter, je vous traite comme un bœuf.

Jules se recula, et s'il avait eu une arme, il m'eût tué, je n'en doute pas. Il voulut faire le gentilhomme, et dit en ricanant et en regardant par-dessus l'épaule :

— Est-ce qu'il n'y a pas ici des sergents de ville pour prévenir les drôleries de ce boucher ?

— Si ces messieurs, dis-je aussitôt, en voulaient requérir quelques-uns, ils pourraient prévenir les drôleries de ce lovelace.

IX

Tout cela avait amassé quelque monde, et particulièrement des jeunes gens ; je vis qu'on m'approuvait. On n'osait plus conseiller à Jules de quitter la place ; car c'était lu demander une lâcheté après la menace que je lui avais faite ; mais on s'était éloigné de lui. Jules se sentait seul, désapprouvé de tous.

Cependant sa résolution ne semblait que s'accroître, et il demeura seul à son poste, les bras croisés, et bravant du regard tout ce qui se passait. A sa pâleur avait succédé un rouge violet; ses yeux, injectés de sang, avaient une expression féroce. La porte de la loge s'ouvrit, et je me plaçai près de Jules. Tout le monde attendit dans un silence effrayant. Une femme sortit de la loge : c'était Cornélie; puis une seconde femme : c'était madame de Villiers. Jules, épouvanté, chancela et s'appuya sur moi. Madame de Villiers donna son bras à Cornélie, qui paraissait ne pouvoir se soutenir et qui marchait les yeux baissés.

La marquise vint droit à son fils, l'œil haut, la physionomie impérative, et à deux pas de lui, tandis qu'il la considérait d'un air égaré, elle lui dit d'une voix basse, sèche et brève :

— Saluez, monsieur! saluez!

Par une obéissance instinctive, Jules ôta son chapeau; je fis comme lui, et je ne sais par quel enchantement de l'autorité de cette mère, tous ceux qui étaient rangés dans le couloir saluèrent respectueusement.

Jules redevint si pâle qu'il me fit pitié.

Je suivis madame Burac, et je la rejoignis au moment où madame de Villiers la remit à son mari, qui avait gagné le péristyle avant la sortie de sa femme.

— Maintenant, dit-il à la marquise, je vous tiendrai ma parole, madame.

— J'y compte, monsieur, reprit madame de Villiers.

Burac emmena sa femme, et madame de Villiers quitta aussi l'Opéra. Sur un signe que me fit Burac, je compris qu'il m'attendait le lendemain seulement.

Je remontai; car l'exploit personnel auquel je m'étais livré ne me permettait pas une retraite qui eût ressemblé à une fuite.

Jules avait dsiparu, et je n'appris que plus tard le secret de la merveilleuse intervention de la marquise.

C'était M. de M... qui, épouvanté de la scène qui s'était passée entre Burac et Jules, et plus épouvanté de celle que Jules menaçait de faire et qui l'eût déshonoré à ne plus s'en relever, avertit la marquise, exigea et obtint d'elle qu'elle donnât à son fils cette terrible leçon.

Le lendemain, j'étais avec le jour chez Burac. Je crois qu'il comprit, à mon empressement, que j'avais deviné le sacrifice qu'il faisait à la réputation de Cornélie; aussi entra-t-il avec moi dans des détails sur sa position et celle de sa femme, que la rareté de nos rapports n'eût pas autorisés sans cela.

Cependant je remarquai que ces détails ressemblaient plutôt aux instructions qu'on donne à un mandataire qu'aux confidences qu'on fait à un ami.

Je crus y voir un projet de fuite dans le cas où l'affaire de la veille n'aurait pas de suites, et je ne voulus pas avoir à m'expliquer sur une résolution que j'aurais conseillée, mais qui était prise. J'écoutai tout ce que me dit Burac, j'en pris note, et il me remit un portefeuille fermé en me disant :

— Ce sont des papiers que je vous prie de garder, et dont vous pourrez disposer à votre gré d'ici à huit jours.

Cependant l'heure se passait, et nous n'entendions parler ni de Jules, ni de personne qui vînt de sa part.

Burac, qui avait le pouvoir de dominer tous ses sentiments, laissa cependant échapper quelques signes d'impatience, et ne put retenir une fois ces mots, que je n'ai compris que plus tard :

— En serais-je réduit là?

— M. de Villiers ne viendra pas, lui dis-je.

— Il ne manquerait plus, dit Burac, que ce fût un lâche!

— Il peut manquer à ce duel sans être accusé de lâcheté.

— Impossible, me dit-il, c'est sa première affaire.

Presque aussitôt, on annonça M. de M.... Il devait servir de témoin à Jules, et ce choix semblait nous annoncer une tentative d'arrangement.

Cependant il n'en fut pas question; on prit une caisse de pistolets, et nous partîmes pour le bois de Verrières.

J'étais avec Burac dans une voiture, le commis en chef qui menait la maison de Burac nous accompagnait. C'était un homme pour qui son patron était un dieu. Et ce que je ne saurais expliquer, c'est que c'était personnellement un homme d'une probité incontestable. Je n'avais pas aperçu Jules qui n'avait pas quitté sa voiture, et je l'examinai avec une vive curiosité lorsqu'il en descendit; il me suffit d'un regard pour être assuré que la terrible leçon de la veille avait profité. Il tenait les yeux baissés, et il ne montra ni par un geste, ni par une parole, l'insolente bravade de la veille.

Les conditions du duel avaient été réglées avant notre départ de Paris. Ces messieurs devaient se battre en marchant l'un sur l'autre, jusqu'à une distance de six pas.

Tous les préparatifs furent faits dans un silence profond. Du moment que M. de M... n'avait rien dit, il ne pouvait y avoir aucune explication. On chargea les pistolets, on les remit aux combattants; ils marchèrent tous deux d'un pas égal et mesuré, jusqu'à la distance voulue, et là ils s'arrêtèrent, chacun d'eux semblant attendre que l'autre profitât de l'avantage de tirer le premier.

Après un moment d'attente, ils se décidèrent à la fois; les coups partirent ensemble; mais je pus remarquer, à n'en pas douter, que tous deux avaient évité de s'atteindre.

Je compris la parole que Burac avait donnée à madame de Villiers, et je vis ce que M. de M... avait sans doute obtenu de Jules.

Burac et Jules le regardèrent à la fois d'un œil irrité. Il s'avança pour déclarer qu'il lui semblait que l'affaire était vidée; mais Burac l'interrompit, en lui disant avec un sourire forcé :

— Il faut au moins que la comédie ait deux actes, monsieur le comte.

— J'y consens, dit Jules en regardant Burac dans les yeux, pourvu qu'elle tourne en drame.

— Je vous jure, dit Burac, que le dénoûment en sera sanglant.

A la bonne heure, fit Jules avec un soupir.

Nous rechargeâmes les armes; mais cette fois ce fut avec plus d'inquiétude, surtout de la part de M. de M..., dont la tranquillité nous avait fort étonnés jusque-là, car nous connaissions son amitié pour Jules.

Cependant, à la manière dont les adversaires marchaient l'un sur l'autre, nous vîmes qu'ils étaient dans les mêmes dispositions l'un vis-à-vis de l'autre.

Ils s'arrêtèrent comme ils avaient déjà fait, en se regardant fixement dans les yeux.

L'anxiété où nous étions de l'issue probable de cette

étrange rencontre avait cela de particulier qu'il y avait un courage inouï dans la manière dont ces deux hommes s'épargnaient. Enfin nous entendîmes Burac dire à Jules d'une voix basse, mais calme :

— Une balle dans le cœur me sauverait d'un jugement déshonorant, je vous demande ce service.

Jules lui répondit du même ton :

— Si une balle absout de tout, je vous demande la mort.

— Ensemble donc, dit Burac, quand j'ôterai mon chapeau.

— Ensemble donc! fit Jules, ôtant le sien.

— Ils levèrent lentement leurs pistolets ; Burac salua, les deux coups partirent en même temps, et tous deux tombèrent cette fois.

Jules respirait encore, mais il ne put prononcer que les mots :

« Ma mère! »

Quant à Burac, on eût dit que l'énergie de son âme suspendit la mort pendant le temps nécessaire à ce qui lui restait à régler.

— Vous remettrez à monsieur, dit-il à son commis, la clef du portefeuille que je lui ai confié.

Puis il se tourna vers moi :

— Je vous recommande la pauvre femme... me dit-il.

Le sang commençait à l'étouffer... et il murmura :

— Cornélie!... ma femme!...

Il fit un nouvel effort, et, me serrant convulsivement la main, il expira en disant :

— Géorgina!... Géorgina!.., les... autres...

IX

Si ce que je t'écris était un roman, ce serait le cas de le finir sur la terrible scène que je t'ai racontée ; il me suffirait d'ajouter en post-scriptum une demi-douzaine de ces lignes avec lesquelles les faiseurs de ton espèce se débarrassent des personnages qu'ils ont le plus caressés et le plus choyés durant leur récit.

Du reste, une chose qui m'a toujours indigné contre les romanciers de métier, c'est leur ingratitude pour leurs propres héros. Lorsqu'ils en ont usé et abusé pendant le nombre de pages nécessaire à la confection d'un ou de deux volumes, ils les logent tranquillement dans le bonheur ou dans la misère pour le reste de leurs jours, comme si tout était fini pour un homme lorsqu'il a épousé son amoureuse, ou qu'il a perdu une fortune mal acquise. Je ne ferai pas de même; je ne te dirai pas en quatre lignes, comme tu serais capable de le faire, si on t'abandonnait le dénoûment de cette histoire :

« M. Malabry, ruiné, perdu de dettes et de débauches, fut trop heureux d'accepter une place de régisseur d'une sucrerie à la Guadeloupe, place que lui procura son ami M. Félix Morland, et où il n'eut pas le temps de perdre ses habitudes d'Europe, attendu qu'il mourut dans la traversée.

» Les débris de la fortune de Burac, sagement administrés par ledit Morland, procurèrent une existence modeste à madame Malabry et à ses filles Cornélie, Lia et Sophie, qui se retirèrent dans une petite ville de Normandie, près de leur sœur Géorgina, après que... »

Tu comprends bien que si je finissais ainsi tout d'un coup, et en disant la dernière vérité de toutes les vérités, il y a des gens qui lèveraient les yeux au ciel, qui joindraient les mains et qui, en me rencontrant, me regarderaient avec un étonnement mêlé de pitié, et je ne veux point du tout qu'il en soit ainsi.

Je continue donc mon récit; seulement je le renfermerai dans l'exposé d'un seul événement très-important, puisque je t'ai déjà instruit, sans y prendre garde, du sort des autres personnages.

Par mes soins, mais longtemps avant le résultat final que je t'ai dit, la famille entière, c'est-à-dire madame Malabry et ses quatre filles habitaient une petite maisonnette à Gagny, petit village à quelques lieues de Paris, qui a cependant l'avantage d'être à la campagne, c'est-à-dire qu'il n'est pas à la mode, et n'est pas peuplé de villas, succursales des salons parisiens et de leurs mœurs.

On a la chance d'y habiter trois mois sans que tout le

pays sache qui vous êtes, ce que vous faites et ce que vous avez été.

Je m'occupais d'arranger autant que possible les affaires de cette colonie de veuves et de femmes abandonnées, et j'allais les instruire régulièrement trois fois la semaine du résultat de mes démarches.

L'attitude de ces cinq femmes dans une même infortune était tout à fait différente, et c'est en l'observant attentivement que j'ai appris tout à fait à les connaître, et que je tirai de mon examen une conclusion à laquelle j'aurais juré que je n'arriverais jamais, si on ne me l'eût révélé d'avance.

Madame Malabry était la même femme faible et crédule. Comme elle avait accepté l'autorité respectable et droite de M. de Mandres, comme elle avait subi le despotisme de M. Malabry, elle acceptait sans résistance les volontés de ses filles; mais comme ces volontés n'étaient pas conformes, elle s'était fait une occupation de les accorder, et bien des fois elle faillit jeter la discorde entre les sœurs à force de leur répéter, à chacune en particulier, qu'elles devaient se passer leurs petits torts.

Du reste, elle ne souffrait pas réellement de la privation de son ancienne aisance; loin de là, le degré de misère où l'avait jetée M. Malabry lui faisait de sa position une sorte de paradis où, au grand dédain de Lia, madame Malabry reprenait assez de fraîcheur et d'embonpoint pour se regarder avec quelque complaisance dans la glace de sa chambre; mais c'étaient de rares velléités, et déjà le véritable oubli de la jeunesse se décelait par l'amour exclusif des petits chats et d'un horrible perroquet.

Cornélie portait son malheur en reine détrônée; mais, en y regardant de bien près, l'affreuse catastrophe qui avait précédé sa retraite, avait eu un éclat et un certain grandiose dramatique qui la flattaient intérieurement.

Elle posait gravement devant elle-même, et se contemplait avec quelque fierté dans ses *longs habits de deuil*, couronnée du double cyprès de Burac et de Jules de Villiers.

Ne crois pas qu'il y eût dans tout cela aucun sentiment bas et cruel; non assurément.

Cornélie eût peut-être donné sa vie, plus que sa vie, sa beauté, pour prévenir le malheur qui avait tué ces deux hommes; mais enfin ce malheur était arrivé, elle n'y pouvait plus rien, et elle se drapait de son mieux du voile funèbre qu'il avait jeté sur elle.

Ce que je n'aurais pas cru d'abord, mais ce qui à l'examen s'explique pour moi, ce fut la conduite de Lia.

Je m'imaginais qu'elle allait faire de l'élégie incarnée avec de profonds soupirs et des regards torturés et méditatifs. Point du tout, Lia devint sèche, pincée, aigre-douce, et visa à l'épigramme.

A la longue je compris qu'elle enviait le malheur de Cornélie, et que sa vanité était honteuse de sa propre part d'infortune.

Un ami butor, qui l'avait trompée pour des filles de théâtre, qui s'était fait comédien, et qui servait de cavalier chantant à une femme d'un talent supérieur, ce n'était pas là une destinée comme celle que le sort lui devait.

Cependant je m'étonnais de l'air de supériorité peu bienveillant avec lequel elle traitait ses sœurs, lorsque je finis par découvrir qu'elle faisait de la littérature et écrivait un roman.

Dès ce moment tout me parut expliqué et excusé : c'est une maladie endémique dont on ne peut rendre responsables ceux qui en sont atteints, comme dans les temps d'orage on ne doit point en vouloir à une femme nerveuse d'être impatiente et colère.

Quant à Sophie, Lia la trouvait *révoltante*. Jamais je n'ai vu femme si heureuse! Sophie était la ménagère de la maison; ses sœurs lui avaient abandonné ce soin avec plaisir, et elle s'en était emparée avec enthousiasme. Elle allait, venait, rangeait et tripotait toute la journée avec une activité surprenante. Elle commérait en cachette avec la servante, et savait toutes les histoires du pays. Quant à son époux, elle en faisait bon marché, et avait sur Brugnon des mots d'une beauté ravissante.

« M. Brugnon, c'est ainsi qu'elle l'appelait toujours, M. Brugnon viendrait me demander pardon à genoux, que *je ne lui donnerais pas un morceau de pain*. Je l'ai tant aimé, et il m'a tant trompée! »

La parcimonie culinaire de Brugnon était le véritable grief de Sophie; du reste, elle engraissait prodigieusement, et riait à fendre le cœur de Lia.

Si je réserve Géorgina pour la dernière, c'est que ce fut la dernière sur laquelle je me formai une opinion. Il y a d'heureuses natures qui ont toutes les peines du monde à se persuader le mal; lorsqu'on le leur montre, elles ferment les yeux et détournent la tête. Je ne suis pas de celles-là, et il faut que je voie quatre fois le bien, et à la lumière la plus éclatante, pour y croire un peu. Encore est-il que, lorsque je croyais voir, j'ai cent fois tâté mon nez pour m'assurer que je ne portais pas de lunettes, qui me teignaient les objets en beau. De toutes ces lunettes, celles dont j'avais le plus peur, c'étaient celles de l'amour : car je me sentais vis-à-vis de Géorgina si différent de ce que j'étais vis-à-vis de ses sœurs, que je m'alarmais de cette différence même.

Cela tenait-il à ce que je la voyais avec une prévention favorable, ou à ce qu'elle valait mieux? C'était là la difficulté.

J'avais beau savoir que Géorgina avait été la victime d'une machination habilement ourdie, elle n'en était pas moins une femme compromise à mes yeux : que l'on ait jeté dans la boue ou qu'il y soit tombé de lui-même, l'homme qui passe près de vous, on s'en garde toujours le plus qu'on peut. Ainsi, la faute de Géorgina, volontaire ou non, m'apparaissait toujours sur son front, comme la goutte de sang de la Gulnare du *Corsaire*. Pourquoi donc, me demandais-je, suis-je, avec cette juste défiance, si indulgent pour elle? Pourquoi trouvais-je qu'elle seule était convenable vis-à-vis de sa mère, également affectueuse pour ses sœurs? Comment, lorsque je trouvais à reprendre dans tout le monde, ne voyais-je rien qu'à admirer en elle? le calme et la sérénité de sa tenue, qui montrait qu'elle ne se laissait point abattre par son malheur, et qu'elle ne s'en servait point cependant pour avoir le droit de se plaindre; le courage, la facilité, la prévoyance avec laquelle, comprenant que chacune devait participer à l'existence de toutes, elle avait demandé des ressources au talent qu'elle avait en peinture.

Ce qui, même dans cette résolution, me frappa, ce fut la modestie avec laquelle elle fut exécutée. Comme toutes les femmes du monde, accablée d'éloges pour un talent toujours suffisant quand il ne doit servir qu'à satisfaire la vanité, elle eût pu l'apprécier à haut prix du moment qu'elle devait l'appliquer à ses besoins. Et en cela il y a souvent plus d'ignorance que d'orgueil. Je n'en eusse pu vouloir à Géorgina de faire comme tant d'autres; mais du premier mot qu'elle me dit à ce sujet, elle se mit à une place plus inférieure que celle à laquelle elle eût pu prétendre; et comme je le lui faisais observer, je ne fus pas moins étonné de la franchise avec laquelle elle me dit jusqu'où elle espérait arriver. C'était une carrière mesurée depuis le point de départ jusqu'à son but, et dans laquelle je compris qu'elle marcherait sûrement par cela même qu'elle ne voulait pas y marcher trop vite. D'une autre part, je m'étonnais de sa patience et de sa constante sollicitude pour tout ce qui l'entourait. Dans une position où les airs dramatiques lui eussent très-bien convenu, elle était simple, parce qu'elle était malheureuse, elle ne se croyait pas le droit de mépriser les occupations vulgaires des gens heureux ou indifférents.

Ainsi, lorsque je passais la soirée chez madame Malabry, et qu'elle trouvait moyen d'organiser entre elle, moi et Sophie, qui faisait tout ce qu'on voulait, une partie de whist, il ne fallait pas demander un quatrième à Cornélie, qui refusait avec un long et superbe regard sur ses habits de grand deuil; ni à Lia qui, en sa qualité de bas-bleu improvisé, déclarait ne rien comprendre à ces jeux mécaniques. Mais il suffisait d'avertir Géorgina qu'on avait besoin d'elle, et tout aussitôt elle acceptait simplement, jouait simplement, sans distraction, sans bâillements, sans supplice, comme eussent fait les deux âmes en peine qui languissaient à côté de nous.

Cependant tous ces mérites m'eussent peu touché si elle eût agi comme Sophie, sans effort et par l'heureux instinct d'un caractère qui n'avait ni prévoyance ni souvenir.

Géorgina, je le savais, Géorgina souffrait horriblement. Il y avait dans son âme, non pas, comme on eût pu le supposer, une accusation permanente contre celui qui l'avait abandonnée; il y avait un grave repentir de l'imprudente folie qui l'avait égarée.

Cependant, comme tous lss gens qui ne crient pas à tue-tête du moment qu'on les touche, elle était en butte à mille atteintes douloureuses; personne ne pensait à la ménager, parce qu'elle ne se plaignait jamais.

Seul, attentif à l'observer, je voyais dans un tressaillement imperceptible, dans un soupir étouffé, la souffrance qu'elle venait d'éprouver. On eût dit qu'elle avait mis un cilice sur son cœur, et la brutale gaîté de Sophie, l'aigreur de la douce Lia, la superbe de la belle Cornélie, ne manquaient pas de s'appuyer cent fois par jour sur ses blessures.

Vis-à-vis de moi, elle était plus réservée encore que vis-à-vis de ses sœurs. Seulement j'aurais pu croire qu'elle ne daignait pas montrer à ses sœurs ce qu'elles ne savaient pas deviner, et qu'envers moi elle était soigneuse de cacher ce que j'aurais voulu voir.

Faut-il te le dire? Ce que Sophie faisait quelquefois souffrir à Géorgina, sans le vouloir, je le lui ai souvent infligé par une sorte de curiosité cruelle, qui voulait mesurer jusqu'au bout le courage de la pauvre fille.

Mes premiers essais dans ce genre d'expérimentation me donnèrent l'espoir de réussir; de réussir à quoi? je n'en sais rien, mais je vis l'impassible Géorgina prête à me demander grâce.

Toutefois, après quelques épreuves, ont eût dit qu'elle avait ajouté une nouvelle pièce à l'armure qui la recouvrait; et mes attaques calculées me semblèrent sans effet comme les atteintes involontaires des autres.

J'aggravai la violence de mes cruautés, et à mon grand étonnement, l'insensibilité se changea en une sorte de triomphe imperceptible pour tout le monde, mais qui me sembla monstrueux. Puis tout à coup ce mouvement fit place à une réserve glacée, et bientôt après à une tristesse qui me fit un grand remords.

A mon tour je changeai, je devins bon, attentif, obséquieux pour elle; mais à mesure que je m'approchais d'elle, Géorgina s'éloignait de moi.

Il n'y avait pourtant dans cette retraite ni ressentiment, ni aversion; c'était un embarras douloureux et timide.

Je puis te le dire, je n'avais plus de pensée que pour Géorgina, elle occupait tous mes rêves du présent, et je n'osais pas regarder dans mon avenir.

Le voir sans elle, c'était me le faire solitaire et désolé ; l'y placer, je ne le pouvais pas.

A quel titre l'aurais-je fait? Géorgina n'était pas une de ces femmes dont on fait une maîtresse, et elle n'était pas une femme dont on fait une *épouse*. Chaque jour me démontrait la nécessité de rompre une habitude qui n'avait pas d'issue possible.

D'ailleurs, mes soins étaient devenus inutiles aux affaires de cette famille, je résolus de regagner ma Normandie.

X

Le jour où je pris cette belle résolution, je partis d'assez bonne heure, pour faire de longs adieux et prendre avec madame Malabry des arrangements pour les relations que je voulais établir par correspondance, et pour lui expliquer qu'elle, ni ses filles, ne devaient plus prendre un parti quelconque sans me consulter.

L'homme est un drôle d'animal, et les circonstances lui font prêter un sens à des choses bien indifférentes.

Comme je te l'ai dit, je voulais retourner à Caen, et je ne sais comment, en arrivant à un bouquet de bois qui précède la maison de madame Malabry, poursuivi par l'idée de mon départ, il me vint sur les lèvres le refrain d'une chanson que j'avais cent fois fredonné en moquerie. Je me mis à chantonner ces deux vers :

Je vais revoir ma Normandie ;
C'est le pays où j'ai reçu le jour.

A la simple mélodie de ce refrain, au sens de ces paroles, qui expriment une espérance, s'attachèrent malgré moi toutes les idées qui naissaient de mon départ.

J'irai revoir ma Normandie,

c'est-à-dire que je quitterai Géorgina, cette femme que j'aurais tant aimée et que j'aimais tant; cette femme d'une âme forte, d'un caractère sérieux, d'une intelligence...

> J'irai revoir ma Normandie ;
> C'est le pays où j'ai reçu le jour,

c'est-à-dire c'est le pays où je mourrai solitaire, sans affections, sans famille, sans bonheur, sans espoir; et ce refrain se traduisait si bien pour moi de cette façon, que je chantais les larmes aux yeux et le cœur désolé, lorsque je me trouvai en face de Géorgina, qui m'avait vu, entendu, et qui me regardait avec une curiosité triste.

Je fus honteux d'être surpris dans mon émotion; mais le regard de Géorgina était si bienveillant, que je n'en fus pas irrité.

— Qu'avez-vous? me dit-elle en me tendant la main, ce qu'elle ne faisait plus depuis longtemps.

— Vous voyez, lui dis-je, je chante.

Elle sourit tristement, et, après un moment de réflexion, elle me dit :

— C'est donc votre dernière visite?

Je ne lui demandai pas d'où elle m'avait si bien compris, et je lui répondis sèchement :

— Oui, la dernière, puisque vous pensez que ce doit être la dernière.

Géorgina ne parut pas faire attention à mon humeur et reprit doucement :

— Vous reviendrez cependant à Paris, et vous n'oublierez pas que vous avez rendu trop de services, pour que votre abandon ne fût pas un blâme cruel pour ma mère et mes sœurs.

— Elles n'ont pas besoin de moi, lui répondis-je, et d'ailleurs, une fois retiré dans ma province, je n'en sortirai plus, je n'en veux plus sortir.

— Vous avez peut-être raison, me dit Géorgina froidement.

Ce calme m'irrita, et je lui dis d'un ton d'ironie :

— Vous trouvez?...

Elle me regarda encore avec un sourire doux et presque maternel qui lui allait si bien ; mais elle ne me répondit pas. Je m'irritai davantage.

— N'est-ce pas que c'est ma place, et que je ne suis pas bon à autre chose?

Elle changea de visage, devint sérieuse, et me dit d'une voix émue :

— Si j'avais le droit de vous donner un avis, je ne vous le conseillerais pas.

— Et que me conseilleriez-vous donc?

— J'y ai souvent réfléchi, et je vous avoue que le conseil est difficile à donner. Vous avez trop de scepticisme dans l'esprit pour vous faire une passion de tête, comme l'ambition ou l'amour de la gloire, et vous avez trop de tendresse pour ne pas être malheureux de vivre sans affection.

— Mais, lui dis-je, je puis me marier; une femme et des enfants qu'on aime suffisent au bonheur de la vie de gens qui valent beaucoup mieux que moi.

Géorgina baissa les yeux et me répondit gravement :

— Vous avez raison.

Ce mot me rendit furieux; à mon sens, elle savait bien que je ne me marierais pas, que je m'en allais sans espérance, sans avenir, et je la trouvais ingrate et barbare de ne pas mieux me consoler; j'étais près d'éclater.

— Adieu donc, lui dis-je, je vais faire une visite à madame votre mère et je repars à l'instant.

Géorgina me prit la main, m'arrêta, et me regardant fixement, elle me dit :

— Vous ne partirez pas ainsi; je ne veux pas que vous partiez ainsi.

Je fus subjugué par son regard, sa voix, son attitude, et je lui dis timidement :

— Pourquoi donc?

— Nous ne devons pas mal nous quitter. Vis-à-vis l'un de l'autre nous sommes innocents du mal que nous nous faisons; il ne faut pas que nous nous en voulions.

— Je ne vous comprends pas.

— Vous me comprenez, reprit-elle, et je vous montrerai l'exemple de la franchise. Vous m'aimez, mon ami.

A ce mot, prononcé avec une douce voix, avec un regard pur, avec une confiance sereine, je ne puis te dire quel sentiment de joie, de crainte, de surprise, me pénétra. Je demeurai interdit.

— Vous m'aimez, reprit Géorgina, et vous avez honte de votre amour.

— Ah! m'écriai-je, n'employez pas ce mot.

— Je ne m'en offenserais pas, quand même ce serait vous qui l'auriez prononcé, car vous pouviez avoir de cet amour une opinion plus blessante pour moi que la honte qu'il vous cause. Vous pouviez lui donner une espérance, vous ne l'avez pas fait : je vous en remercie.

— Et je vous remercie à mon tour d'avoir compris l'estime que j'ai pour vous.

— Eh bien! mon ami, cette espérance que vous n'avez pas voulu lui donner, aucune autre ne peut la remplacer. C'est donc pour cela que vous faites bien de partir; ce seront des combats que vous vous épargnerez ainsi qu'à moi.

— A vous aussi? lui dis-je.

— Je vous ai appelé mon ami dans toute la sincérité de mon cœur, et je vois avec chagrin le tourment que je vous cause; mon impuissance à le faire cesser est aussi une douleur pour moi, douleur cruelle, car elle devient un reproche incessant de ma faute et du passé. Pour moi comme pour vous, votre départ est donc une bonne résolution; mais renfermer votre résistance dans l'inaction d'une province, vous avez mieux que cela à faire, à moins qu'ainsi que vous me l'avez dit vous ne vous décidiez à vous marier.

— Vous savez bien que je ne le ferai pas. Je ne l'ai pas fait après vous avoir vue et perdue pour la première fois, et je ne le ferai pas davantage.

— Espérez mieux du temps et de la raison. Vous m'écrirez, je vous donnerai des conseils, et vous ne m'aimerez plus que comme un mort, car je suis morte pour vous comme femme.

Je me roulais de colère, de rage et de désespoir en moi-même, elle me voyait souffrir, et prenait pitié de moi.

— Maintenant, me dit-elle, vous pouvez aller faire vos adieux à ma mère et à mes sœurs.

— Eh bien! j'y vais, lui dis-je en m'éloignant brusquement.

Elle me laissa partir et j'arrivai tout bouleversé chez madame Malabry. J'étais sombre, bourru, impatient; je disais à chaque instant que j'allais partir, et je ne m'en allais jamais.

J'attendais Géorgina, comme à une autre époque je l'avais attendue ; mais cette fois je la trouvais injuste, cruelle, de ne pas venir. Tout ce qu'elle m'avait dit me semblait le froid; le sec jugement d'une femme sans cœur.

Enfin, je fis mes adieux et je partis désolé, furieux, plus malheureux qu'avant ma visite ; désespéré d'avoir si bien jugé, si bien compris et si froidement condamné. Jamais je ne m'étais senti si irrité contre Géorgina et jamais je ne m'étais dit plus haut qu'elle seule avait raison, qu'elle avait été même généreuse envers moi en ne me disant pas que j'étais un insigne poltron de me refuser à mon bonheur par respect pour le monde.

Puis tout à coup il me vint une idée : c'est que tout ce que j'admirais en elle était une comédie, et que ces belles appréciations si sévères de sa position eussent peut-être singulièrement fléchi si je lui avais fait entrevoir la possibilité de ce mariage si impossible ; et à cette pensée, sur l'heure, sans autre réflexion, arrivé aux portes de Paris, je fais retourner ma voiture et j'arrive à dix heures du soir chez madame Malabry.

Tout le monde était retiré. J'hésite à sonner à la porte, et je reste une heure entière à errer autour de la maison comme un fou, tantôt décidé à faire sérieusement ma demande, tantôt décidé à partir.

Cependant, tandis que j'étais comme un voleur au pied de cette maison, j'entends ouvrir une persienne, c'était celle de Géorgina. Elle se mit à sa croisée, et j'entendis qu'elle murmurait quelques paroles. J'écoutai, je ne pus rien entendre. Elle se retira, et je la vis qui marchait dans sa chambre avec activité, venant quelquefois à la croisée où elle restait immobile à contempler le ciel.

Le murmure de sa voix vint encore jusqu'à moi, triste, doux, mélancolique, et j'entendis sinon les paroles, du moins la phrase musicale de mon refrain du matin : « J'irai revoir ma Normandie. » Cette douce voix voilée dans le silence de la nuit m'arrivait comme le son lointain d'un harmonica. Ce refrain languit un moment, incertain dans sa voix, comme si des larmes l'eussent arrêtée, et je la vis qui les essuyait avec tristesse. Je m'élançai en m'écriant :

— Géorgina !

Elle poussa un cri, puis, lorsque je fus sous sa fenêtre et qu'elle me reconnut, elle me dit :

— Que vous est-il donc arrivé, et pourquoi êtes-vous revenu à cette heure ?

— Je suis venu vous demander si vous vouliez m'épouser.

—Ceci est fort grotesque, n'est-ce pas, mon cher ami? ton gros ami Trucindor faisant une pareille proposition au pied d'une fenêtre, où vous autres romanciers vous mettez d'ordinaire des gens qui demandent tout autre chose. Je ne sais ce que tu en penseras ; mais Géorgina fut prise à l'improviste, elle laissa échapper un cri de bonheur, et je la vis tomber à genoux derrière son balcon et pleurer, et sangloter durant longtemps.

— Eh bien? lui dis-je.

— Elle me fit un signe et disparut; elle descendit.

— Eh bien! lui dis-je, le voulez-vous?

— Oui, me dit-elle, et je vous jure devant Dieu que je serai une honnête femme.

Cette scène se passait il y a deux mois ; voici maintenant la fin de mon histoire.

Au manuscrit de mon ami Morland était jointe la lettre suivante :

« Monsieur Félix Morland a l'honneur de vous faire part
» de son mariage avec mademoiselle Géorgina de Mandres. »

FIN.

TABLE

FIN DE LA TABLE.

www.ingramcontent.com/pod-product-compliance
Lightning Source LLC
LaVergne TN
LVHW020544230826
846091LV00002B/382
9782019697457